감사원 자체감사기준에 따른

자체감사
핸드북

김흥률

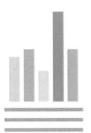

박영사

머리말

　　정부조직이든 민간조직이든 조직의 목표를 달성하는 데에 장애가 되는 위험요인들을 잘 다루어 문제발생의 가능성을 예방하면서 이미 발생한 임직원의 위법부당한 행위를 적시에 적발하고 시정하는 내부통제의 일환으로 공정하고 효율적인 자체감사를 수행할 수 있는 역량을 갖는 것은 모든 조직의 성공을 위하여 치명적으로 중요하다. 특히 최근 조직의 규모나 성격에 관계없이 비리와 불법적인 관행이 지속해서 발생하는 것을 보면서 엄정하고 능력있는 자체감사 활동의 중요성을 더욱더 절실히 깨닫게 된다.

　　자체감사가 공정하고 효율적으로 수행되기 위해서는 자체감사부서 전체로서 전문 감사수행 역량이 요구되며 이 역량은 각각의 감사담당 인력의 감사전문성으로 구성되는 것이라는 데에는 이견이 없을 것이다. 그러나 현실은 우리의 기대와는 상당히 괴리가 있다. 공사간의 대부분의 조직에서 자체감사를 수행하는 감사담당 인력의 감사전문성은 사실상 확보되기 어려운 인사 및 조직관리 구조를 갖고 있다고 해도 과히 잘못된 지적은 아닌 것이다. 사실상 감사원과 같은 최고감사기구의 감사인력은 공직에 입문하면서부터 감사업무를 수행하고 다년간에 걸쳐 다양한 분야의 감사경험을 쌓기 때문에 대부분의 감사관들이 상당한 수준의 감사전문성을 보유하고 있다고 할 수 있다. 그러나 자체감사기구의 감사인력은 바로 얼마 전까지도 사업부서나 관리부서에서 사업관리나 일반행정 업무를 수행하던 인력이 발령 하나로 감사실 근무를 하게 되고 별다른 준비없이 감사업무를 맡게 되는 경우가 비일비재하여 자체감사기구가 감사전문성을 확보하기가 매우 어렵다는 지적이 나오게 되는 것이다.

　　이런 견지에서 가능하다면 감사인력의 감사전문성 인증제도의 도입이 바람직하다. 감사기구에서 근무하기 위해서는 반드시 감사 관련 전문자격을 보유하도록 하자는 것이다. 아울러 자체감사기구의 감사인력은 자체감사기구의 책임자가 독립적으로 채용하게 하여 자체감사기구의 독립성과 전문성을 확보할 수 있도록 하는 조치가 필요하다. 이렇게 하기 위해서는 관련 법규와 제도의 정비, 조직 거버넌스 구조에서 자체감사의 위상에 대한 인식의 전환 등 해결해야 할 문제들이 산적해있다. 이런 조치가 없는 상태에서도 우리는 자체감사기구 인력의 감사전문성을 확보할 수 있는 방안을 강구해야 한다. 그 중의 하나는 자체감사기구 감사담당자들의 감사전문성 교육 확대이다.

　　이 책은 자체감사기구 감사인력의 전문성을 제고시키는 데에 일조할 목적을 가지고 집필되었다. 감사교육원 교수로서 20여 년의 감사직무교육 경험을 가지고 있는 저자가 감사원이 공공감사에 관한 법률에 의거해서 제정한 자체감사기준을 그 토대로 해서 자체감사 감사담당자들이 지침서로 사용할 수 있는 실무용 참고서적이 있으면 좋겠다는 바람이 이 『자체감사 핸드북』을 저술하게 된 동기이다. 가능하다면 비전문인 감사인이 참고하여 그 절차와 순서대로 따라하면 감사가 진행될 수 있도록 한다는 목적을 가지고 집필하였지만 그 목적이 어느 정도나 충족될지는 앞으로 독자들이 판단해 줄 부분이다. 아무쪼록 어느 날 갑자기 자체감사기구에서 근무하도록 인사발령을 받은 감사가 전문이 아닌 감사담당자들이 이 핸드북을 잡고 한 단계 한 단계 따라가다 보면 공정하고 효율적으로 감사를 수행하게 되는 그런 효과를 거두게 되더라는 후일담을 듣게 되기를 소망하면서 머리말을 마무리하고자 한다.

2020년 2월
버들치마을 우거에서
저자

차례

제2부 자체감사의 실시

제1부

자체감사의 기초

1장 자체감사의 목적과 방향

≫ 인트로 ≪

이번 장에서 학습할 주요 내용은...

- 자체감사의 개념과 목적
- 자체감사와 내부통제의 역할과 관계
- 자체감사의 바람직한 방향

자체감사는 중앙행정기관, 지방자치단체 및 공공기관의 감사기구의 장이 그 소속되어 있는 기관과 그 기관에 속한 직원의 모든 업무와 활동 등을 조사·점검·확인·분석·검증하고 그 결과를 처리하는 활동이다. 감사원이 제정한 「중앙행정기관 및 지방자치단체 자체감사기준」(이하 「자체감사기준」)에서 자체감사는 당해 기관·단체에 대한 순수한 **내부감사**는 물론, 하급기관·단체에 대한 **준내부감사**와 산하기관·단체 등에 대한 **외부감사**를 모두 포함하는 개념으로 사용하고 있다.

자체감사활동의 목적은 **내부통제**를 내실 있게 수행하여 기관 운영의 적정성, 공정성 및 국민에 대한 책임성을 확보하는 것이다. **내부통제시스템**이 구축, 유지되고 있다 하더라도 내부통제는 본질적인 한계를 갖고 있기 때문에 조직 내의 제3자가 내부통제를 점검해주어야 할 필요가 발생하는데 바로 이 부분에서 강조되는 것이 자체감사의 역할이다.

또한 「자체감사기준」은 자체감사활동이 감사대상기관의 문제점을 미리 예방하고 발견된 문제점을 효과적으로 해결하는 데에 중점을 두는 방향으로 이루어져야 함을 명시하고 있다. 즉, 자체감사는 **조직의 리스크**가 적절히 통제되고 있는지에 관해서 관리층에게 의견을 제시하여 부정과 오류의 발생뿐만 아니라 사업의 실패나 운영의 비효율이 발생할 가능성을 미리 예방하는 데에 초점을 둠으로써 **자체감사의 가치**를 제고시켜야 한다는 것이다.

1장에서는 자체감사의 목적 그리고 바람직한 방향과 관련해서 다음과 같은 세 가지의 학습목표를 제시한다.

1) 자체감사의 개념과 목적은 무엇인지를 이해한다.
2) 자체감사와 내부통제의 역할과 그 관계에 대해서 설명할 수 있다.
3) 자체감사활동의 바람직한 방향은 무엇인지 이해한다.

 학습이 끝나고 나면...

① 자체감사의 개념과 목적은 무엇인지를 이해하게 된다.

② 자체감사와 내부통제의 역할과 그 관계에 대해서 설명할 수 있게 된다.

③ 자체감사활동의 바람직한 방향은 무엇인지 이해하게 된다.

≫ 학습 ≪

1절 자체감사활동의 목적

「자체감사기준」 제4조제1항

제4조(자체감사활동의 목적과 방향) ① 자체감사활동은 감사대상기관의 모든 업무와 활동 등을 조사·점검·확인·분석·검증하여 내부통제를 내실 있게 수행하고 기관 운영의 적정성, 공정성 및 국민에 대한 책임성 확보를 목적으로 한다.

1. 자체감사의 정의

「공공감사에 관한 법률」 제2조(정의)는 **"자체감사"**를 "중앙행정기관, 지방자치단체 및 공공기관의 감사기구의 장이 그 소속되어 있는 기관(그 소속 기관 및 소관단체를 포함한다) 및 그 기관에 속한 자의 모든 업무와 활동 등을 조사·점검·확인·분석·검증하고 그 결과를 처리하는 것"으로 정의하고 있다.

따라서 **"자체감사기구"**란 중앙행정기관, 지방자치단체 및 공공기관에 설치되어 자체감사를 수행하는 기관 또는 부서를 말한다. 또한 **"감사기구의 장"**이란 자체감사기구의 업무를 총괄하고 감사담당자를 지휘·감독하는 사람이나 동법 제5조제2항에 의해서 설치된 합의제 자체감사기구를, **"감사담당자"**란 자체감사기구에 소속되어 감사활동을 수행하는 사람을 의미한다.

자체감사	중앙행정기관, 지방자치단체 및 공공기관의 감사기구의 장이 그 소속되어 있는 기관(그 소속기관 및 소관 단체를 포함 한다) 및 그 기관에 속한 자의 모든 업무와 활동 등을 조사·점검·확인·분석·검증하고 그 결과를 처리하는 것
자체감사기구	중앙행정기관, 지방자치단체 및 공공기관에 설치되어 자체감사를 수행하는 기관 또는 부서
감사기구의 장	• 자체감사기구의 업무를 총괄하고 감사담당자를 지휘·감독하는 사람 • 「공공감사에 관한 법률」 제5조 제2항에 의해서 설치된 합의제 자체감사기구
감사담당자	자체감사기구에 소속되어 감사활동을 수행하는 사람

여기서 **"중앙행정기관"**이란 「정부조직법」 제2조에 따른 부·처·청과 감사원, 국가인권위원회, 국민권익위원회, 공정거래위원회, 금융위원회, 방송통신위원회 및 그 밖에 대통령령으로 정하는 기관을, **"지방자치단체"**란 특별시·광역시·제주특별자치도를 제외한 도·시·군·자치구 및 특별시·광역시·도의 교육청을 말한다. 또한 **"공공기관"**이란 「공공기관의 운영에 관한 법률」 제4조에 따라 지정된 기관(같은 법 제5조 제4항에 따른 기타 공공기관으로서 직원의 정원이 100명 미만인 기관은 제외한다)과 「감사원법」 제22조제1항 및 제23조에 따른 감사원 감사의 대상기관으로서 대통령령으로 정하는 기관 또는 단체를 말한다.

중앙행정기관	「정부조직법」 제2조에 따른 부·처·청과 감사원, 국가인권위원회, 국민권익위원회, 공정거래위원회, 금융위원회, 방송통신위원회 및 그 밖에 대통령령으로 정하는 기관
지방자치단체	특별시·광역시·제주특별자치도를 제외한 도·시·군·자치구 및 특별시·광역시·도의 교육청

공공기관	• 「공공기관의 운영에 관한 법률」제4조에 따라 지정된 기관(같은 법 제5조 제4항에 따른 기타 공공기관으로서 직원의 정원이 100명 미만인 기관은 제외한다)과
	• 「감사원법」제22조 제1항 및 제23조에 따른 감사원 감사의 대상기관으로서 대통령령으로 정하는 기관 또는 단체

엄밀히 말하면 **자체감사**와 **내부감사**는 어의상 차이가 있다고 할 수 있다. 내부감사는 외부감사에 대비되는 개념으로서 외부감사와 내부감사의 구분은 기본적으로 감사인이 수감기관에 소속되는지 여부에 따른 것이다. 민간부문의 경우에는 이러한 구분이 비교적 명확하지만, 공공부문의 경우에는 이러한 구분이 명확하지 않은 경우가 있다. 내부감사에 비해서 자체감사는 감사인이 수감기관에 소속되어 있는 '순수한 내부감사'는 물론이고, 정부 또는 지방자치단체의 계층구조에서 업무의 범위나 성격의 동질성이 유지되는 하급기관에 대한 '준내부감사'도 포함하게 된다.

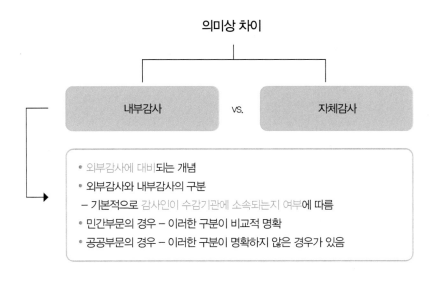

예컨대 국세청 감사실에서 본청을 감사하면 **내부감사**이고, 그 하급기관인 세무

서를 감사하는 경우는 **준내부감사**이다. 그러나 중앙행정기관이 그 감독범위에 속하는 공공기관을 감사하는 경우는 내부감사가 아니라 **외부감사**로 분류하는 것이 보다 합리적이다.

「자체감사기준」에서 자체감사는 당해 기관·단체에 대한 순수한 **내부감사**는 물론, 하급기관·단체에 대한 **준내부감사**와 산하기관·단체 등에 대한 **외부감사**를 모두 포함하는 개념으로 사용하고 있다. 즉, 감사원에 의해 수행되는 감사와 위탁·대행감사를 제외한 모든 감사를 자체감사로 규정하고 있어서 결과적으로 공공감사는 **감사원 감사**와 **자체감사**로 대별된다고 할 수 있다.

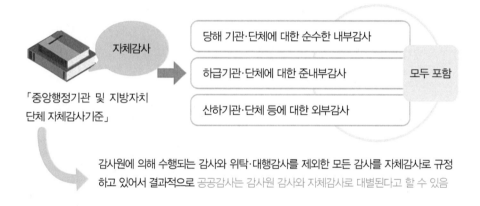

「중앙행정기관 및 지방자치단체 자체감사기준」

자체감사

- 당해 기관·단체에 대한 순수한 내부감사
- 하급기관·단체에 대한 준내부감사
- 산하기관·단체 등에 대한 외부감사

모두 포함

감사원에 의해 수행되는 감사와 위탁·대행감사를 제외한 모든 감사를 자체감사로 규정하고 있어서 **결과적으로** 공공감사는 감사원 감사와 자체감사로 대별된다고 할 수 있음

2. 자체감사의 목적

「자체감사기준」 제4조(자체감사활동의 목적과 방향)에 명시된 것처럼 자체감사는 **내부통제**를 내실 있게 수행하여 기관 운영의 적정성, 공정성 및 국민에 대한 **책임성 확보**를 목적으로 한다.

이러한 자체감사의 목적은 「공공감사에 관한 법률」 제1조(목적)에서 이 법은 중앙행정기관, 지방자치단체 및 공공기관의 **자체감사기구의 구성 및 운영** 등에 관한

기본적인 사항과 **효율적인 감사체계의 확립**에 필요한 사항을 정함으로써 중앙행정기관, 지방자치단체 및 공공기관의 **내부통제제도**를 내실화하고 그 운영의 적정성, 공정성 및 국민에 대한 책임성을 확보하는 데 이바지함을 목적으로 한다고 규정한데서도 명확히 나타난다.

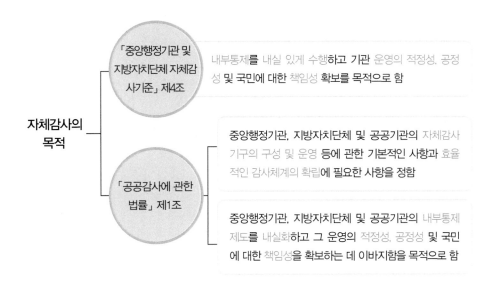

공공감사의 목적은 시대와 여건에 따라 적지 않은 변화를 거쳐 왔다. 1960년대까지만 하더라도 공공감사는 **회계사무의 적법성 확인**에 초점을 두었다. 그러나 최근에는 이러한 소극적인 목적에 더해서 공공자원의 획득과 사용과정의 **경제성·능률성·효과성을 점검**하고 **정책이나 사업의 성과를 평가**하는 역할까지 수행하는 것이 보편적인 공공감사의 목적이라고 말하게 되었다.

공공부문 자체감사의 기본적인 목적은 **국민에 대한 공공책임성의 확보**이다. 공공부문은 국민이 납부한 세금이나 세금으로 조성된 자원에 의하여 활동을 하고 있으므로 국민에 대한 책임을 확보해야 한다. 공공부문의 역할과 규모가 팽창하고 국민들의 관심이 정부와 공직자의 법규 준수책임에서 예산지출과 사업운영에 대한 성과책임으로까지 확대됨에 따라 공공감사도 좁은 의미의 **규정준수감사**에서 벗어나 **성과감사**와 같은 방식을 통해 넓은 의미의 책임성을 추구하고 있다.

「공공감사에 관한 법률 시행령」에서 구분하고 있는 자체감사의 종류를 보면 위에서 설명한 감사의 목적과 부합된다고 볼 수 있다. 즉, '**복무감사**'는 자체감사 대상기관에 속한 사람의 복무의무 위반, 비위(非違) 사실, 근무실태 점검 등을 목적으로 실시하고, '**재무감사**'는 예산의 운용실태 및 회계처리의 적정성 여부 등에 대한 검토와 확인을 위주로 실시하며, '**종합감사**'는 자체감사 대상기관의 주기능·주임무 및 조직·인사·예산 등 업무 전반의 적법성·타당성 등을 점검하기 위하여 실시한다. 한편 '**성과감사**'는 특정한 정책·사업·조직·기능 등에 대한 경제성·능률성·효과성의 분석과 평가를 위하여 실시하게 되고, '**특정감사**'는 특정한 업무·사업·자금 등에 대하여 문제점을 파악하여 원인과 책임 소재를 규명하고 개선대책을 마련하기 위하여 실시하게 되는 것이다.

「공공감사에 관한 법률시행령」제10조

자체감사의 종류		
	복무감사	자체감사 대상기관에 속한 사람의 복무의무 위반, 비위(非違) 사실, 근무실태 점검 등을 목적으로 실시
	재무감사	예산의 운용실태 및 회계처리의 적정성 여부 등에 대한 검토와 확인을 위주로 실시
	종합감사	자체감사 대상기관의 주기능·주임무 및 조직·인사·예산 등 업무 전반의 적법성·타당성 등을 점검하기 위하여 실시
	성과감사	특정한 정책·사업·조직·기능 등에 대한 경제성·능률성·효과성의 분석과 평가를 위주로 실시
	특정감사	특정한 업무·사업·자금 등에 대하여 문제점을 파악하여 원인과 책임 소재를 규명하고 개선대책을 마련하기 위하여 실시

2절 / 자체감사와 내부통제

「자체감사기준」 제4조제1항

제4조(자체감사활동의 목적과 방향) ① 자체감사활동은 감사대상기관의 모든 업무와 활동 등을 조사·점검·확인·분석·검증하여 내부통제를 내실 있게 수행하고 기관 운영의 적정성, 공정성 및 국민에 대한 책임성 확보를 목적으로 한다.

1. 자체감사와 내부통제의 관계

내부통제는 조직이 자신의 정해진 목표를 달성하는 데에 장애가 될 수 있는 조직 내외의 변수들과 관련되어 있다. 이 변수들은 달리 표현하면 **리스크**이다. 즉, 리스크는 조직의 목표달성에 장애가 되는 조직의 내적·외적 요인을 말한다. 따라서 리스크는 조직의 성공이나 생존에 미칠 수 있는 그 잠재적 영향력 때문에 그대로 두어서는 안되는 것이다. 물론 리스크는 아직 발생하지 않은 것이기 때문에 이 리스크를 어떻게 처리해야 할 지 확실한 방법이 있는 것은 아니고 오히려 불편한 대상일 수밖에 없다.

리스크를 달리 정의하면 **"어떤 사건의 확률과 결과의 결합"**이라고 할 수 있는데 리스크의 이 두 가지 성질을 잘 이용하면 리스크를 평가·분석할 수 있고 그 결과를 토대로 리스크를 효과적으로 관리할 수 있다. 조직 내외의 리스크 요인을 파악하고 잠재적인 **리스크의 중요성**(significance)과 **발생가능 확률**(likelihood)을 검토하여 각각의 리스크 요인에 대해서 어떠한 대처방안을 사용할 것인지를 결정하게 된다.

내부통제는 리스크를 관리하는 절차이며 **리스크에 대한 대응책**이다. 리스크를 용인할만한 수준까지 관리하도록 대응책을 마련하는 책임은 조직의 관리층에게 있다. 관리자는 어떤 리스크가 존재하는지를 파악하고, 리스크를 평가하고, 모든 리스크에 대해서 적절한 대응책이 있는지를 확인하고, 용인할만한 수준을 벗어나는 리스크가 있을 경우 이에 대한 추가적인 대응책을 마련해야 한다.

내부통제시스템이 구축, 유지되고 있다 하더라도 내부통제는 **본질적인 한계**를 갖고 있다. 일단 내부통제시스템도 다른 어떤 제도와 마찬가지로 사람이 운영하는 것이다. 사람은 언제나 실수하고 판단의 착오를 범하기도 한다. 또 관리자의 의도적 권한남용이나 한 사람 이상의 직원들의 공모에 의해서 내부통제는 무력화될 수도 있다. 따라서 이런 내부통제제도의 한계 때문에 조직 내의 제3자가 **내부통제를 점검해주어야 할 필요**가 발생한다.

바로 이 부분에서 강조되는 것이 **자체감사의 역할**이다. 자체감사는 조직의 리스크가 용인할 만한 수준까지 관리되고 있는지와 관련해서 조직의 경영관리진에게 독립적·객관적 의견을 제공한다. 즉, 리스크를 책임지고 그 **리스크를 통제하는 것은 관리자의 책임**이며, 리스크가 **적절히 통제되고 있는지 점검·평가**하여 관리층에게 의견을 제시하거나 필요한 조치를 취하도록 하는 것은 **자체감사의 임무**이다.

내부통제의 본질적 한계		
사람은 언제나 실수하고 판단 착오를 범하기도 함	관리자의 의도적 권한남용	한 사람 이상의 직원들의 공모에 의한 내부통제의 무력화

조직 내의 제3자가 내부통제를 점검
'자체감사'

조직의 리스크가 용인할 만한 수준까지 관리되고 있는지와 관련해서
조직의 경영관리진에게 독립적·객관적 의견을 제공

· 관리자 – 리스크를 책임지고 그 리스크를 통제
· 자체감사 – 리스크가 적절히 통제되고 있는지 점검·평가하여 관리층에게
의견을 제시하거나 필요한 조치를 취하도록 함

2. 내부통제의 특성과 한계

1) 내부통제의 목적과 특성

　　통제(control)란 목표달성을 위해서 필요한 활동이 확실히 이루어지도록 점검하거나 지시를 내리는 것이다. **내부통제**(internal control)는 한 기관의 위험(risk)을 대처하고 그 기관의 임무를 추구함에 있어서 다음과 같은 일반적인 목적이 달성되리라는 **합리적인 확신**(reasonable assurance)을 제공하는 통합적인 절차이다.

- 질서정연하고, 윤리적이며, 경제적이고, 능률적이고, 효율적인 기관 운영
- 보고책임의 의무 충족
- 해당 법과 규정의 준수
- 자원의 손실, 남용 및 피해로부터의 보호

　　내부통제는 다음과 같은 특성을 갖는다.

(1) 통합적 절차

　　내부통제는 일회성 행사가 아니라 기관의 활동에 두루 미치는 일련의 활동이다. 이 활동은 기관의 운영 전반에 걸쳐서 지속적으로 발생한다. 내부통제제도는 기관의 여러 활동과 뒤엉켜 있는 것이며 기관의 하부구조(infrastructure)에 내장되고 기관의 통합적인 일부가 될 때 가장 효과적이 된다.

(2) 관리자와 직원의 영향

　　내부통제가 작동하게 만드는 것은 사람이다. 기관내의 사람에 의해서, 그들이 행동하는 것과 말하는 것에 의해서 내부통제는 이루어진다. 결과적으로 내부통제는 사람에 의해서 영향을 받는다. 따라서 사람들은 자신의 역할과 책임 및 권한의 한계에 대해서 알아야 한다. 관리층은 일차적으로 감독기능을 수행하지만 기관의 목표를 설정하고 내부통제에 대한 전반적인 책임을 진다. 관리층 뿐만 아니라 조직 내의 모든

사람은 내부통제가 이루어지는 데에 있어서 중요한 역할을 수행한다.

(3) 기관의 임무 추구와 리스크 대처

어떤 기관이나 일차적으로 그 **임무**(mission)의 달성에 관심을 갖고 있다. 공공부문은 일반적으로 **공익**(public interest)의 차원에서 유익한 서비스와 결과의 전달에 관심을 둔다. 임무가 어떤 것이라 해도 그 성취는 모든 종류의 리스크에 직면하게 된다. 관리층의 과제는 기관의 임무를 달성할 가능성을 극대화하기 위해서 이러한 위험을 파악하고 대응하는 것이다. 내부통제는 이러한 리스크에 대처하도록 도와준다.

(4) 합리적인 확신의 제공

내부통제는 임무와 일반적인 목표의 달성에 관한 **절대적인 확신**이 아니라 **합리적인 확신**을 제공할 뿐이다. 아무리 잘 설계되고 운영되는 내부통제도 기관의 모든 목표가 달성된다는 절대적 확신(absolute assurance)을 제공할 수 없으며, 오직 합리적인 수준의 확신만을 획득할 수 있다는 것을 인식해야 한다. 합리적인 확신은 주어진 비용, 편익 및 위험요인을 고려할 때 만족할 만한 수준의 확신을 말한다. 합리적인 확신은 불확실성과 위험은 아무도 확실성을 가지고 예측할 수 없는 미래에 관한 것이라는 사실을 반영한다.

(5) 목표의 달성

내부통제는 각각의 상호 연관된 일련의 목표의 달성을 위한 것이다. 이러한 목표는 많은 구체적인 하위목표, 기능, 절차 및 활동을 통해서 실행된다. 일반적인 목표에는 다음과 같은 것들이 포함된다.

① 윤리적·경제적·능률적·효과적 기관 운영

기관의 운영은 질서정연하고, 윤리적이며, 경제적이고, 능률적이며, 효과적이어야 한다. 그 운영은 기관의 임무와 일관성이 있어야 한다. **질서정연한 것**은 방법적으로 잘 조직된 방법으로 이루어지는 것을 의미한다. **윤리적인 것**은 도덕적 원칙과 관련된 것으로 일반의 기대는 공직자들은 공공의 이익을 공정함을 가지고 섬겨야 하며 공적 자원을 적절하게 관리하여야 한다는 것이다. 국민들은 또한 합법성과 정의의 토대 위에서 불편부당한 대우를 받아야 한다.

경제적이라는 것은 낭비하거나 과다하게 쓰지 않는 것을 의미한다. 경제성은 올바른 양의 자원을, 올바른 품질로서, 가장 저렴한 비용으로, 제때에 올바른 장소로 전달받는 것을 의미한다. **능률적이라는 것**은 사용된 자원과 목표를 달성하기 위해서 생산한 산출 간의 관계에 관한 것이다. 능률성은 주어진 수량과 품질의 산출을 얻기 위해서 최소한의 자원을 투입하거나, 또는 주어진 수량과 품질의 자원 투입으로 최대의 산출을 얻는 것을 말한다. **효과적이라는 것**은 목표의 달성 또는 활동의 결과가 그 활동의 목표나 의도된 효과에 일치하는 정도를 말한다.

② 보고책임(accountability)의 충족

공공서비스 기관이나 그 안의 개인이 그들의 결정과 활동에 대해서 책임을 지는 절차가 보고책임이다. 이에는 공적 자금의 청지기 역할, 공정성 그리고 성과의 모든 측면이 포함된다. 보고책임은 신뢰할만하고 관련성 있는 회계 관련·비회계 관련 정보를 개발, 유지 그리고 획득 가능하도록 만드는 것과 그 정보를 내·외부의 이해관계인에게 시의적절한 보고를 통해 공정하게 공개하는 방법에 의해 충족된다.

③ 법규의 준수

기관은 많은 법과 규정을 준수하도록 요구된다. 공공기관에 있어서 법규는 공적 자금의 수집과 지출과 운영의 방식을 명령하는 것이다. 예컨대, 예산회계법, 국제조약, 적절한 행정에 관한 법, 회계 관련 법과 기준, 환경보호와 인권 관련법, 소득세법과 부패방지법 등이 그것이다.

④ 손실, 오용 및 피해로부터 자산의 보호

네 번째의 목표는 첫 번째 것의 한 하위범주라고 생각할 수 있지만 **공공부문의 자원보호**의 중요성은 강조될 필요가 있다. 공공부문의 자원은 일반적으로 국민의 세금을 모아 놓은 것이고 이를 공익을 위해서 사용하는 것은 특별한 주의를 요구한다. 따라서 통제는 기관의 자원을 획득부터 지출에 이르기까지 관리하는 것과 관련된 각각의 활동에 스며들어 있어야 한다.

정보, 원시자료(raw data) 및 회계기록과 같은 자원은 정부운영의 투명성과 책무성을 달성하는 관건이 되므로 보존되어야 한다. 그럼에도 이들 역시 도난, 오용 및 파괴의 위험에 처할 수 있다. 특정한 자원과 기록의 보호는 정보화시대의 도래로 더욱 더 중요하게 되었다. 전산매체에 저장된 민감한 정보는 이를 보호하기 위해서 주의를 기울이지 않으면 파괴되거나 복사되거나 배포되거나 남용될 가능성이 있기 때문이다.

2) 내부통제의 한계

아무리 잘 설계되고 잘 운영된다 하더라도 내부통제제도는 기관의 목표달성이나 생존에 관하여 관리층에게 절대적인 확신이 아니라 오직 **합리적인 확신**을 제공할 뿐이다. 정부정책이나 사업에 있어서의 변경, 인구통계적 또는 경제적 조건의 변화는 통상 관리자의 통제를 벗어나는 것이며 관리자로 하여금 통제를 재설계하거나 용인할 만한 위험의 수준을 조정할 수밖에 없도록 만든다.

효과적인 내부통제제도는 목표를 달성하지 못할 확률을 낮춰준다. 그러나 내부통제가 형편없이 설계되거나 의도한 대로 작동하지 못할 위험이 존재한다. 내부통제는 인간적 요인에 의존하기 때문에 설계의 결함이나, 판단 또는 해석의 오류, 오해, 부주의, 피로, 방심, 공모, 오용, 강압의 가능성을 가지고 있다.

또 다른 제약요인은 내부통제제도의 설계가 **자원의 제약**을 받는다는 것이다. 통제의 편익은 반드시 그 비용과의 관계에서 고려되어야 한다. 손실의 위험을 완전히 제거하는 내부통제제도의 유지는 비현실적인 것이며 얻어지는 편익과 비교할 때 그 이상의 비용이 들 것이다. 특정한 통제가 설치되어야 하는지를 결정하는 데에 있어서 위험이 발생할 확률과 기관에 미치는 잠재적 결과가 새로운 통제를 설치하는 데에 수반되는 비용과 함께 고려되어야 한다는 것이다.

조직의 변화와 **관리층의 태도** 역시 내부통제제도를 운영하는 사람의 효과성에 막대한 영향을 미칠 수 있다. 따라서 관리층은 지속적으로 통제를 검토하고 업데이트 해야 하고, 변화내용을 직원들에게 소통시켜야 하고, 그러한 통제를 준수함으로써 모범을 보여야 한다. 내부통제를 설계할 시점에서의 대상은 정규적이고 반복적인 업무일 가능성이 높으며 따라서 비정규적이고 돌발적인 업무가 발생할 때에는 그 통제가 비효과적이 될 수 있다.

3. 내부통제의 점검

1) INTOSAI「내부통제기준」

국제감사원기구(International Organization of Supreme Audit Institutions, INTOSAI)도 내부통제에 대한 기준을 마련한 바 있으며 이는 정부 내의 책임성을 다루는 기초를 제공하고 있다.「내부통제기준」에서는 관리자는 자신의 조직 내에서 효과적인 통제환경을 구축해야 할 책임을 갖고 있는데 이는 정부 자원의 사용에 대한 청지기책무(stewardship)의 일부이며, 사실상 관리자들이 자신의 행동, 방침 그리고 의사소통을 통해서 조성하는 분위기는 긍정적이 되었건 느슨한 통제가 되었건 간에 조직의 문화로 귀결될 수 있다고 명시하고 있다. 또한 기획, 집행, 감독 그리고 점검은 내부통제의 근본적인 구성요소로서 이러한 활동은 일상적으로 광범한 통제환경의 일부라고 생각하지 않고 넘어갈 정도로 업무의 과정에 스며들어 있음을 설명하고 있다.

INTOSAI「내부통제기준」에서는 크게 세 분야에서 점검사항을 제시하고 있는데 즉, **내부통제의 구축, 내부통제의 실행 및 자체감사기능과의 관계**가 그 분야이다. 여기에서는 참고로 이 세 부문에서 제시되는 관리자 점검항목(checklist)을 대략적으로 살펴본다.

2) 내부통제의 구축

- 내부통제 구축에 있어서 조직이 직면한 리스크를 평가하였는가?
- 리스크를 관리하기 위한 통제목표를 수립하였는가?
- 통제목표를 달성하기 위해서 통제방침과 절차를 설정하였는가?
- 긍정적인 통제환경을 조성하였는가?
- 개인적, 전문적 성실성과 윤리적 가치를 유지하고 그 내용을 공표하였는가?
- 책무를 효과적으로 수행하기에 충분한 정도의 내부통제에 대한 이해를 갖고 있는가?

국제감사원기구(INTOSAI) 내부통제기준

관리자점검항목(checklist)

내부통제의 구축

- 내부통제 구축에 있어서 조직이 직면한 리스크를 평가하였는가?
- 리스크를 관리하기 위한 통제목표를 파악하였는가?
- 통제목표를 달성하기 위해서 통제방침과 절차를 설정하였는가?
- 긍정적인 통제환경을 조성하였는가?
- 개인적이고 전문적인 성실성과 윤리적 가치를 유지하고 그 내용을 공표하였는가?
- 책무를 효과적으로 수행하기에 충분한 정도의 내부통제에 대한 이해를 갖고 있고 이를 공표하였는가?

3) 내부통제의 실행

- 조직 전반에 걸쳐서 효과적인 내부통제를 채택하였는가?
- 조직의 내부통제는 건전한 통제기준에 그 토대를 두고 있는가?
- 조직의 내부통제 구조 속에 적절하고 비용효과적인 통제활동이 포함되어 있는가?
- 관리자 지침, 계획 및 방침에 통제업무가 명확히 규정되어 있는가?
- 조직 내부통제 활동의 운영을 지속적으로 모니터하는 수단을 강구하였는가?

내부통제의 실행

- 조직 전반에 걸쳐서 효과적인 내부통제를 채택하였는가?
- 조직의 내부통제는 건전한 통제기준에 그 토대를 두고 있는가?
- 조직의 내부통제 구조 속에 적절하고 투입비용에 비하여 효과가 있는 통제활동을 포함시켰는가?
- 관리자 지침, 계획 및 방침을 통해서 통제업무를 규정하였는가?
- 조직의 내부통제 활동의 운영을 지속적으로 모니터링하는 수단을 강구하였는가?

4) 자체감사기능과의 관계

- 내부통제와 자체감사 간의 차이점에 대해 이해하고 있는가?
- 자체감사기능은 조직의 내부통제에 통합적 한 부분인 것을 인식하고 있는가?
- 감사기능이 설치되어 있는가?
- 감사조직이 독립성을 확보하고 있는가?
- 감사조직이 감사대상기관 또는 부서의 내부통제활동의 효과성을 평가하는 책임을 지고 있는가?
- 자체감사와 외부감사의 감사결과 조치사항 이행을 모니터하는 시스템이 설치되어 있는가?

자체감사기능과의 관계

- 내부통제와 자체감사 간의 차이점에 대해 이해하고 있는가?
- 자체감사기능은 조직의 내부통제의 통합적 한 부분인 것을 인식하고 있는가?
- 감사기능을 설치하였는가?
- 감사조직의 독립성을 확보하였는가?
- 감사조직이 피감사기관·부서의 내부통제활동의 효과성을 평가하는 책임을 지고 있는가?
- 자체감사와 외부감사의 감사결과 조치사항의 이행을 모니터하는 시스템을 설치하였는가?

「자체감사기준」 제4조제2항

제4조(자체감사활동의 목적과 방향) ② 자체감사활동은 감사대상기관의 문제점을 미리 예방하고 발견된 문제점을 효과적으로 해결하는 데에 중점을 둔다.

1. 자체감사의 방향

1) 자체감사의 예방기능

「자체감사기준」 제4조제2항은 자체감사활동이 감사대상기관의 문제점을 미리 예방하고 발견된 문제점을 효과적으로 해결하는 데에 중점을 둔다고 명시하고 있으며 이는 자체감사의 **예방기능**과 **환류기능**을 강조하고, 향후 계속적인 자체감사 발전의 방향을 제시한 것으로 볼 수 있다.

먼저 **예방기능**에 대해서 구체적으로 살펴보면, 감사는 문제점을 사후에 확인하고 적출하는 기능을 수행할 뿐만 아니라 불법행위, 오류 또는 낭비에 대한 사전적인 통제 또는 예방기능도 수행한다. 주어진 업무를 수행하는 담당자는 자신이 작성한 정보나 수행한 업무가 독립적 제3자인 전문가에 의하여 나중에 감사를 받게 될 것을 의식하여 일정한 기준이나 일반적으로 받아들여지는 원칙에 따라 합리적인 정보를 산출하고 성실하게 업무를 수행하려고 노력하기 때문이다.

「중앙행정기관 및 지방자치단체 자체감사기준」 제4조 제2항

- 자체감사활동이 감사대상기관의 문제점을 미리 예방하고 발견된 문제점을 효과적으로 해결하는 데에 중점을 둔다고 명시
- 자체감사의 예방기능과 환류기능을 강조하여 향후 계속적인 자체감사 발전의 방향을 제시함

예방기능

- 감사는 문제점을 사후에 확인하고 적출하는 기능을 수행할 뿐만 아니라 불법행위, 오류 또는 낭비에 대한 사전적인 통제 또는 예방기능도 수행함
- 담당자는 자신이 작성한 정보나 수행한 업무가 독립적 제3자인 전문가에 의하여 나중에 감사를 받게 될 것을 의식하여 일정한 기준이나 일반적으로 받아들여지는 원칙에 따라 합리적인 정보를 산출하고 성실하게 업무를 수행하려고 노력하기 때문

예방기능은 비리소지의 사전 억제 내지 제거, 조기경보 그리고 적정 절차의 보장 등을 통해 계량화하기는 어렵지만 잠재적인 감사성과를 거두는 것을 의미한다. 이는 개별 사안에 대한 감사보다 내부통제 시스템에 대한 점검과 분석적 검토 등에 의해서 얻어지는 것이다.

예방기능

비리소지의 사전 억제 또는 제거, 조기경보
그리고 적정 절차의 보장 등을 통해 계량화하기는 어렵지만
잠재적인 감사성과를 거두는 것을 의미

■ 개별 사안에 대한 감사보다 내부통제 시스템에 대한 점검과 분석적 검토 등에 의해서 얻어지는 것

2) 자체감사의 환류기능

「자체감사기준」 제4조제2항은 두 번째 자체감사의 방향으로 발견된 문제점의 효과적 해결을 제시하고 있다. 감사는 이미 산출된 정보나 수행된 업무의 내용이 일정한 기준에 따라 합당하게 수행된 것인지를 사후적으로 확인할 뿐만 아니라 그 결과를 **환류**(feedback)하는 기능까지 수행한다.

즉 감사결과 불법행위, 오류 또는 낭비 등 문제점을 발견할 경우 그러한 문제점의 시정, 개선 또는 담당자의 문책 등 조치를 통하여 사후적인 교정기능을 수행하는 것이다. 환류는 공공부문의 성과 제고, 역량 확충, 정책·사업의 합리적인 결정과 집행의 촉진, 나아가 국민에 대한 정보 제공과 교육효과도 지니는 공공감사의 가장 중요한 기능이다.

미국 「정부감사기준」 제4.11조에서도 "감사의 효익은 지적사항을 보고하거나 권고사항을 제시하는 데에 있는 것이 아니라 그 문제점을 효율적으로 해결하는 데에 있다"고 규정하고 있다.

■ 자체감사의 방향으로 발견된 문제점의 효과적 해결을 제시

감사

이미 산출된 정보나 수행된 업무의 내용이 일정한 기준에 따라 합당하게 수행된 것인지를 사후적으로 확인

➕

그 결과를 환류(feedback)하는 기능까지 수행

감사결과 불법행위, 오류 또는 낭비 등 문제점을 발견 ➡ 문제점의 시정, 개선 또는 담당자의 문책 등 조치

적출기능은 기본적으로 감사인과 수감자간의 대립적인 구도 하에서 규정 준수 책무성의 확보에 치중하는데 비해 **환류기능**은 감사인과 수감자간의 공생관계를 유지하면서 공공부문의 성과와 역량에 미치는 장기적인 파급효과에 역점을 둔다.

2. 리스크관리와 예방감사

물론 감사의 **확인·적출기능**과 **예방기능**은 상호보완적인 것이다. 예방기능이 제대로 수행되면 확인·적출기능의 필요성은 줄어들고, 반대로 확인·적출기능은 비슷한 문제점의 발생 가능성에 대한 억지력을 지녀서 예방기능을 보강하기 때문이다. 그러나 양자의 우선순위를 따진다면 문제점이 발생한 뒤에 이를 확인·적출하는 것보다 문제점의 발생을 미리 차단하는 것이 훨씬 더 중요하다.

그럼에도 불구하고 감사인은 대리인으로서 사전 예방보다 사후 확인·적출에 더 치중하게 된다. 감사인의 이런 속성은 적발과 처벌위주의 과잉감사를 유발하고, 과잉감사는 수감자의 무사안일과 과잉순응 등 부작용을 초래하여 궁극적으로 공공부문의 성과와 잠재적인 역량을 오히려 저하시키게 된다. 「자체감사기준」 제4조제2항은 이와 같이 감사가 감사인의 속성상 자칫 문제점의 적발과 처벌위주로 수행될 가능성을 경계하고, 예방과 환류의 기능을 충실히 수행하여 감사의 부가가치를 실현시켜야 함을 강조하고 있다.

감사인

BUT!!

사전 예방보다 사후 확인·적출에 더 치중**하게 됨**

- 적발과 처벌위주의 과잉감사를 유발
- 과잉감사는 수감자의 무사안일과 과잉순응 등 부작용을 초래
- 궁극적으로 공공부문의 성과와 잠재적인 역량을 오히려 저하시키게 됨

국제적 공공감사분야의 주요한 추세중 하나는 사후적 관점(review)보다 사전적 관점(preview), 적발보다 예방, 과거와 현재에 대한 초점보다 현재와 미래에 대한 초점의 강조이고, 재정손실, 환경훼손, 인명피해나 신뢰상실의 예방을 통해 감사가 새로운 **가치창출을 위한 적극적 기능**을 수행하여야 한다는 것이다(국제내부감사인협회(IIA) 「성과기준(Performance Standard)」 2100 참고).

국제 공공감사분야의 주요한 추세

> 사후적 관점(review)보다 사전적 관점(preview)

> 적발보다 예방

> 과거와 현재에 대한 초점보다 현재와 미래에 대한 초점

> 재정손실, 환경훼손, 인명피해나 신뢰상실의 예방

> 감사가 새로운 가치창출을 위한
> 적극적 기능을 수행

"리스크 기반감사(risk-based audit)의 중요성이 부각"

이러한 관점에서 **리스크기반감사**(risk-based audit)의 중요성이 부각되고 있는데 이는 감사가 통제수단의 설치 여부와 그 효과성을 이해하고, 남아있는 **잔여리스크**(residual risk)를 파악하여 그를 토대로 구체적인 감사접근방안을 수립하여야 한

다는 것이다. 리스크기반감사는 **감사리스크**를 분석하고 그 분석에 근거해서 **중요도**(materiality)의 기준을 정하고, 보다 많은 감사자원을 **고위험 영역**(high-risk areas)에 투입하는 감사접근방법이다. 아시아감사원기구(ASOSAI)는 리스크기반감사와 관련하여 감사는 감사대상기관의 목표 달성에 가장 커다란 리스크가 되는 영역에 초점을 두어야 한다고 명시하고 있다.

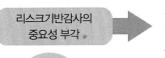

리스크기반감사의 중요성 부각 → 감사가 통제수단의 설치 여부와 그 효과성을 이해하고, 남아있는 잔여리스크를 파악하여 그를 토대로 구체적인 감사접근방안을 수립하여야 한다는 것

리스크기반 감사 — 감사리스크를 분석하고 그 분석에 근거해서 중요도의 기준을 정하고 보다 많은 감사자원을 고위험영역에 투입하는 감사접근방법

아시아최고감사기구(ASOSAI)
감사는 감사대상기관의 목표 달성에 가장 커다란 리스크가 되는 영역에 초점을 두어야 함

1. 다음 자체감사의 목적과 정의에 관한 설명 중 적절치 않은 것은?

① 자체감사의 주된 목적은 자원획득과 사업운영의 경제성·능률성·효과성을 점검하기 보다는 회계사무의 적법성 확인에 초점을 두는 것이다.

② 자체감사는 내부통제를 내실 있게 수행하여 기관 운영의 적정성, 공정성 및 국민에 대한 책임성 확보를 목적으로 한다.

③ 자체감사는 당해 기관·단체에 대한 순수한 내부감사는 물론, 하급기관·단체에 대한 준내부감사와 산하기관·단체 등에 대한 외부감사를 모두 포함하는 개념이다.

④ 자체감사는 자체감사기구의 장이 그 소속되어 있는 기관의 모든 업무와 활동 등을 조사·점검·확인·분석·검증하고 그 결과를 처리하는 것이다.

2. 다음은 자체감사와 내부통제에 관한 서술이다. 올바르지 않은 것은 무엇인가?

① 내부통제는 리스크를 관리하는 절차이며 리스크에 대한 대응책이다.

② 리스크를 책임지고 그 리스크를 통제하는 것은 자체감사의 책임이며, 리스크가 적절히 통제되고 있는지 점검·평가하는 것도 자체감사의 임무이다.

③ 내부통제시스템이 구축, 유지되고 있다 하더라도 내부통제는 본질적인 한계를 갖고 있기 때문에 조직 내의 제3자가 내부통제를 점검해 주어야 할 필요가 발생한다.

④ 자체감사기능은 조직의 내부통제제도의 통합적인 한 부분이다.

≫ 1장 평가문제 ≪

3. 다음 자체감사의 기능과 방향에 관한 논의 중 잘못된 것은?

① 감사의 확인·적출기능과 예방기능은 상호보완적인 것이다.

② 자체감사활동은 감사대상기관의 문제점을 미리 예방하고 발견된 문제점을 효과적으로 해결하는 데에 중점을 둔다.

③ 리스크기반감사는 리스크를 분석하여 보다 많은 감사자원을 리스크가 높은 영역에 투입하는 감사접근방법으로 예방기능과는 관계가 없다.

④ 환류기능은 성과 제고, 역량 확충, 정책·사업의 합리적인 결정과 집행의 촉진, 나아가 국민에 대한 정보제공 효과도 지니는 공공감사의 중요한 기능이다.

/정/답/ 1.① 2.② 3.③

〈해설〉

1. 1960년대까지만 하더라도 공공감사는 회계사무의 적법성 확인에 초점을 두었다. 그러나 최근에는 이러한 소극적인 목적에 더해서 공공자원의 획득과 사용과정의 경제성·능률성·효과성을 점검하고 정책이나 사업의 성과를 평가하는 역할까지 수행하는 것이 보편적인 공공감사의 목적이라고 말하게 되었다.

2. 리스크를 책임지고 그 리스크를 통제하는 것은 관리자의 책임이며, 리스크가 적절히 통제되고 있는지 점검·평가하여 관리층에게 의견을 제시하거나 필요한 조치를 취하도록 하는 것은 자체감사의 임무이다.

3. 리스크기반감사는 감사리스크를 분석하고 그 분석에 근거해서 보다 많은 감사자원을 고위험 영역에 투입하는 감사접근방법으로 공공감사분야의 주요한 추세인 사후적 적발보다 재정손실, 환경훼손, 인명피해나 신뢰상실의 예방을 통해 감사가 새로운 가치창출을 위한 적극적 기능을 수행하여야 한다는 주장을 반영한다.

□ 자체감사는 중앙행정기관, 지방자치단체 및 공공기관의 감사기구의 장이 그 소속되어 있는 기관과 그 기관에 속한 직원의 모든 업무와 활동 등을 조사·점검·확인·분석·검증하고 그 결과를 처리하는 활동이다. 「중앙행정기관 및 지방자치단체 자체감사기준」에서 자체감사는 당해 기관·단체에 대한 순수한 내부감사는 물론, 하급기관·단체에 대한 준내부감사와 산하기관·단체 등에 대한 외부감사를 모두 포함하는 개념으로 사용하고 있다. 국제내부감사인협회(IIA)는 내부감사를 한 조직의 업무수행의 가치를 증대시키고 개선시키기 위해 설계된 독립적이고 객관적인 검증과 컨설팅 활동이라고 정의한다.

□ 자체감사활동의 목적은 내부통제를 내실 있게 수행하여 기관 운영의 적정성, 공정성 및 국민에 대한 책임성을 확보하는 것이다. 내부통제시스템이 구축, 유지되고 있다 하더라도 내부통제는 본질적인 한계를 갖고 있기 때문에 조직 내의 제3자가 내부통제를 점검하여 개선·보완해 주어야 할 필요가 발생하며, 이 부분에서 강조되는 것이 자체감사의 역할이다.

□ 「중앙행정기관 및 지방자치단체 자체감사기준」은 자체감사활동이 감사대상 기관의 문제점을 미리 예방하고 발견된 문제점을 효과적으로 해결하는 데에 중점을 두는 방향으로 이루어져야 함을 명시하고 있다. 즉, 자체감사는 조직의 리스크가 적절히 통제되고 있는지에 관해서 관리층에게 의견을 제시하여 부정과 오류의 발생뿐만 아니라 사업의 실패나 운영의 비효율이 발생할 가능성을 미리 예방하는 데에 초점을 둠으로써 자체감사의 가치를 제고시켜야 한다는 것이다.

2장　감사기구의 독립성과 전문성

≫ 인트로 ≪

이번 장에서 학습할 주요 내용은...

- 감사기구의 독립성
- 감사담당자의 회피
- 감사담당자의 전문성

　감사기구가 그 활동과 결과에 대해서 여러 이해관계자나 일반국민들로부터 신뢰성과 타당성을 인정받기 위해서 감사기구가 갖추어야 하는 기본적인 조건과 자격이 있다. 이와 관련해서 국내외적으로 인정되는 조건 중 가장 우선적인 것 중의 하나가 바로 **독립성**과 **전문성**이다.

　감사기구가 독립성을 확보하고 감사기구의 감사인력들이 전문성을 보유하고 있을 때에 비로소 감사기구는 감사활동의 결과에 대해서 신뢰를 줄 수 있고 감사결과에 신뢰성이 있을 때 감사를 받는 피감사기구의 입장에서 감사결과에 순응하고 그에 따른 필요한 조치들을 적시에 효과적으로 실행하게 될 것이다.

　이번 장에서는 이와 같이 감사기구가 갖추어야 하는 기본적인 조건인 감사기구의 독립성, 감사담당자의 회피 그리고 감사담당자의 전문성 등에 대해서 살펴본다.

　따라서 다음과 같은 세 가지의 학습목표를 제시한다.

1) 감사기구는 독립성을 확보하기 위해 어떤 조건들을 충족시켜야 하는지 이해하게 된다.

2) 감사담당자는 어떤 상황에서 감사로부터 배제되어야 하는지를 알게 된다.

3) 감사담당자의 전문성을 높이기 위해서 어떠한 것들이 필요한지 파악하게 된다.

 학습이 끝나고 나면...

① 감사기구가 독립성을 확보하기 위해서는 어떠한 조건들을 충족시켜야 하는지 말할 수 있다.

② 감사담당자가 어떤 상황에서 감사로부터 배제되어야 하는지를 설명할 수 있다.

③ 감사담당자의 전문성을 높이기 위해서 어떠한 것들을 필요로 하는지를 설명할 수 있다.

≫ 학습 ≪

1절 감사기구의 독립성

「자체감사기준」제5조

제5조(독립성) ① 감사기구의 장은 감사기구의 독립성이 보장되도록 다음 각 호의
노력을 하여야 한다.
1. 감사대상기관 또는 부서와 실질적으로 분리된 조직의 설치와 운영
2. 감사활동에 필요한 예산 확보
3. 감사담당자 우대조치 등을 통한 우수인력의 확보 및 교육훈련의 실시
4. 감사담당자에 대한 독자적인 평가와 성과 관리
5. 그 밖에 감사기구의 독립성 보장에 필요한 사항
② 감사기구의 장은 감사활동의 독립성이 보장되도록 다음 각 호의 사항을 준수하여
야 한다.
1. 감사계획 수립, 감사대상의 선정 등 감사활동에 대한 외부간섭의 배제
2. 자율적인 판단에 따른 자체감사의 실시와 감사결과의 처리
3. 외부의 간섭이나 관여 없이 자체감사기구가 소속된 기관의 장(이하 "소속기관
의장"이라 한다)에게 감사 관련사항을 보고
4. 그 밖에 감사활동의 독립성 보장에 필요한 사항
③ 감사담당자등은 감사대상기관 또는 부서, 그 소속 직원 및 외부 이해관계자 등으로
부터 감사의 독립성이 침해되지 않도록 하여야 한다.
④ 감사담당자등은 관계법령이 정하는 바에 따라 감사 외의 업무를 수행할 때에는 감
사활동의 독립성이 침해될 정도로 과도하게 관여하여서는 아니 된다.

1. 독립성의 의의

감사기관과 감사인은 감사업무를 수행함에 있어 독립성을 유지하여야 한다. 이
는 '독립적인 제3자에 의한 비판적인 검증 활동'이라는 감사의 본질적인 속성으로부

터 도출되는 당연한 결론으로서, 감사의 수행 및 감사결과의 공정성과 객관성을 담보할 책임을 감사기관과 감사인에게 부여하는 것이다.

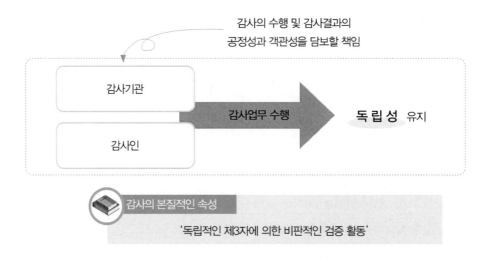

"감사원은 대통령에 소속하되, 직무에 관하여는 독립의 지위를 가진다"라고 규정한 「감사원법」 제2조(지위) 1항과 "감사원 소속 공무원의 임면, 조직 및 예산의 편성에 있어서는 감사원의 독립성이 최대한 존중되어야 한다는 「감사원법」 제2조 2항의 내용은 **감사기관과 감사인의 독립성**을 강조한 대표적인 규정이다.

특히 우리나라는 대인관계의 사회적 네트워크 구축 활동이 왕성하고, 온정주의, 연고주의로 인한 청탁 관행이 만연해 있으며, 자체감사의 독립성이 미흡한 상황으로, 감사기관과 감사인의 독립성이 지니는 의의는 매우 크다.

감사원법 제2조(지위) 1항	감사원법 제2조 2항
"감사원은 대통령에 소속하되, 직무에 관하여는 독립의 지위를 가진다"	"감사원 소속 공무원의 임면, 조직 및 예산의 편성에 있어서는 감사원의 독립성이 최대한 존중되어야 한다"

감사기관과 감사인의 독립성을 강조한 대표적인 규정

사회적 네트워크

연고주의

온정주의

자체감사 미흡

감사기관과 감사인의 독립성이 지니는 의미가 매우 큼

감사기관과 감사인의 실질적인 독립성은 **실질적인 독립성**뿐만 아니라 독립성을 의심받을 수 있는 상황의 배제 등 **외관상의 독립성**이 포함된다. 1998년 제16차 INTOSAI 총회가 채택한 「공공감사인 윤리강령(Code of Ethics for Auditors in the Public Sectors)」 제16조는 "감사인은 실질적으로 뿐만 아니라 외관상으로도 독립적이고 공정할"것을 규정하고 있다.

또한 동 강령 제21조는 감사인이 정치적 활동에 의해 전문직업적인 임무를 불공정하게 수행할 가능성 또한 그러한 것처럼 비쳐질 가능성을 경계하도록 권고하고 있다.

감사기관	감사인
실질적 독립성	

외관상의 독립성
'독립성을 의심받을 수 있는 상황의 배제 등'

 「공공감사인 윤리강령」(Code of Ethics for Auditors in Public Sectors)

제16조 감사인은 실질적으로 뿐만 아니라 외관상으로도 독립적이고 공정할 것

제21조 감사인이 정치적 활동에 의해 전문직업적인 임무를 불공정하게 수행할 가능성 또한

그러한 것처럼 비쳐질 가능성을 경계

미국 「정부감사기준」 제3.11조부터 제3.25조까지에서는 감사기관과 감사인의 독립성을 **개인적인 독립성, 외부로부터의 독립성** 및 **조직상 독립성** 등 세 가지로 구분 하면서 이들 중 한 가지라도 침해된다면 감사의 공정성과 신뢰성은 훼손된다고 규정 하고 있다. 개인적인 독립성은 감사인 개개인이 독립적으로 감사업무를 수행할 수 있 어야 함을 뜻한다.

외부로부터의 독립성은 감사인이 외부의 청탁·압력·유혹이나 인력·예산·정보 등 감사자원에 관한 부당한 관여로부터 자유로워야 함을 의미한다. 조직상의 독립성 은 감사조직의 지위가 독립적이며, 감사결과의 보고, 인사 및 성과관리제도가 독자적 으로 운영되어야 함을 의미한다.

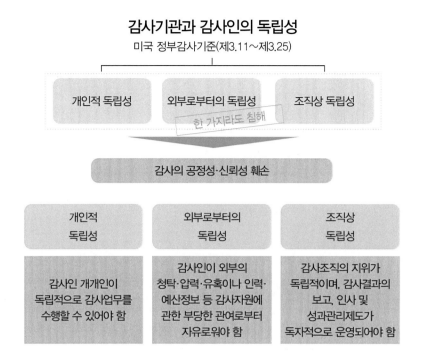

2. 조직상 독립성

「자체감사기준」 제5조제1항은 감사기구의 장은 감사기구의 독립성이 보장되도록 다음 각 호의 노력을 하여야 한다고 규정하고 있다. 이는 위에서 언급한 **조직상의 독립성**을 의미한다고 할 수 있는데 그 각 호의 노력은 다음과 같은 것이다.

① 감사대상기관 또는 부서와 실질적으로 분리된 조직의 설치와 운영
② 감사활동에 필요한 예산 확보
③ 감사담당자 우대조치 등을 통한 우수인력의 확보 및 교육훈련의 실시
④ 감사담당자에 대한 독자적인 평가와 성과 관리
⑤ 그 밖에 감사기구의 독립성 보장에 필요한 사항

조직상 독립성은 감사조직의 지위가 독립적이며, 감사결과의 보고, 인사 및 성

과관리 제도가 독자적으로 운영됨을 의미하는 것이다. 조직상 독립성은 감사원 감사와 자체감사를 포함한 모든 공공감사에 적용된다.

감사원의 경우에는 헌법에 의하여 설치된 **국가최고감사기관**으로서, 「감사원법」 제2조(지위) 제1항이 "감사원은 대통령에 소속하되 직무에 관하여는 독립의 지위를 가진다"고 규정하고 있고, 제2항은 "감사원소속 공무원의 임무, 조직 및 예산의 편성에 있어서는 감사원의 독립성이 최대한 존중되어야 한다"고 규정하는 등 조직상 독립성 확보의 중요성을 천명하고 있다.

조직상 독립성	• 감사조직의 지위가 독립적 • 감사결과의 보고, 인사 및 성과관리 제도가 독자적으로 운영됨을 의미 • 감사원 감사와 자체감사를 포함한 모든 공공감사에 적용

감사원법 제2조(지위) 제1항	감사원법 제2조(지위) 제2항
감사원은 대통령에 소속하되 직무에 관하여는 독립의 지위를 가진다	감사원소속 공무원의 임무, 조직 및 예산의 편성에 있어서는 감사원의 독립성이 최대한 존중되어야 한다

자체감사의 경우에는 감사부서가 의결기관 및 집행부서로부터 분리된 별도의 조직으로 설치되어야 한다. 의결기관은 위원회 등 합의제 행정기관 또는 정부투자기관의 이사회 등을 의미한다. 또한 감사결과를 소속기관장이나 부기관장에게 자유로이 보고하고 그에 대한 책임을 질 수 있어야 조직상 독립성을 확보할 수 있다. 자체감사기구가 기관장으로부터 분리된 조직으로 설치될 수는 없기 때문에 '집행기관'이 아니라 '집행부서'로부터 분리된 별도의 조직을 의미하게 된다.

위원회 등 합의제 행정기관 또는 공공기관의 이사회 등을 의미

자체감사

감사부서가 의결기관 및 집행부서로부터 분리된 별도의 조직으로 설치되어야 함

감사결과를 소속기관장이나 부기관장에게 자유로이 보고하고 그에 대한 책임을 질 수 있어야 조직상 독립성을 확보할 수 있음

자체감사기구가 기관장으로부터 분리된 조직으로 설치될 수는 없기 때문에 '집행기관'이 아니라 '집행부서'로부터 분리된 별도의 조직을 의미

외부감사의 경우에는 감사대상기관이 감사인이 소속된 기관과 다른 수준의 기관이거나, 감사인이 소속된 수준과 동일한 수준의 기관이라도 서로 다른 기관이라야 조직상 독립성을 확보할 수 있다. 자체감사이든 외부감사이든 자체감사결과를 자체 감사기구가 소속된 기관의 독립된 위원회나 감독기관에 주기적으로 보고할 수 있는 경우에 조직상 독립성은 더욱 강화된다.

외부감사

감사대상기관이 감사인이 소속된 기관과 다른 수준의 기관

감사인이 소속된 수준과 동일한 수준의 기관이라도 서로 다른 기관

조직상 독립성을 확보

자체감사결과를 자체감사기구가 소속된 기관의 독립된 위원회나 감독기관에 주기적으로 보고할 수 있는 경우에 조직상 독립성은 더욱 강화

자체감사인의 임용, 교육훈련, 승진, 보수 등에 관해 실적에 입각한 인사제도를 확립하고, 자체감사기구와 자체감사인에 대한 내부평가, 심사분석, 목표관리 등 성과

관리제도를 독자적으로 운영하는 것도 조직상 독립성 확보에 필수적이라고 할 것이다. 자체감사기구가 소속된 기관의 인사부서에서 자체감사담당자의 객관적인 실적과 무관하게 인사사항을 결정하거나, 성과관리부서에서 자체감사기구 또는 감사담당자의 성과를 평가하는 것은 자체감사의 조직상 독립성을 훼손할 우려가 있다.

미국 연방 부처의 **감찰총장**(Inspector General)제도는 자체감사인의 임용을 포함한 인사권을 자체감사기구의 장이 행사하도록 하여 조직상 독립성을 확보하고 있는 예라 할 수 있다.

미연방 부처 감찰총장제도
(Inspector General)

- 자체감사인의 임용을 포함한 인사권을 자체감사기구의 장이 행사
- 조직상 독립성을 확보

「자체감사기준」제6조

제6조(감사담당자등의 회피 등) ① 감사담당자등은 다음 각 호의 어느 하나에 해당하여 감사수행의 독립성을 유지하기 어렵다고 판단될 때에는 감사기구의 장은 소속기관의 장에게, 감사담당자는 감사기구의 장에게 지체 없이 보고하여야 한다.

    1. 감사대상이 되는 기관, 부서 또는 업무와 관련이 있는 사람과 개인적인 연고나 이해관계 등이 있어 공정한 감사수행에 영향을 미칠 우려가 있는 경우

    2. 감사대상이 되는 기관, 부서 또는 업무와 관련된 주요 의사결정과정에 직ㆍ간접적으로 관여한 경우

    3. 그 밖에 공정한 감사수행이 어려운 특별한 사정이 있는 경우

② 소속기관의 장 또는 감사기구의 장은 제1항에 따른 보고를 받거나 감사담당자등이 제1항 각 호의 어느 하나에 해당한다고 인정하는 경우에는 해당 감사담당자등을 감사에서 제외하는 등 적정한 조치를 하여야 한다.

「자체감사기준」제6조(감사담당자등의 회피 등)는 사실상 개인적인 독립성이나 외부로부터의 독립성을 규정하고 있다. 개인적인 독립성 유지는 감사인이 감사와 관련된 개인적인 **이해관계의 상충**(conflict of interests)을 스스로 배제하여야 함을 의미하는 것이다. 개인적인 이해관계는 실질적인 이해관계뿐만 아니라 독립성을 의심받을 수 있는 외관상의 이해관계까지도 포함한다. 따라서 감사인은 「자체감사기준」제6조제1항 각 호에 열거된 것처럼 개인적인 독립성이 훼손될 가능성이 있는 경우 당해 감사에 관여해서는 안 된다.

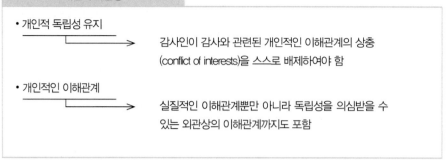

개인적 독립성

- 개인적 독립성 유지
  → 감사인이 감사와 관련된 개인적인 이해관계의 상충
  (conflict of interests)을 스스로 배제하여야 함

- 개인적인 이해관계
  → 실질적인 이해관계뿐만 아니라 독립성을 의심받을 수
  있는 외관상의 이해관계까지도 포함

외부로부터의 독립성은 외부의 청탁·압력·유혹이나 인력·예산·정보 등 감사자원에 관한 부당한 관여로부터 감사인이 자유로워야 함을 의미한다. 감사기관 및 감사인과 감사대상기관의 관계에서, 감사의 독립성을 저해할 우려가 있는 부당한 간여와 양방향(bilateral) 감사의 활성화를 위하여 필요한 정당한 협력과 지원을 구분할 필요는 있다.

감사기관과 감사인이 감사대상기관의 고유기능이나 일상적인 업무에 대한 간여를 통해 감사업무 수행의 독립성을 손상하지 않도록 유의하여야 하나 독립성을 손상하지 않는 범위 내에서 감사대상기관에 대한 감사기관과 감사인의 전문적인 협조와 지원은 허용되어야 할 것이다.

외부로부터의 독립성

- 외부의 청탁·압력·유혹이나 인력·예산·정보 등 감사자원에 관한 부당한 관여로부터 감사인이 자유로워야 함
- 감사대상기관의 관계에서, 감사의 독립성을 저해할 우려가 있는 부당한 간여와 양방향(bilateral) 감사의 활성화를 위하여 필요한 정당한 협력과 지원을 구분할 필요 있음
- 감사기관과 감사인이 감사대상기관의 고유기능이나 일상적인 업무에 대한 간여를 통해 감사업무 수행의 독립성을 손상하지 않도록 유의하여야 하나 독립성을 손상하지 않는 범위 내에서 감사대상기관에 대한 감사기관과 감사인의 전문적인 협조와 지원은 허용되어야 함

INTOSAI 「감사기준」 관련규정 제64조는 "최고감사기구가 행정부의 기능에 참여함으로써 최고감사기구의 독립성 또는 객관성을 손상하지 않도록 주의"할 것을 규정하고 있고 제76조는 최고감사기구가 감사대상기관의 고유영역에 간섭해서는 안 되며 전문적인 조력이나 최고감사기구의 재무관리 경험을 제공하는 수준에서 그쳐야 한다고 규정하고 있다. 또한 제80조는 최고감사기구의 감사인이 감사대상기관의 관리자의 책임에 속하는 어떠한 의사결정 또는 결재과정에도 관여하는 것을 금지하고 있다.

INTOSAI 감사기준 관련규정 제64조

"최고감사기구가 행정부의 기능에 참여함으로써 최고감사기구의 독립성 또는 객관성을 손상하지 않도록 주의"

INTOSAI 감사기준 관련규정 제76조

"최고감사기구가 감사대상기관의 고유영역에 간섭해서는 안 되며 전문적인 조력이나 최고감사기구의 재무관리 경험을 제공하는 수준에서 그쳐야 한다"

INTOSAI 감사기준 관련규정 제80조

"최고감사기구의 감사인이 감사대상기관의 관리자의 책임에 속하는 어떠한 의사결정 또는 결재과정에도 관여하는 것을 금지"

INTOSAI 「공공감사인 윤리규정」 제22조는 감사인이 수감기관 관리자에게 귀속되어야 할 책임을 맡거나 권한을 행사하는 것을 금지하고 있으며 제24조는 감사인의 감사능력에 영향을 미치거나 감사업무의 독립적인 수행을 저해하는 것으로 비쳐질 우려가 있는 수감기관의 관리자 또는 직원들과의 어떠한 교류도 회피하도록 규정하고 있다.

3절 / 전문성

「자체감사기준」 제7조

제7조(전문성) ① 감사담당자등은 감사원 및 감사·회계전문기관으로부터 감사계획 또는 방법에 대한 자문을 받거나 감사·회계교육을 이수하는 등 감사업무에 필요한 전문지식과 실무경험을 갖추어야 한다.

② 감사기구의 장은 우수한 전문인력을 감사담당자로 확보하기 위하여 노력하고, 감사담당자의 전문성이 최대한 발휘될 수 있도록 감사담당자의 전문지식과 실무경험 등을 고려하여 감사임무를 부여하여야 한다.

③ 감사기구의 장은 감사담당자의 전문성을 높이기 위하여 감사원 감사 등에의 참여를 권장하고, 감사·회계전문기관의 감사·회계교육을 이수하도록 하거나 필요한 경우 자체적으로 실시하여야 한다.

④ 감사기구의 장은 전문지식이나 실무경험 등이 요구되는 분야를 감사할 때에는 외부 전문기관 또는 외부 전문가의 자문을 받거나 필요한 경우 감사에 참여시킬 수 있다.

1. 전문성의 의의

「자체감사기준」 제7조(전문성)는 제5조(독립성)와 함께 감사인의 적격성에 관한 공공감사기준의 핵심적인 규정으로서, 감사인이 갖추어야 할 전문적인 자격요건에 관하여 규정하고 있다. **전문성**은 감사인이 전문직업인으로서 감사업무를 수행하는 데 필요한 전문지식과 실무경험을 말한다. 특정 감사업무를 공동으로 수행하는 감사팀은 당해 감사업무의 수행에 필요한 전문성을 구비하여야 한다.

　　즉 개별 감사인이 특정 감사업무의 수행에 필요한 모든 분야의 전문적인 지식과 실무경험을 구비할 필요는 없지만, 감사팀을 구성하는 감사인들 중 누군가는 당해 감사업무의 수행에 필요한 전문성을 갖추어야 한다. 감사업무에 통계적 표본추출방법이 필요한 경우에는 이를 활용할 수 있는 사람이 감사팀에 포함되어야 하고, 전산시스템에 대한 검토가 필요하면 전산감사기법을 숙지하고 있는 사람이 포함되어야 한다.

감사업무의 수행에 필요한 전문성 구비

감사반을 구성하는 감사인들 중 누군가는 당해 감사업무의 수행에 필요한 전문성을 갖춰야 함

감사업무에 통계적 표본추출방법이 필요한 경우에는 이를 활용할 수 있는 사람이 감사반에 포함되어야 함

전산시스템에 대한 검토가 필요하면 전산감사기법을 숙지하고 있는 사람이 포함되어야 함

2. 감사담당자의 전문성

감사담당자가 갖추어야 하는 전문성에는 다음과 같은 것들이 포함된다.

① 감사대상기관의 조직, 사업, 활동, 기능 및 환경에 대한 충분한 지식
② 공공감사에 적용할 수 있는 감사기법과 실무경험
③ 말과 글로써 명확하고 효과적으로 의사를 전달할 수 있는 능력
④ 분야별 감사실무와 관련되는 전문적인 기술 등이 포함

감사인으로서 업무를 수행하는데 필요한 전문적인 지식과 기술은 회계학, 법학, 행정학, 정책학, 경제학, 경영학, 사회학 등 사회과학과 통계학, 전산학, 공학 등 다양한 분야에 걸쳐 있다. 감사인의 실무경험은 감사업무에 실제로 참여하여 쌓은 경험을 뜻한다.

감사담당자가 갖추어야 하는 전문성			
감사대상기관의 조직, 사업, 활동, 기능 및 환경에 대한 충분한 지식	공공감사에 적용할 수 있는 감사기법과 실무경험	말과 글로써 명확하고 효과적으로 의사를 전달할 수 있는 능력	분야별 감사실무와 관련되는 전문적인 기술 등이 포함

• 회계학, 법학, 행정학, 정책학, 경제학, 경영학, 사회학 등 사회과학과 통계학, 전산학, 공학 등 다양한 분야에 걸쳐 있음
• 감사인의 실무경험은 감사업무에 실제로 참여하여 쌓은 경험

전문성을 갖춘 우수한 감사인을 확보하기 위하여 감사기관은 합리적이고 객관적인 기준에 의하여 감사인을 선발하고, 근무성적 등에 대한 평가결과에 따라 소속 감사인과 보조자를 승진시키는 실적주의 인사제도를 확립해야 한다.

합리적이고 객관적인 기준에 의하여 감사인을 선발

근무성적 등에 대한 평가결과에 따라 소속 감사인을 승진시키는 실적주의 인사제도를 확립

우수한 감사인을 확보하려면?

감사인은 지속적인 교육·훈련을 통하여 전문적인 감사능력을 연마하고 감사인으로의 자질과 소양을 유지하여야 한다. INTOSAI「공공감사인 윤리강령」제28조는 감사인으로 하여금 언제나 전문직업적인 자세를 견지하고 감사업무를 전문적이고도 공정하게 수행할 것을 의무화하고 있다.

또한 제29조는 감사인은 자신이 적임자라고 생각되지 않는 임무를 담당하는 것을 금지하고 있고, 제30조는 감사인이 감사·회계·재무관리에 관한 기준·정책·절차 및 관행을 숙지·준수하는 한편, 감사대상기관의 운영과 관련된 헌법적·법적·제도적 원칙과 기준을 충분히 이해할 것을 규정하고 있다.

감사인

지속적인 교육·훈련을 통하여 전문적인 감사능력을 연마하고 감사인으로의 자질과 소양을 유지

INTOSAI 「공공감사인 윤리강령」

제25조
감사인으로 하여금 언제나 전문직업적인 자세를 견지하고 감사업무를 전문적이고도 공정하게 수행할 것을 의무화

제29조
감사인은 자신이 적임자라고 생각되지 않는 임무를 담당하는 것을 금지

제30조
감사인이 감사·회계·재무관리에 관한 기준·정책·절차 및 관행을 숙지·준수하는 한편, 감사대상기관의 운영과 관련된 헌법적·법적·제도적 원칙과 기준을 충분히 이해할 것을 규정

3. 전문성 제고 방법

감사기관은 체계적인 교육·훈련 프로그램을 시행하여 감사담당자가 전문지식, 실무경험, 인격을 고루 배양할 수 있는 기회를 제공하여야 한다.

감사기관

체계적인 교육·훈련 프로그램을 시행하여 감사담당자가 전문지식, 실무경험, 그리고 인격을 고루 배양할 수 있는 기회를 제공

감사담당자에 대한 교육·훈련의 내용에는 다음과 같은 것들이 포함된다.

① 회계학, 법학, 행정학, 정책학, 경제학, 경영학, 사회학 등 사회과학과 통계학, 전산학, 공학 등 감사실무와 관련되는 학문의 과목

② 리스크기반감사(risk-based audit), 체계분석기법(system-based approach), 분석적 검토(analytical review)등 최근에 개발된 감사기법

③ 통계적 표본추출

④ 정책분석·사업평가기법

⑤ 내부통제의 진단평가

⑥ 재무관리 등

감사담당자에 대한 교육·훈련의 내용

- 회계학, 법학, 행정학, 정책학, 경제학, 경영학, 사회학 등 사회과학과 통계학, 전산학, 공학 등 감사실무와 관련되는 학문의 과목
- 체계분석기법(system−based approach), 분석적 검토(analytical review) 등 최근에 개발된 감사기법
- 통계적 표본추출
- 정책분석기법
- 내부통제의 평가
- 재무관리 등

교육·훈련은 감사기관이 직접 실시할 수도 있고 외부에 위탁할 수도 있으며, 국내·외의 연수 및 견학 방식을 활용할 수도 있다. 특히 감사기구는 감사업무에 투입할 인력이 부족함을 이유로 감사담당자의 능력개발을 위한 교육·훈련을 소홀히 함으로써, 감사기관의 장기적·잠재적인 역량을 저하시키지 않도록 각별히 배려해야 한다.

교육·훈련

- 감사기관이 직접 실시할 수도 있고 외부에 위탁할 수도 있음
- 국내·외의 연수 및 견학 방식을 활용
- 감사업무에 투입할 인력이 부족함을 이유로 감사담당자의 능력개발을 위한 교육·훈련을 소홀히 함으로써, 감사기관의 장기적이고 잠재적인 역량을 저하시키지 않도록 각별히 배려

미국 「정부감사기준」 제3.6조는 감사계획, 실시, 감독 및 보고업무를 담당하는 감사인은 매 2년마다 80시간 이상의 전문 감사역량을 향상시킬 수 있는 교육을 연간 적어도 20시간 이상 이수하도록 의무화하고 있다. 또한 INTOSAI 「감사기준」 제105 조는 최고감사기구는 소속 감사인이 감사업무와 관련되는 전문가단체(professional body)의 회원으로 가입하고 활동하는 것을 장려하도록 권고하고 있다.

미국 정부감사기준 제3.6조

감사계획, 실시, 감독 및 보고업무를 담당하는 감사인은 매 2년마다 80시간 이상의 전문감사역량을 향상시킬 수 있는 교육을 연간 적어도 20시간 이상 이수하도록 의무화

INTOSAI 감사기준 제105조

최고감사기구는 소속 감사인이 감사업무와 관련된 전문가단체(professional body)의 회원으로 가입하고 활동하는 것을 장려하도록 권고

자체감사기구는 소속 감사담당자의 전문성만으로 효과적으로 특정 감사업무를 수행하기 어려운 경우에 고도의 전문지식이나 특수한 실무경험을 갖춘 외부 전문가를 활용할 수 있다. 이는 전문적인 감사능력을 보완하여 감사결과의 신뢰성을 제고하기 위한 것이다. 외부전문가의 주된 활용 방법은 감사업무 수행에 대한 자문의 형태가 될 수도 있지만, 필요한 경우에는 계약에 의한 단기채용, 용역사업의 발주, 파견 또는 일시 차입 등 다양한 형태를 취할 수 있다.

자체감사기구는 소속 감사담당자의 전문성만으로 효과적으로 특정 감사업무를
수행하기 어려운 경우

고도의 전문지식이나 특수한 실무경험을 갖춘 외부 전문가를 활용
√ 전문적인 감사능력을 보완하여 감사결과의 신뢰성을 제고하기 위한 것

외부전문가의 주된 활용 방법은
감사업무 수행에 대한 자문의 형태

필요한 경우에는 계약에 의한 단기채용,
용역사업의 발주, 파견 또는
일시 차입 등 다양한 형태

1. 다음 중 감사기구의 장이 감사활동의 독립성을 보장하기 위해서 준수해야 하는 사항이 아닌 것은?

① 감사계획 수립, 감사대상의 선정 등 감사활동에 대한 외부간섭의 배제

② 감사담당자의 전문지식과 실무경험 등을 고려하여 감사임무를 부여

③ 외부의 간섭이나 관여없이 자체감사기구가 소속된 기관의 장에게 감사관련 사항을 보고

④ 자율적인 판단에 따른 자체감사의 실시와 감사결과의 처리

2. 다음 중 감사담당자의 전문성을 제고시키기 위해서 필요한 조치로서 옳지 않은 것은?

① 감사업무에 필요한 전문지식과 실무경험을 구비토록 한다.

② 전문지식과 실무경험 등을 고려하여 감사임무를 부여한다.

③ 감사기구의 장은 감사·회계전문기관의 감사·회계교육을 이수토록 한다.

④ 전문지식이나 실무경험 등이 요구될 때, 외부 전문가의 자문을 받을 수는 있으나 감사에 참여시킬 수는 없다.

≫ 2장 평가문제 ≪

3. 감사기구의 독립성을 확보하기 위해서 감사기구의 장이 기울여야 하는 노력이라고 할 수 없는 것은?

① 개별 감사사항 별로 감사계획의 수립, 실시 및 결과처리 담당자를 지정

② 감사활동에 필요한 예산 확보

③ 감사대상기관 또는 부서와 실질적으로 분리된 조직의 설치와 운영

④ 감사담당자 우대조치 등을 통한 우수인력의 확보 및 교육훈련의 실시

/정/답/ 1. ② 2. ④ 3. ①

〈해설〉

1. 보기 ②의 감사담당자의 전문지식과 실무경험 등을 고려하여 감사임무를 부여하는 것은 감사의 독립성을 확보하기 위해서 필요한 내용이 아니라 감사의 전문성을 높이기 위해서 필요한 조치라고 할 수 있다.

2. 감사담당자의 전문성을 제고시키기 위해서 감사기구의 장은 전문지식이나 실무경험 등이 요구되는 분야를 감사할 때에는 외부 전문기관 또는 외부 전문가의 자문을 받을 수 있으며, 필요한 경우 외부 전문가를 아웃소싱하여 감사에 직접 참여시키는 것도 감사의 전문성을 높이는 한 방법이다.

3. 감사활동에 필요한 예산 확보, 실질적으로 분리된 조직의 설치, 그리고 감사담당자 우대조치 등은 감사독립성 보장을 위하여 기울여야 하는 노력으로 공공감사기준은 명시하고 있다.(제5조 ①항)

☐ 감사기구가 그 활동과 결과에 대해서 여러 이해관계자나 일반국민들로부터 신뢰성과 공정성을 인정받기 위해서 갖추어야 하는 기본적인 조건 중 가장 우선적인 것 중의 하나가 바로 독립성과 전문성이다. 감사기구가 독립성을 확보하고 감사기구의 감사인력들이 전문성을 보유하고 있을 때에 비로써 감사기구는 감사활동의 결과에 대해서 신뢰를 줄 수 있고 감사결과에 신뢰성이 있을 때 감사를 받는 피감사기구의 입장에서 감사결과에 순응하고 그에 따른 필요한 조치들을 적시에 효과적으로 실행하게 될 것이다.

☐ 감사기구의 장은 감사기구의 독립성을 확보하기 위해서 감사대상기관 또는 부서와 실질적으로 분리된 조직을 설치·운영하고, 감사활동에 필요한 예산을 확보하여야 한다. 감사담당자를 우대 조치하는 등 노력을 통해 우수인력을 확보하고 교육훈련을 실시하고 감사담당자에 대해서 독자적인 평가와 성과 관리가 이루어지도록 하여야 한다. 또한 감사기구의 장은 감사계획 수립, 감사대상의 선정 등 감사활동에 대한 외부간섭을 배제하고, 자율적인 판단에 따라서 자체감사를 실시하고 감사결과를 처리하여 외부의 간섭이나 관여 없이 자체감사기구가 소속된 기관의 장에게 감사 관련사항을 보고할 수 있어야 한다. 감사담당자등은 감사대상이 되는 기관, 부서 또는 업무와 관련이 있는 사람과 개인적인 연고나 이해관계 등이 있어 공정한 감사수행에 영향을 미칠 우려가 있는 경우, 감사대상이 되는 기관, 부서 또는 업무와 관련된 주요 의사결정과정에 직·간접적으로 관여한 경우, 감사담당자등을 감사에서 제외하는 등 적정한 조치를 하여야 한다.

2장 요약

□ 감사담당자등은 감사원 및 감사·회계전문기관으로부터 감사계획 또는 방법에 대한 자문을 받거나 감사·회계교육을 이수하는 등 감사업무에 필요한 전문지식과 실무경험을 갖추어야 한다. 감사기구의 장은 우수한 전문인력을 감사담당자로 확보하기 위하여 노력하고, 감사담당자의 전문성이 최대한 발휘될 수 있도록 감사담당자의 전문지식과 실무경험 등을 고려하여 감사임무를 부여하여야 한다. 또한 감사기구의 장은 전문지식이나 실무경험 등이 요구되는 분야를 감사할 때에는 외부 전문기관 또는 외부 전문가의 자문을 받거나 필요한 경우 감사에 참여시킬 수 있다.

3장 감사담당자의 감사자세

≫ 인트로 ≪

이번 장에서 학습할 주요 내용은...

- 감사담당자의 감사자세
- 감사담당자의 청렴의무
- 감사담당자의 보안유지 의무

감사기구가 그 감사절차와 감사결과에 대해서 여러 이해관계인이나 일반국민들로부터 신뢰성과 타당성을 인정받기 위해서 갖추어야 하는 기본적인 조건과 자격이 있다면 감사기구의 책임자나 감사담당자 역시 감사의 공정성과 신뢰성을 담보하기 위해 지켜야 하는 감사자세가 있다. 또한 감사담당자는 감사대상기관의 직원과 같은 이해관계인이나 일반국민으로부터 신뢰를 받을 수 있도록 높은 청렴성을 유지하여야 한다. 아울러서 감사담당자는 직무와 관련하여 알게 된 정보 또는 자료를 정당한 사유없이 다른 사람에게 제공하거나 해당 목적 외의 용도로 이용하여서는 안 될 것이다.

이번 장에서는 이와 같이 감사담당자가 견지하여야 하는 감사자세, 청렴성 유지의 의무 및 보안유지 등의 의무에 관하여 살펴보게 된다. 따라서 다음과 같은 세 가지의 학습목표를 제시한다.

1) 감사담당자가 감사업무의 공정성과 신뢰성을 확보하기 위하여 개인적으로 어떤 감사자세를 유지해야 하는지 이해하게 된다.
2) 감사담당자가 청렴성을 유지하기 위해서는 어떤 것들을 지켜야 할 의무가 있

는 지에 대해 알게 된다.

3) 감사담당자가 직무상 알게 된 정보나 자료의 보안을 유지하여야 한다는 것을 숙지하게 된다.

 학습이 끝나고 나면...

① 감사담당자가 감사업무의 공정성과 신뢰성을 확보하기 위하여 개인적으로 어떤 감사자세를 유지해야 하는지 이해할 수 있다.

② 감사담당자가 청렴성을 유지하기 위해서는 어떤 것들을 지켜야 할 의무가 있는 지에 대해 이해할 수 있다.

③ 감사담당자가 직무상 알게 된 정보나 자료의 보안을 유지하여야 한다는 것을 이해할 수 있다.

1절 감사담당자의 감사자세

「자체감사기준」 제8조

제8조(감사자세) ① 감사담당자등은 관련 법령을 준수하고 그 직무를 성실하게 수행하여야 하며, 정당한 사유가 없는 한 감사기간 중에 개인적인 일을 도모하거나 출장지를 이탈하여서는 아니 된다.

② 감사담당자등은 감사를 받는 사람에게 위압감이나 불쾌감을 주는 언행을 하지 않도록 하여야 한다.

③ 감사담당자등은 감사업무를 공정하게 수행하고, 정치적 중립을 유지하여야 한다.

④ 감사담당자등은 선입견을 가지고 감사업무를 수행하거나 자의적으로 판단하여서는 아니 되며, 관계기관 등의 의견을 충분히 듣고 공정한 절차와 객관적 증거자료에 따라 감사결과를 도출하여야 한다.

⑤ 감사담당자등은 직무의 범위를 벗어나 자신의 지위나 권한을 이용하거나, 개인적인 일 또는 감사활동에 소요되는 비용을 감사대상기관의 직원 등 이해관계인에게 부담시켜서는 아니 된다.

⑥ 감사담당자등은 직무의 해당 여부와 상관없이 감사담당자등으로서의 품위를 손상하는 행위를 하여서는 아니 된다.

1. 공정성과 성실성

감사담당자는 공인으로서 국민이 자신에게 부여한 책무성을 인식하고 **공정성**, **성실성** 그리고 **건전한 윤리의식**에 기초한 감사자세를 견지하여야 한다. 감사담당자가 공정한 감사자세를 견지하지 못하면 감사에 대한 신뢰가 실추됨은 물론 수감자의 로비 등 불필요한 비용을 증대시키고 비리를 조장할 수 있다. 즉 수감자는 감사담당자에게 향응이나 선물을 제공하거나 교통비나 숙박비와 같은 감사경비를 대신 부담함으로써 미온적인 감사를 유도하려는 동기가 발생할 것이다.

더욱이 그러한 경비가 변칙적으로 수감기관의 예산에서 집행되거나, 수감비용의 조달명목으로 수감업무와 관련되는 이해관계인 등을 통해 갹출되는 경우에는 감사활동이 오히려 불법행위를 촉진하는 결과를 초래하게 된다. 친척, 동료 등으로부터 청탁을 받고 특정 사안을 감사표본에서 배제시키거나 문제점을 묵인, 축소, 왜곡한다든지, 감사인으로서 우월적 지위를 악용하여 감사대상자에게 부당한 청탁과 압력을 행사할 가능성도 있다.

감사담당자가 공정한 감사자세를 견지하지 못하면?

감사에 대한 신뢰가 실추됨은 물론 수감자의 로비 등 불필요한 비용을 증대시키고 비리를 조장할 수 있음

감사담당자에게 향응이나 선물을 제공하거나 교통비나 숙박비와 같은 감사경비를 대신 부담

미온적인 감사를 유도하려는 동기가 발생

이러한 경비가 변칙적으로 수감기관의 예산에서 집행되거나, 수감비용의 조달명목으로 수감업무와 관련되는 이해관계인 등을 통해 갹출되는 경우 불법행위를 촉진하는 결과를 초래

감사담당자는 감사를 받는 사람에게 위압감이나 불쾌감을 주지 않도록 하여야 한다. 이는 감사인이 수감자에 대해 상대적인 우월감 또는 특권의식을 지니고 감사업

무를 수행하는 것은 금물임을 강조한 것이다. 감사담당자는 감사업무를 불편부당하게 수행하고, 정치적 중립을 유지하여야 한다.

감사담당자

감사담당자는 감사를 받는 사람에게 위압감이나 불쾌감을 주지 않도록 하여야 한다.

감사인이 수감자에 대해 상대적인 우월감 또는 특권의식을 지니고
감사업무를 수행하는 것은 금물임을 강조

▶ 감사담당자 등은 감사업무를 불편부당하게 수행하고, 정치적 중립을 유지하여야 함

미국의 최고감사기구인 GAO가 제정한 「정부감사기준」(GAS, Government Auditing Standards)에서는 일반기준, 실시기준 및 보고기준에 앞서 제2장에서 정부감사에 있어서의 **윤리적 원칙**을 제시하고 있으며 이러한 윤리적 원칙이 정부감사기준의 적용에 영향을 미치는 환경, 토대 및 구조가 된다고 명시하고 있다.

즉 윤리적 원칙들에 따라서 감사업무를 수행하는 것은 조직적인 책임임과 동시에 개인적인 책임의 문제이며 윤리적 원칙은 감사인의 독립성을 보호하거나, 감사인이 수행할 만한 능력이 있는 업무만 채택한다거나, 고품질의 업무를 수행하거나, 감사보고서에 언급된 적용가능한 기준을 따르는 등의 경우에 적용된다.

정부감사에서의 윤리적 원칙(미국 정부감사기준)

미국의 최고감사기구인 GAO가 제정한 정부감사기준
(GAGAS, Generally Accepted Government Auditing Standards)

- 일반, 실시 및 보고기준에 앞서 제2장에서 정부감사에 있어서의 윤리적 원칙을 제시하고 있으며 이러한 윤리적 원칙이 정부감사기준의 적용에 영향을 미치는 환경, 토대 및 구조가 된다고 명시
- 즉 윤리적 원칙들에 따라서 감사업무를 수행하는 것은 조직적인 책임임과 동시에 개인적인 책임의 문제이며 윤리적 원칙은 감사인의 독립성을 보호
- 감사인이 수행할 만한 능력이 있는 업무만 채택
- 고품질의 업무를 수행
- 감사보고서에 언급된 적용 가능한 기준을 따르는 등의 경우에 적용

미국 「정부감사기준」에 명시된 윤리적 원칙은 일반기준, 실시기준 및 보고기준을 포함해서 정부감사기준을 적용하기 위한 전반적인 틀을 제공한다. 감사담당자는 이 윤리적 기준의 틀 안에서 각 상황의 내용과 환경을 고려해야 한다.

「정부감사기준」에 따라 감사를 수행하는 감사담당자의 업무를 지도하는 **윤리적 원칙**으로 다음의 다섯 가지를 들고 있다.

① 공익(public interest)

② 성실성(integrity)

③ 객관성(objectivity)

④ 정부정보, 자원 및 직위의 적절한 사용(proper use of information, resources and position)

⑤ 전문가적 행위(professional behavior)

정부감사에서의 윤리적 원칙(미국 정부감사기준)

미국 정부감사기준에 명시된 윤리적 원칙

· 일반기준, 실시기준 및 보고기준을 포함해서 정부감사기준을 적용하기 위한 전반적인 틀을 제공
· 감사담당자 등이 이 윤리적 기준의 틀 안에서 각 상황의 내용과 환경을 고려해야 함

감사를 수행하는 감사담당자의 업무를 지도하는 윤리적 원칙

① 공익(Public Interest)
② 성실성(Integrity)
③ 객관성(Objectivity)
④ 정부정보, 자원 및 직위의 적절한 사용(Proper Use of Information, Resources and Position)
⑤ 전문가적 행위(Professional Behavior)

미국 「정부감사기준」에서도 감사인은 공익을 추구하고 전문적 책무를 성실성을 가지고 수행하도록 요구하고 있다. 여기에서는 공익과 성실성에 관한 미국 「정부감사기준」의 윤리적 원칙을 참고로 살펴본다.

(1) 공익

공익은 감사인이 위해서 일하는 사람들이나 조직의 공동체의 **집합적 복리**라고 정의할 수 있다. 감사인이 자신의 전문적인 책무를 수행하는 데에 있어서 성실성, 객관성 그리고 독립성을 준수하는 것은 감사인이 공익을 추구하고 공공의 신뢰를 존중하는 원칙을 충족시키는 데에 도움이 된다. 이러한 원칙은 감사인의 책무에 근본이 되는 것이며 정부환경에 있어서 치명적으로 중요한 것이다. 감사인의 특징은 공익을 추구하는 책임을 짊어지는 것인데 이 책임은 정부 환경에서 감사업무를 수행할 때에 중요하다.

정부감사에서의 윤리적 원칙(미국 정부감사기준)
미국 정부감사기준에서도 감사인은 공익을 추구하고 전문적 책무를
성실성을 가지고 수행하도록 요구

공익
• 감사인이 위해서 일하는 사람들이나 조직의 공동체의 집합적 복리이다.
• 감사인이 자신의 전문적인 책무를 수행하는 데에 있어서 성실성, 객관성 그리고 독립성을 준수하는 것은 감사인이 공익을 추구하고 공공의 신뢰를 존중하는 원칙을 충족시키는 데에 도움이 된다.
• 이러한 원칙은 감사인의 책무에 근본이 되는 것이며 정부환경에 있어서 치명적으로 중요하다.
• 감사인의 특징은 공익을 추구하는 책임을 짊어지는 것인데 이 책임은 정부 환경에서 감사업무를 수행할 때에 중요하다.

(2) 성실성

정부에 대한 대중의 신뢰는 감사인이 자신의 **전문적 책무**를 성실성을 가지고 수행할 때에 유지되고 강화된다. 성실성은 감사인이 자신의 업무를 감사를 받는 기관과 감사보고서의 사용자와의 관계에서 객관적으로, 사실에 입각하여, 비당파적으로 그리고 비이념적인 자세로 수행하는 것을 말한다. 감사를 받고 있는 사업이나 활동의 공익과 일관된 결정을 내리는 것은 성실성 원칙의 중요한 한 부분이다.

감사인은 전문적 업무를 수행하면서 감사대상기관의 경영진, 각급 정부 및 다른 사용자들로부터 상충되는 압력에 직면할 수도 있을 것이다. 감사인은 또한 부적절하게 개인적이거나 조직적인 이득을 얻기 위해 윤리적 원칙을 위반하도록 요구하는 압력에 직면할 수도 있다. 이러한 갈등과 압력을 해결하는 데에 있어서 성실성을 갖고 행동한다는 것은 감사인이 공익에 관련된 자신의 책임에 우선순위를 두는 것을 의미한다.

성실성

- 정부에 대한 대중의 신뢰는 감사인이 자신의 전문적 책무를 성실성을 가지고 수행할 때에 유지되고 강화된다.
- 성실성은 감사인이 자신의 업무를 감사를 받는 기관과 감사보고서의 사용자와의 관계에서 객관적으로, 사실에 입각하여, 비당파적으로 그리고 비이념적인 자세로 수행하는 것을 말한다.
- 감사를 받고 있는 사업이나 활동의 공익과 일관된 결정을 내리는 것은 성실성 원칙의 중요한 한 부분이다.
- 감사인은 전문적 업무를 수행하면서 감사대상기관의 경영진, 각급 정부 및 다른 사용자들로부터 상충되는 압력에 직면할 수도 있을 것이다.
- 감사인은 또한 부적절하게 개인적이거나 조직적인 이득을 얻기 위해 윤리적 원칙을 위반하도록 요구하는 압력에 직면할 수도 있다.
- 이러한 갈등과 압력을 해결하는 데에 있어서 성실성을 갖고 행동한다는 것은 감사인이 공익에 관련된 자신의 책임에 우선순위를 두는 것을 의미한다.

2. 의견수렴과 객관성

감사담당자는 선입견을 가지고 감사업무를 수행하거나 자의적으로 판단하여서는 아니 되며, 수감기관 등의 입장과 의견을 존중하고 충분한 의견진술의 기회를 주어야 하고, 편견이나 자의적 판단에 의하지 아니하고 동료감사인, 관계기관 및 전문가의 의견을 광범위하게 수렴하여 공정한 절차와 객관적 증거자료에 따라 감사결과를 도출하는 등 공정하고 객관적으로 감사업무를 수행하여야 한다.

이는 감사담당자와 수감자가 대등한 입장에서 수행하는 **양방향감사**가 아니라 자칫 감사인의 상대적인 우월성을 상정한 위압적이고 일방향적 과잉감사로 치우칠 가능성을 경계하기 위한 것이다.

미국 「정부감사기준」에서 제시하는 윤리적 원칙 중 '**객관성**'과 '**전문가적 행위**'가 우리의 「자체감사기준」에서 제시하는 감사자세와 관련이 깊으므로 이에 대해 잠시 살펴본다.

감사담당자

선입견을 가지고 감사업무를 수행하거나 자의적으로 판단하여서는 안 됨

수감기관 등의 입장과 의견을 존중하고 충분한 의견진술의 기회를 주어야 함

동료감사인, 관계기관 및 전문가의 의견을 광범위하게 수렴하여 공정한 절차와 객관적 증거자료에 따라 감사결과를 도출

감사인의 상대적인 우월성을 상정한 위압적이고 일방향적 과잉감사로 치우칠 가능성을 경계하기 위한 것

(1) 객관성(objectivity)

정부부문의 감사의 신뢰성은 감사인이 자신의 **전문적 책무**를 수행하는 데에 있어서의 객관성에 달려 있다. 객관성은 감사와 입증업무를 수행할 때 사실상 그리고 외관상 독립적이고, 불편부당함의 자세를 유지하고, 지적인 정직성을 갖고, 이해관계의 상충으로부터 자유로운 것을 포함한다.

감사나 입증업무를 수행함에 있어서 사실상 또는 외견상 감사인의 객관성을 해칠 수 있는 갈등을 피하는 것이 신뢰성을 유지하는데 필수적이다. 객관성을 유지하는 것은 또한 감사대상기관과 기타 이해관계자와의 관계를 감사인의 일반대중에 대한 책임의 견지에서 지속적으로 평가하는 것을 필요로 한다.

객관성(Objectivity)

- 정부부문의 감사의 신뢰성은 감사인이 자신의 전문적 책무를 수행하는 데에 있어서의 객관성에 달려 있다.
- 객관성은 감사와 입증업무를 수행할 때 사실상 그리고 외관상 독립적이고, 불편부당함의 자세를 유지하고, 지적인 정직성을 갖고, 이해관계의 상충으로부터 자유로운 것을 포함한다.
- 감사나 입증업무를 수행함에 있어서 사실상 또는 외견상 감사인의 객관성을 해칠 수 있는 갈등을 피하는 것이 신뢰성을 유지하는 데 필수적이다.
- 객관성을 유지하는 것은 또한 감사대상기관과 기타 이해관계자와의 관계를 감사인의 일반대중에 대한 책임의 견지에서 지속적으로 평가하는 것을 필요로 한다.

(2) 전문가적 행위(professional behavior)

감사전문직에 대한 높은 기대는 법규의 준수와 감사인의 업무에 불신을 초래할 수 있는 어떤 행위의 회피를 의미하는데 이에는 관련된 정보에 관한 지식을 갖고 있는 객관적인 제3자가 감사인의 업무가 전문적인 입장에서 결함이 있다고 결론 내릴 수 있도록 만드는 그런 행위를 포함한다. 전문가적인 행위는 감사인이 자신의 의무와 전문가적 서비스를 수행함에 있어서 관련된 **기술적 및 전문적 기준**을 따라서 수행하도록 정직한 노력을 들이는 것을 의미한다.

전문가적 행위(Professional Behavior)

- 감사전문직에 대한 높은 기대는 법규의 준수와 감사인의 업무에 불신을 초래할 수 있는 어떤 행위의 회피를 의미한다.
- 이에는 관련된 정보에 관한 지식을 갖고 있는 객관적인 제3자가 감사인의 업무가 전문적인 입장에서 결함이 있다고 결론 짓도록 만들 수 있는 그런 행위를 포함한다.
- 전문가적인 행위는 감사인이 자신의 의무와 전문가적 서비스를 수행함에 있어서 관련된 기술적 및 전문적 기준을 따라서 수행하도록 정직한 노력을 들이는 것을 의미한다.

3. 직권남용금지와 품위유지

감사담당자는 직무의 범위를 벗어나 자신의 지위나 권한을 이용하거나, 개인적인 일 또는 감사활동에 소요되는 비용을 감사대상기관의 직원 등 이해관계인에게 부담시켜서는 아니 된다. 또한 감사담당자는 직무의 해당 여부와 상관없이 감사인으로서의 품위를 손상하는 행위를 하여서는 아니 된다.

금지사항		
직무의 범위를 벗어나 자신의 지위나 권한을 이용	개인적인 일 또는 감사활동에 소요되는 비용을 감사대상기관의 직원 등 이해관계인에게 부담	직무의 해당 여부와 상관없이 감사담당자 등으로서의 품위를 손상하는 행위

미국 「정부감사기준」의 윤리적 원칙 중 하나인 '**정부정보, 자원 및 직위의 적절한 사용**'에서는 감사인의 **직권남용**에 대해서 언급하고 있다. 감사인의 직위를 개인적인 이득을 위하여 남용하는 것은 감사인의 근본적인 책임을 위반하는 것이다. 감사인의 신뢰성은 관련된 정보에 관한 지식을 가지고 있는 객관적인 제3자가 부적절하게 감사인의 개인적인 금전적 이득이나 직계가족 또는 가까운 친인척, 감사인이 직원으로 근무하는 직장 또는 감사인이 장래 고용과 관련하여 협의하고 있는 기관 등에 이득을 주는 것으로 인식될 수 있는 행위에 의해서 손상될 수 있다.

정부감사에서의 윤리적 원칙(미국 정부감사기준)
정부정보, 자원 및 직위의 적절한 사용

- 감사인의 직위를 개인적인 이득을 위하여 남용하는 것은 감사인의 근본적인 책임을 위반하는 것이다.
- 감사인의 신뢰성은 연관된 정보에 관한 지식을 가지고 있는 객관적인 제3자가 부적절하게 감사인의 개인적인 금전적 이득이나 직계가족 또는 가까운 친인척, 감사인이 직원으로 근무하는 직장 또는 감사인이 장래 고용과 관련하여 협의하고 있는 기관 등에 이득을 주는 것으로 인식될 수 있는 행위에 의해서 손상될 수 있다.

2절 감사담당자의 청렴의무

「자체감사기준」제9조

제9조(청렴의무 등) ① 감사담당자등은 감사대상기관의 직원 등 이해관계인과 일반국민으로부터 존경과 신뢰를 받을 수 있도록 높은 청렴성을 유지하여야 한다.

② 감사담당자등은 감사의 독립성이나 감사활동의 공정한 수행을 저해하는 청탁이나 압력 등이 있는 경우 감사기구의 장은 소속기관의 장에게, 감사담당자는 감사기구의 장에게 그 사실을 지체 없이 보고하여야 한다.

③ 제2항에 따른 보고를 받은 소속기관의 장 또는 감사기구의 장은 보고사실을 조사하여 적정한 조치를 하여야 한다.

1. 청렴의무

감사담당자 뿐만 아니라 모든 공무원은 청렴의 의무를 지도록 「국가공무원법」에 명시하고 있는데 청렴의무란 공무원이 직무와 관련하여 직접적이든 간접적이든 사례·증여 또는 향응을 주거나 받을 수 없으며, 직무상의 관계가 있든 없든 그 소속 상관에게 증여하거나 소속 공무원으로부터 증여를 받아서는 아니 되는 의무이다. 이 의무의 위반은 **징계사유**가 되고, 또한 형사상의 증·수뢰죄를 구성한다.

감사담당자는 감사대상기관의 업무나 사업을 합법성, 합규성, 효율성 등 감사기준에 의거하여 판단해야 하는 그 업무의 성격에 비추어 볼 때 다른 어떤 공무원보다도 더 높은 청렴성을 유지하여 감사대상기관이나 일반국민으로부터 존경과 신뢰를 받아야 한다.

감사담당자 뿐만 아니라 모든 공무원은
청렴의 의무!

- 공무원이 직무와 관련하여 직접적이든 간접적이든 사례·증여 또는 향응을 주거나 받을 수 없음
- 직무상의 관계가 있든 없든 그 소속 상관에게 증여하거나 소속 공무원으로부터 증여를 받아서는 아니 됨
- 위반할 경우 징계 사유가 되고, 형사상의 증·수뢰죄를 구성

감사담당자는 감사대상업무의 합법성, 합규성, 효율성을 판단

합법성

합규성

효율성

다른 어떤 공무원보다도 더 높은 청렴성을 유지하여 감사대상기관이나 일반국민으로부터 존경과 신뢰를 받아야 함

2. 보고와 적정조치

「자체감사기준」 제9조는 아울러 감사의 독립성이나 감사활동의 공정한 수행을 저해하는 청탁이나 압력 등이 있는 경우 감사담당자는 감사기구의 장에게, 감사기구

의 장은 소속기관의 장에게 그 사실을 지체 없이 보고하도록 규정하고 있으며, 보고를 받은 감사기구의 장이나 소속기관의 장은 보고사실을 조사하여 청탁이나 압력 등과 관련된 사람에 대하여 수사기관에 고발하는 등 적정한 조치를 취하도록 요구하고 있다.

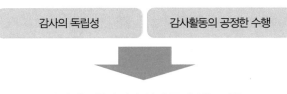

저해하는 청탁이나 압력 등이 있는 경우

- 감사담당자는 감사기구의 장에게, 감사기구의 장은 소속기관의 장에게 그 사실을 지체 없이 보고하도록 규정
- 보고를 받은 감사기구의 장이나 소속기관의 장은 보고사실을 조사하여 청탁이나 압력 등과 관련된 사람에 대하여 수사기관에 고발하는 등 적정한 조치를 취하도록 요구

3절 감사담당자의 보안유지 의무

「자체감사기준」 제10조

제10조(보안유지 등) ① 감사담당자등과 그 직위에 있었던 자는 직무와 관련하여 알게 된 정보 또는 자료를 정당한 사유 없이 다른 사람에게 제공하거나 해당 목적 외의 용도로 이용하여서는 아니 된다.

② 감사담당자등은 감사와 관련된 정보가 감사목적과 관계없이 외부로 유출되지 않도록 정당한 주의의무를 다하여야 한다.

③ 감사담당자등과 그 직위에 있었던 자는 직무상 알게 된 비밀을 누설하여서는 아니 된다.

1. 정보 보안유지 의무

감사기구의 장이나 감사담당자는 직무와 관련하여 알게 된 정보를 정당한 사유 없이 누설하거나 감사목적 외에 이를 사용하여서는 아니 된다. '**정당한 사유**'는 원칙적으로 감사의뢰인이라고 할 수 있는 국민의 알 권리를 충족시키기 위하여 필요하고, 다른 법령에 저촉되지 않는 경우에 해당한다. 특히 감사인이 개인적 이득을 추구하기 위해서 정보를 사용하는 것은 절대로 용납되어서는 안 된다.

감사기구의 장이나 감사담당자는...

- 직무와 관련하여 알게 된 정보를 정당한 사유 없이 누설하거나 감사목적 외에 이를 사용하여서는 아니 된다.

  원칙적으로 감사 의뢰인이라고 할 수 있는 국민의 알 권리를 충족시키기 위하여 필요하고 다른 법령에 저촉되지 않는 경우

- 감사인이 개인적 이득을 추구하기 위해서 정보를 사용, 누설하는 것은 절대로 용납되어서는 안 된다.

감사인의 사익을 도모하기 위하여 정보를 누설하는 것은 당연히 금지되지만 소정의 절차에 따른 감사결과의 보고·통보 또는 공개, 감사결과 발견한 불법행위의 수사기관에 대한 통보 또는 고발, 그리고 감사실시 과정에서 외부의 전문가에게 자문을 의뢰하는 것 등은 위에서 말하는 '누설'또는 '감사목적 외의 사용'에 해당되지 않는다.

소정의 절차에 따른 감사결과의 보고·통보 또는 공개

감사결과 발견한 불법행위의 수사기관에 대한 통보 또는 고발

감사실시 과정에서 외부의 전문가에게 자문을 의뢰하는 것

'누설' 또는 '감사목적 외의 사용'에 해당되지 않음!

2. 미국 정부감사기준: 정부 정보, 자원 및 직위의 적절한 사용

미국 GAO 정부감사기준(GAGAS) 2.11~2.14: '정부 정보, 자원 및 직위의 적절한 사용'은 정부의 정보, 자원 또는 직위는 공식적인 목적으로만 사용되어야 하고 감사인의 개인적 이득을 위해서 또는 법에 반하거나 감사대상기관이나 감사기관의 정당한 이해에 해를 끼치는 방식으로 부적절하게 사용되어서는 안 된다고 규정하고 있다.

이러한 개념은 민감하거나 비밀로 분류된 정보나 자원의 적절한 취급을 포함하는 것이다. 정부부문에서 일반대중의 정부정보의 투명성에 대한 권리는 그 정보의 적절한 사용과 균형을 이루어야 한다. 게다가 많은 정부사업은 정보의 공개를 다루는 법규의 적용을 받게 되어 있다. 이러한 균형을 이루기 위해서 감사인의 직무수행과정에서 습득한 정보의 사용에 있어서 신중을 기하는 것은 이 목적 달성을 위해서 중요한 부분이다. 그러한 어떤 정보라도 제3자에게 부적절하게 공개하는 것은 용납할 수 없는 행위가 된다.

- 정부의 정보, 자원 또는 직위는 공식적인 목적으로만 사용되어야 함
- 감사인의 개인적 이득을 위해서 또는 법에 반하거나 감사대상기관이나 감사기관의 정당한 이해에 해를 끼치는 방식으로 부적절하게 사용되어서는 안 됨

민감하거나 비밀로 분류된 정보나 자원의
적절한 취급을 포함

- 정부부문에서 일반대중의 정부정보의 투명성에 대한 권리는 그 정보의 적절한 사용과 균형을 이루어야 함
- 많은 정부사업은 정보의 공개를 다루는 법규의 적용을 받게 되어 있음

이러한 균형을 이루기 위해서 감사인의 직무수행과정에서
습득한 정보의 사용에 있어서 신중을 기하는 것이 중요

책임성을 따지는 전문직으로서 정부자원의 적절한 사용과 신중한 관리에 대해서 일반국민에게 지는 책임성은 감사인의 책임 중 필수적인 부분이다. 정부자원을 보호·보존하고, 승인받은 활동에 대해서만 적절히 사용하는 것은 감사인에 대한 일반대중의 기대에서 중요한 요소가 된다.

- 정부자원의 적절한 사용과 신중한 관리에 대해서 일반국민에게 지는 책임성은 감사인의 책임 중 필수적임
- 정부자원을 보호·보존하고, 승인 받은 활동에 대해서만 적절히 사용하는 것은 감사인에 대한 일반대중의 기대에서 중요한 요소가 됨

3. IIA 내부감사인 윤리강령: 비밀유지의 원칙

미국을 비롯한 선진국들의 내부감사부서에서는 국제내부감사인협회(IIA)가 제정한 **직무수행방안**(The Professional Practice Framework)이 내부감사 업무를 수행하는 데에 있어서 중요한 지침으로 사용되고 있다. 직무수행방안은 내부감사직무의 정의, 윤리강령, 국제내부감사직무수행기준 및 수행권고로 구성되어 있는데 윤리강령의 원칙 중에는 비밀유지(confidentiality)의 원칙이 포함되어 있다.

즉 내부감사인은 자신이 입수한 정보의 가치와 소유권을 존중하고, 법률적으로 또는 전문직업인의 의무로서 그렇게 하도록 되어 있는 경우가 아니라면 적절한 승인 절차 없이 정보를 노출시키지 말아야 한다고 명시하고 있다.

미국을 중심으로 한 선진국들의 내부감사부서
국제내부감사인협회(IIA)가 제정한 직무수행방안
(The Professional Practice Framework)

• 직무수행방안은 내부감사직무의 정의, 윤리강령, 국제내부감사직무수행기준 및 수행권고로 구성,
  윤리강령의 원칙 중에는 비밀유지(confidentiality)의 원칙이 포함

내부감사인은 자신이 입수한 정보의 가치와 소유권을 존중하고, 법률적으로 또는
전문직업인의 의무로서 그렇게 하도록 되어 있는 경우가 아니라면 적절한 승인 절차 없이
정보를 노출시키지 말아야 한다고 명시

또한 직무수행방안 **윤리강령의 행동규범**(Rules of Conduct) 3항에서 내부감사인은

① 자신들의 업무수행 중에 취득한 정보의 사용과 보호에 있어 신중해야 하고,
② 개인의 이익을 목적으로 정보를 사용해서는 안 되며, 어떠한 경우든지 법에
   반하고, 합법적이고 윤리적으로 타당한 조직의 목표에 방해가 되는 방식으로
   정보를 이용해서는 안 된다고 규정하고 있다.

직무수행방안 윤리강령의 행동규범(Rules of Conduct) 3항

① 자신들의 업무수행 중에 취득한 정보의 사용과 보호에 있어 신중해야 하고,
② 개인의 이익을 목적으로 정보를 사용해서는 안 되며, 어떠한 경우든지 법에 반하고, 합법적이고
   윤리적으로 타당한 조직의 목표에 방해가 되는 방식으로 정보를 이용해서는 안 된다고 규정.

1. 다음 중 감사기구의 장이나 감사담당자가 취해야 할 감사자세가 아닌 것은?

① 감사담당자 등은 관련 법령을 준수하고 그 직무를 성실하게 수행하여야 한다.

② 감사담당자 등은 감사를 받는 사람에게 친절하게 대하고 위압감을 주어서는 안 된다.

③ 감사담당자 등은 감사업무를 불편부당하게 수행하고, 정치적 중립을 유지하여야 한다.

④ 감사담당자 등은 관계기관의 의견을 충분히 듣기보다는 자의적인 판단을 가지고 감사결과를 도출해야 한다.

2. 다음 감사담당자의 보안유지 의무와 관련된 설명 중 적절치 않은 것은?

① 감사담당자는 직무와 관련하여 알게 된 정보를 정당한 사유 없이 누설하여서는 안 된다.

② 감사담당자는 감사와 관련된 정보가 감사목적과 관계없이 외부로 유출될 가능성을 인지하여야 한다.

③ 정당한 사유는 원칙적으로 국민의 알권리의 충족에 필요하고, 다른 법령에 저촉되지 않는 경우에 해당된다.

④ 감사담당자가 개인적 이득을 추구하기 위해서 정보를 사용하는 것은 용납될 수 없다.

≫ 3장 평가문제 ≪

3. 다음 중 감사담당자의 의무와 관련하여 옳지 않은 설명은?

① 감사담당자등은 감사대상기관의 직원 등 이해관계인과 일반국민으로부터 존경과 신뢰를 받을 수 있도록 높은 청렴성을 유지하여야 한다.

② 감사담당자등은 감사의 독립성이나 감사활동의 공정한 수행을 저해하는 청탁이나 압력 등이 있는 경우 감사기구의 장에게 보고하여야 한다.

③ 감사담당자는 개인적인 일 또는 감사활동에 소요되는 비용을 감사대상기관의 직원 등에게 부담시켜서는 아니 된다.

④ 감사담당자 등은 직무와 관련하여 직간접적으로 사례·증여 또는 향응을 수수할 수 없으나, 직무상의 관계가 없는 경우에는 소속공무원으로부터 증여를 받을 수도 있다.

/정/답/ 1.④ 2.② 3.④

〈해설〉

1. 감사담당자 등은 선입견을 가지고 감사업무를 수행하거나 자의적으로 판단하여서는 아니 되며, 관계기관 등의 의견을 충분히 듣고 공정한 절차와 객관적 증거자료에 따라 감사결과를 도출하여야 한다.

2. 감사담당자등은 감사와 관련된 정보가 감사목적과 관계없이 외부로 유출되지 않도록 정당한 주의의무를 다하여야 한다.

3. 감사담당자 뿐만 아니라 모든 공무원은 청렴의 의무를 지도록 국가공무원법에 명시하고 있으며, 청렴의무란 공무원이 직무와 관련하여 직접적이든 간접적이든 사례·증여 또는 향응을 주거나 받을 수 없으며, 직무상의 관계가 있든 없든 그 소속 상관에게 증여하거나 소속 공무원으로부터 증여를 받아서는 아니 되는 의무이다. 이 의무의 위반은 징계사유가 되고, 또한 형사상의 증·수뢰죄를 구성한다.

3장 요약

☐ 감사기구의 책임자나 감사담당자는 감사의 공정성과 신뢰성을 담보하기 위해 지켜야 하는 감사자세가 있다. 감사담당자는 관련 법령을 준수하고 그 직무를 성실하게 수행하여야 하며, 정당한 사유가 없는 한 감사기간 중에 개인적인 일을 도모하거나 출장지를 이탈하여서는 아니 된다. 감사담당자는 감사를 받는 사람에게 위압감이나 불쾌감을 주지 않아야 하며, 감사업무를 공정하게 수행하고, 정치적 중립을 유지하여야 한다. 감사담당자는 선입견을 가지고 감사업무를 수행하거나 자의적으로 판단하여서는 아니 되며, 관계기관 등의 의견을 충분히 듣고 공정한 절차와 객관적 증거자료에 따라 감사결과를 도출하여야 한다. 또한 감사담당자는 직무의 범위를 벗어나 자신의 지위나 권한을 이용하거나, 개인적인 일 또는 감사활동에 소요되는 비용을 감사대상기관의 직원 등 이해관계인에게 부담시켜서는 아니 되며, 직무의 해당 여부와 상관없이 감사인으로서의 품위를 손상하는 행위를 하여서는 아니 된다.

☐ 감사담당자는 감사대상기관의 직원 등 이해관계인과 일반국민으로부터 존경과 신뢰를 받을 수 있도록 높은 청렴성을 유지하여야 한다. 감사의 독립성이나 감사활동의 공정한 수행을 저해하는 청탁이나 압력 등이 있는 경우 감사담당자는 감사기구의 장에게, 감사기구의 장은 소속기관의 장에게 그 사실을 지체 없이 보고하여야 한다. 보고를 받은 소속기관의 장 또는 감사기구의 장은 보고 사실을 조사하여 청탁이나 압력 등과 관련된 사람에 대하여 적정한 조치를 하여야 한다.

☐ 감사담당자는 보안유지의 의무도 지켜야 하는데 즉, 감사담당자는 직무와 관련하여 알게 된 정보 또는 자료를 정당한 사유 없이 다른 사람에게 제공하거나 해당 목적 외의 용도로 이용하여서는 아니 되고, 감사와 관련된 정보가 감사목적과 관계없이 외부로 유출되지 않도록 정당한 주의의무를 다하여야 한다. 또한 감사담당자와 그 직위에 있었던 자는 직무상 알게 된 비밀을 누설하여서는 아니 된다.

4장 자체감사기준의 목적과 적용

≫ 인트로 ≪

이번 장에서 학습할 주요 내용은...

- 감사기준의 개념과 필요성
- 「중앙행정기관 및 지방자치단체 자체감사기준」의 목적과 적용
- 「중앙행정기관 및 지방자치단체 자체감사기준」의 개관

감사기준은 감사업무를 수행할 때 감사인이 따라야 할 최소한의 준거로서, 감사인의 자격과 감사자세, 감사계획과 실시 및 감사결과보고에 관해 공통적으로 적용되는 기본적인 원칙과 절차이다. 감사기준은 공공감사의 품질을 일정수준 이상으로 유지하고 공공감사의 신뢰성을 확보하는 수단이 된다.

「중앙행정기관 및 지방자치단체 자체감사기준」 제1조는 이 기준은 「공공감사에 관한 법률」 제37조에 따라 중앙행정기관 및 지방자치단체의 감사기구의 장 및 감사담당자가 자체감사활동을 할 때에 일반적으로 준수하여야 할 사항을 규정함을 목적으로 한다고 명시하고 있다. 따라서 이 기준은 중앙행정기관 및 지방자치단체에서 실시하는 자체감사에 대하여 적용한다. 뿐만 아니라 감사원 감사를 대행하거나 감사원 감사를 위탁받아 실시하는 감사에 대하여서도 준용된다. 이번 장에서는 「중앙행정기관 및 지방자치단체 자체감사기준」(이하 「자체감사기준」)의 목적과 적용에 관하여 살펴본다.

4장에서는 다음과 같은 세 가지의 학습목표를 제시한다.

1) 감사기준의 개념과 필요성에 대해서 이해한다.

2) 「자체감사기준」의 목적과 적용범위에 대해 설명할 수 있다.

3) 「자체감사기준」의 구성과 전반적인 내용을 개괄적으로 이해한다.

학습이 끝나고 나면...

① 감사기준의 개념과 필요성에 대해서 말할 수 있다.

② 자체감사기준의 목적과 적용범위에 대해서 설명할 수 있다.

③ 자체감사기준의 구성과 전반적인 내용을 개괄적으로 설명할 수 있다.

≫ 학습 ≪

1절 감사기준의 개념과 필요성

1. 감사기준의 개념

감사기준(auditing standards)은 감사업무 수행시 감사인이 따라야 할 **최소한의 준거**(minimum standards)로서, 감사인의 자격과 감사자세, 감사계획과 실시 및 감사결과보고에 관해 공통적으로 적용되는 기본적인 원칙과 절차이다. 감사기준의 개념상 핵심적인 특성은 보편타당성과 최소한의 준거성이라고 할 수 있다.

> **감사기준**
>
> 감사업무 수행 시 감사인이 따라야 할 최소한의 준거로서, 감사인의 자격과 감사자세, 감사계획과 실시 및 감사결과보고에 관해 공통적으로 적용되는 기본적인 원칙과 절차

• 감사기준의 개념상 핵심적인 특성은 보편타당성과 최소한의 준거성

감사기준은 특정 감사사항, 특정 감사기관 또는 특정 수감기관에만 적용되는 감사절차, 감사방법 및 감사착안사항 등과 구별된다. 또한 감사기준은 감사기준의 적용에 필요한 실무적인 세부사항을 규정하는 감사준칙, 감사기준의 적용에 참고가 되는 각종 서식, 사례와 세부감사절차, 모범적인 감사관행 등을 예시한 감사지침(audit guidelines) 또는 감사편람(audit manual)과도 구별된다. 감사기준은 명확하고 간결하며 감사인에게 일반적으로 수용될 수 있는 보편타당성을 갖춘 원리들로 구성된다. 곧 감사기준은 **일반적으로 받아들여지는 감사기준**(generally accepted auditing standards, GAAS)이라고 할 수 있다.

 감사기준은 명확하고 간결하며 감사인에게 일반적으로 수용될 수 있는
보편타당성을 갖춘 원리들로 구성됨

곧 감사기준은 '일반적으로 받아들여지는 감사기준' 이라고 할 수 있음

감사기준은 감사인이 지켜야 할 최소한의 기본원칙과 필수적인 절차를 규정하고 있다. 따라서 감사기준이 감사인으로서 지켜야 할 모든 절차와 기준을 기술하고 있지는 않으며, 감사인이 직면하는 모든 구체적인 상황에 적용할 수 있는 감사기준의 제정은 불가능하므로 감사인은 감시기준이 기술하지 않고 있는 특정 상황에서는 **전문가적인 판단**에 따라 합리적으로 업무를 처리하여야 할 것이다.

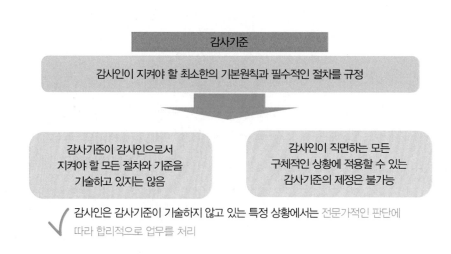

2. 공공부문 감사기준의 필요성

먼저 민간부문에 적용되는 회계감사기준과 구분되는 정부감사기준 제정의 필요성은 공공감사가 기업회계감사와 적지 않은 차이가 있다는 점에서 설명할 수 있다.

(1) 기업회계감사는 재무제표가 기업회계기준에 따라 적정하게 작성되었는 지를 주안점으로 주주와 채권자, 그리고 잠재적인 투자자에 대해 신뢰 할 수 있는 정보를 제공하는 것이 그 주된 목적이다.

반면에 공공감사는 예산회계를 포함한 수감기관의 업무 전반에 관한 **공공책무성**(public accountability)을 확보하여 불특정 다수의 납세자를 위한 공익을 증진함이 그 목적이라고 할 수 있다.

민간부문에 적용되는 회계감사기준과 구분되는 공공감사기준 제정의 필요성은 공공감사가 기업회계감사와 적지 않은 차이가 있다는 점에서 설명할 수 있음

1 기업회계감사는 재무제표가 기업회계기준에 따라 적정하게 작성되었는지를 주안점으로 주주와 채권자, 그리고 잠재적인 투자자에 대해 신뢰할 수 있는 정보를 제공

반면에 공공감사는 예산회계를 포함한 수감기관의 업무 전반에 관한 공공책무성을 확보하여 불특정 다수의 납세자를 위한 공익을 증진함이 그 목적

(2) 주주는 이해관계가 동질적인 반면에, 국민은 이해관계가 이질적이고 때로는 상충되는 다양한 계층으로 구성되어 있다.

따라서 재무제표에 대한 합법성 감사를 위주로 수행되는 민간부문 감사와 달리, 공공감사는 **감사의 준거**(criteria), 즉 판단기준도 훨씬 다원화되어, 합법성(legality) 외에 이른바 '3Es'즉 경제성(economy), 능률성(efficiency), 효과성(effectiveness)과

형평성(equity)까지도 감사준거로 포함하고 있다.

민간부문
감사의 준거 — 합법성   vs.   합법성

경제성
능률성
효과성
형평성

공공부문
감사의 준거

(3) 민간부문 감사와 달리 공공감사는 비리의 조사 등 **준사법적(準司法的) 기능**도 수행한다. 공공감사의 결과 처리는 변상책임이 있는 경우 변상을 명령하거나, 법령에 규정된 사유에 해당하는 경우 징계 또는 문책을 요구할 수도 있다. 또한 위법·부당하다고 인정되는 사실이 있어 추징·회수·환급·추급 또는 원상복구 등이 필요하다고 인정되는 경우, 시정을 요구할 수도 있다.

이상과 같은 점에 비추어 회계감사기준과 구별되는 공공부문의 사명과 특성에 걸맞은 공공감사기준이 필요하다.

회계감사기준과 구별되는 공공부문의 사명과 특성에 걸맞은 공공감사기준이 필요

INTOSAI와 미국·영국 등 선진국도 정부감사기준을 별도로 제정하고 있다. 다만 각국의 입법례는 공공감사에서 회계감사기준을 배제하는 것이 아니라, 회계감사기준을 대부분 수용하면서 공공부문에 특유한 별도의 기준을 추가하고 있다.

이를테면 1972년 미국 감사원(Government Accountability Office, GAO)이 제정하고 이후 수차례 개정한 「**정부감사기준**(Government Auditing Standards, GAS)」 제4.2조는 "재무제표 감사의 수행시 미국공인회계사회(American Institute of Certified Public Accountants, AICPA)의 GAAS가 규정한 3가지 실시기준을 수용한다."고 규정하고 나아가 제4.3조는 "AICPA의 「감사기준에 관한 지침」을 모두 수용할 뿐만 아니라 다음과 같은 추가적인 사항에 관한 기준도 규정한다."고 명시하고 있다. 또한 동 조항의 주석에서 "「정부감사기준」은 GAO가 공식적으로 그 적용을 배제하지 않는 한 재무제표감사에 관한 AICPA의 어떠한 새로운 기준도 모두 수용한다."고 덧붙이고 있다.

> INTOSAI와 미국·영국 등 선진국도 정부감사기준을 별도로 제정.
> 다만 각국의 입법례는 공공감사에서 회계감사기준을 배제하는 것이 아니라,
> 회계감사기준을 대부분 수용하면서 공공부문에 특유한 별도의 기준을 추가.

미국 정부감사기준 제4.2조

> "재무제표 감사의 수행 시 미국공인회계사회의 GAAS가 규정한 3가지 실시기준을 수용한다."

미국 정부감사기준 제4.3조

> "AICPA의 「감사기준에 관한 지침」을 모두 수용할 뿐만 아니라
> 다음과 같은 추가적인 사항에 관한 기준도 규정한다."

동 조항의 주석
> "정부감사기준은 GAO가 공식적으로 그 적용을 배제하지 않는 한 재무제표감사에 관한 AICPA의 어떠한 새로운 기준도 모두 수용한다."

「자체감사기준」의 제8장 보칙 제32조(회계감사기준의 준용)에서는 기업회계기

준 또는 이에 상당한 회계기준에 따라 처리되고 있는 업무에 대하여는 이 규칙에 저촉
되지 아니하는 범위 안에서 공인회계사의 감사준거가 되는 회계감사기준을 준용할 수
있다고 명시하고 있다.

 「중앙행정기관 및 지방자치단체 자체감사기준」 제8장 보칙
제32조 (회계감사기준의 준용)

기업회계기준 또는 이에 상당한 회계기준에 따라 처리되고 있는 업무에 대하여는 이 규칙에 저촉되지
아니하는 범위 안에서 공인회계사의 감사 준거가 되는 회계감사기준을 준용할 수 있다고 명시

3. 감사기준의 역할

감사기준은 공공감사의 품질을 일정수준 이상으로 유지하고 공공감사의 신뢰성
을 확보하는 수단이 된다.

UN 산하의 '공공회계와 감사에 관한 전문가 회의'(United Nations Expert
Group Meeting on Public Accounting and Auditing)는 「정부감사기준」을 제정하는
목적으로서

① 감사인이 갖추어야 할 전문적인 자격요건과 감사자세, 그리고 감사업무의
　 질적 기준의 구체화,
② 감사업무의 감독 및 감사결과에 대한 평가기준의 설정,
③ 감사인과 감사결과 이용자 사이의 의사소통수단의 제공 및 신뢰성의 증진,
④ 전문감사인의 전문직업적인 경험과 능력의 제고 등 4가지를 들고 있다.

공공감사기준은 공공감사의 품질을 일정수준 이상으로 유지하고
공공감사의 신뢰성을 확보하는 수단

UN 산하 '공공회계와 감사에 관한 전문가 회의'
공공감사기준을 제정하는 목적

① 감사인이 갖추어야 할 전문적인 자격요건과 감사자세, 그리고 감사업무의
　질적 기준의 구체화
② 감사업무의 감독 및 감사결과에 대한 평가기준의 설정
③ 감사인과 감사결과 이용자 사이의 의사소통수단의 제공 및 신뢰성의 증진
④ 전문감사인의 전문직업적인 경험과 능력의 제고

정부감사기준의 제정목적을 역할로 바꾸어 보면 다음 다섯 가지로 설명할 수 있다.

첫째, 정부감사기준은 공공부문의 **감사품질의 표준화**에 기여한다.

| 1 | **공공감사기준은** 공공부문의 감사품질의 표준화**에 기여** |

둘째, 감사는 사실의 확인 또는 인과관계를 규명하는 과학적인 입증 활동이다.
과학적 입증에는 척도에 대한 합의가 필수적인데 감사활동에서 그러한 **척도의 상위체
계**를 구성하는 것이 곧 감사기준이다. 따라서 공공감사기준은 객관적이고 과학적인
감사활동을 보장하는 필수적인 수단이다.

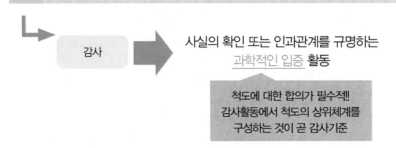

2 공공감사기준은 객관적이고 과학적인 감사활동을 보장하는 필수적인 수단

감사

사실의 확인 또는 인과관계를 규명하는 과학적인 입증 활동

척도에 대한 합의가 필수적!!
감사활동에서 척도의 상위체계를
구성하는 것이 곧 감사기준

셋째, 정부감사기준은 감사활동의 **예측가능성**을 제고하고 자체점검의 유인을 부여하여 감사대상기관의 시행착오와 위험대가를 줄인다.

3 공공감사기준은 감사활동의 예측가능성을 제고하고 자체점검의 유인을 부여하여 감사대상기관의 시행착오와 위험대가를 줄임

넷째, 정부감사기준은 감사에 대한 감사 및 감사업무에 대한 감독의 기준을 제시함으로써 **감사오류**를 줄여준다. 감사오류는 대체로 ① 감사인의 전문성과 실무경험의 부족, ② 감사위험과 중요성에 관한 감사인의 판단착오, ③ 감사증거의 불충분한 수집, ④ 비과학적인 감사방법, ⑤ 감사방향의 제시와 감사결과의 검토 등 감사활동에 대한 감독과 통제의 미흡 등에 기인한다. 이들 문제점은 정부감사기준의 제정과 이를 준수하려는 감사인의 노력으로 최소화할 수 있다.

4	공공감사기준은 감사에 대한 감사 및 감사업무에 대한 감독의 기준을 제시함으로써 감사오류를 줄여줌

감사 오류	① 감사인의 전문성과 실무경험의 부족 ② 감사위험과 중요성에 관한 감사인의 판단착오 ③ 감사증거의 불충분한 수집 ④ 비과학적인 감사방법 ⑤ 감사방향의 제시와 감사결과의 검토 등 감사활동에 대한 감독과 통제의 미흡

공공감사기준의 제정과
이를 준수하려는 감사인의 노력으로 최소화

다섯째, 정부감사기준은 감사결과의 평가와 **감사책임의 한계**를 판단하는 데에도 긴요하다. 감사에는 위법·부당 행위를 발견하지 못할 제1종 오류(type I error)의 위험이 수반되는데, 정부감사기준은 그러한 위험이 현실화되는 경우에 부실 감사책임을 평가하는 척도가 될 수 있다. 역으로 정부감사기준은 감사위험에 노출된 감사인에게 안전판의 역할을 할 수도 있다. 감사인이 정부감사기준에 따라 성실히 감사를 수행하였다면, 선량한 관리자로서의 주의의무를 다한 것으로 보아야 하기 때문이다.

2절 자체감사기준의 목적과 적용

1. 자체감사기준의 목적과 제정근거

「자체감사기준」 제1조

제1조(목적) 이 규칙은 「공공감사에 관한 법률」 제37조에 따라 중앙행정기관 및 지방
자치단체의 감사기구의 장 및 감사담당자가 자체감사활동을 할 때에 일반적으로 준수
하여야 할 사항을 규정함을 목적으로 한다.

「자체감사기준」 제1조(목적)에서 이 규칙은 「공공감사에 관한 법률」 제37조에 따라 중앙행정기관 및 지방자치단체의 감사기구의 장 및 감사담당자가 자체감사활동을 할 때에 일반적으로 준수하여야 할 사항을 규정함을 목적으로 한다고 명시하고 있다.

「공공감사에 관한 법률」 제37조(감사기준 등)는 감사원이 이 법에서 규정한 사항 외에 중앙행정기관 및 지방자치단체의 감사기구의 장 및 감사담당자가 자체감사활동을 할 때에 일반적으로 준수하여야 할 **감사기준** 및 **감사활동수칙**을 감사활동조정협의회의 협의·조정을 거쳐 감사원규칙으로 정할 수 있다고 하여 자체감사기준의 제정근거가 되는 조항이다.

 「중앙행정기관 및 지방자치단체 자체감사기준」 제1조

「중앙행정기관 및 지방자치단체 자체감사기준」 제1조에서 이 규칙은 공공감사에 관한 법률 제37조에 따라 중앙행정기관 및 지방자치단체의 감사기구의 장 및 감사담당자가 자체감사활동을 할 때에 일반적으로 준수하여야 할 사항을 규정함을 목적으로 한다고 명시

 「공공감사에 관한 법률」 제37조

감사원이 이 법에서 규정한 사항 외에 중앙행정기관 및 지방자치단체의 감사기구의 장 및 감사담당자가 자체감사활동을 할 때에 일반적으로 준수하여야 할 감사기준 및 감사활동수칙을 감사활동조정협의회의 협의·조정을 거쳐 감사원규칙으로 정할 수 있다고 하여 자체감사기준의 제정근거가 되는 조항

2. 자체감사의 개념과 용어

「자체감사기준」제2조

제2조(정의) ① 이 규칙에서 사용하는 용어의 뜻은 다음과 같다.
  1. "감사담당자등"이란 「공공감사에 관한 법률」(이하 "법"이라 한다) 제2조제6호에 따른 감사기구의 장 및 법 제2조제7호에 따른 감사담당자를 말한다.
  2. "감사단"이란 일정한 감사과제를 공동으로 수행하기 위하여 감사기구의 장이 제13조제2항에 따라 편성하는 복수의 감사담당자를 말한다.
② 그 밖에 이 규칙에 특별한 규정이 있는 용어를 제외하고는 법 및 같은 법 시행령(이하 "영"이라 한다)이 정하는 바에 따른다.

「자체감사기준」제2조는 이 규칙에서 사용하는 용어의 뜻을 다음과 같이 정의하고 있다.

"감사담당자등"이란 「공공감사에 관한 법률」(이하 "법"이라 한다) 제2조제6호에 따른 감사기구의 장 및 법 제2조제7호에 따른 감사담당자를 말한다. **"감사기구의 장"**이란 자체감사기구의 업무를 총괄하고 감사담당자를 지휘·감독하는 사람 및 제6조제1항에 따른 합의제감사기구를 말하는 것이며, **"감사담당자"**란 자체감사기구에 소속되어 감사활동을 수행하는 사람을 말한다.

"감사단"이란 일정한 감사과제를 공동으로 수행하기 위하여 감사기구의 장이 제13조제2항에 따라, 감사목적을 달성하고 감사성과를 확보할 수 있도록 감사담당자의 전문지식 및 실무경험 등을 고려하여 편성하는 복수의 감사담당자를 말한다.

감사담당자 등	• 「공공감사에 관한 법률」(이하 "법"이라 한다) 제2조제6호에 따른 감사기구의 장 및 법 제2조제7호에 따른 감사담당자
감사기구의 장	• 자체감사기구의 업무를 총괄하고 감사담당자를 지휘·감독하는 사람 및 제6조제1항에 따른 합의제감사기구
감사담당자	• 자체감사기구에 소속되어 감사활동을 수행하는 사람
감사단	• 일정한 감사과제를 공동으로 수행하기 위하여 감사기구의 장이 제13조제2항에 따라, 감사목적을 달성하고 감사성과를 확보할 수 있도록 감사담당자의 전문지식 및 실무경험 등을 고려하여 편성하는 복수의 감사담당자

3. 자체감사기준의 적용범위

「자체감사기준」 제3조

제3조(적용범위) ① 이 규칙은 중앙행정기관 및 지방자치단체에서 실시하는 자체감사에 대하여 적용한다.

② 이 규칙은 다른 법령에 저촉되지 아니 하는 범위 안에서 법 제35조 또는 「감사원법」 제50조의2에 따라 감사원 감사를 대행하거나 「공공기관의 운영에 관한 법률」 제52조에 따라 감사원 감사를 위탁받아 실시하는 감사에 대하여 준용한다.

「자체감사기준」 제3조는 본 자체감사기준의 적용범위에 관하여 규정하고 있는 바 이 규칙은 중앙행정기관 및 지방자치단체에서 실시하는 자체감사에 대하여 적용하는 것이다. 또한 이 규칙은 다른 법령에 저촉되지 아니 하는 범위 안에서 법 제35조 또는 「감사원법」 제50조의2에 따라 감사원 감사를 대행하거나 「공공기관의 운영에 관한 법률」 제52조에 따라 감사원 감사를 위탁받아 실시하는 감사에 대하여 준용하도록 하고 있다.

「공공감사에 관한 법률」제35조는 감사원 감사의 대행에 관한 조항으로서 감사원은 감사원 감사 등의 효율성을 높이고 중복감사를 방지하기 위하여 감사원 감사사무 중 일부로 사실의 조사·확인 및 분석 등의 사무로서 국민의 권리·의무와 직접 관계되지 아니하는 사무에 한하여 자체감사기구로 하여금 대행하게 하고 그 결과를 제출하게 할 수 있도록 하고 있다.

 자체감사기준 제3조

- 본 자체감사기준의 적용범위에 관하여 규정하고 있는 바 이 규칙은 중앙행정기관 및 지방자치단체에서 실시하는 자체감사에 대하여 적용하는 것
- 이 규칙은 다른 법령에 저촉되지 아니하는 범위 안에서 「공공감사에 관한 법률」제35조 또는 「감사원법」제50조의2에 따라 감사원 감사를 대행하거나 「공공기관의 운영에 관한 법률」제52조에 따라 감사원 감사를 위탁 받아 실시하는 감사에 대하여 준용

공공감사에 관한 법률 제35조

감사원 감사의 대행에 관한 조항으로서 감사원은 감사원 감사 등의 효율성을 높이고 중복감사를 방지하기 위하여 감사원 감사사무 중 일부로 사실의 조사·확인 및 분석 등의 사무로서 국민의 권리·의무와 직접 관계되지 아니하는 사무에 한하여 자체감사기구로 하여금 대행하게 하고 그 결과를 제출하게 할 수 있음

「감사원법」제50조의2에서도 **감사사무의 대행**에 관하여 정하고 있는데, 감사원은 필요하다고 인정하면 감사원규칙으로 정하는 바에 따라 일부 감사대상 기관에 대한 감사사무 중 일부를 각 중앙관서, 지방자치단체 및 정부투자기관의 장에게 대행하게 하고 그 결과를 제출하게 할 수 있도록 하고 있다. 이때 감사사무는 사실의 조사·확인 및 분석 등의 사무로서 국민의 권리·의무와 직접 관계되지 아니하는 사무로 한정하고 있다.

「공공기관의 운영에 관한 법률」제52조는 감사원은 감사원법에 따라 공기업·준정부기관의 업무와 회계에 관하여 감사를 실시할 수 있으며, 감사원은 이 규정에 따

른 감사를 관계 행정기관의 장 등에게 위탁하거나 대행하게 할 수 있도록 되어 있다. 이에 따라 공기업·준정부기관에 대한 감사원 감사를 위탁하거나 대행하게 할 수 있는 관계 행정기관의 장 등의 범위와 감사 결과의 보고와 처리 등에 관하여 필요한 사항은 감사원규칙으로 정하고 있다.

사실의 조사·확인 및 분석 등의
사무로서 국민의 권리·의무와 직접
관계되지 아니하는 사무로 한정

감사원법 제50조의2

감사사무의 대행에 관하여 정하고 있는데, 감사원은 필요하다고 인정하면
감사원규칙으로 정하는 바에 따라 일부 감사대상 기관에 대한 감사사무 중 일부를
각 중앙관서, 지방자치단체 및 정부투자기관의 장에게 대행하게 하고
그 결과를 제출하게 할 수 있음

「공공기관의 운영에 관한 법률」 제52조

감사원은 감사원법에 따라 공기업·준정부기관의 업무와 회계에 관하여
감사를 실시할 수 있으며, 감사원은 이 규정에 따른 감사를 관계 행정기관의 장 등에게
위탁하거나 대행하게 할 수 있도록 되어 있음. 이에 따라 공기업·준정부기관에 대한
감사원 감사를 위탁하거나 대행하게 할 수 있는 관계 행정기관의 장 등의 범위와
감사 결과의 보고와 처리 등에 관하여 필요한 사항은 감사원규칙으로 정하고 있음

3절 자체감사기준의 개관

다음의 표는 「자체감사기준」을 개관한 것으로 미국 감사원(GAO)의 「정부감사기준」과 국제내부감사인협회(IIA)의 「감사직무수행기준」과의 비교를 포함하고 있다.

	「중앙행정기관 및 지방자치단체 자체감사기준」의 개관		
		미국정부감사 기준(GAO)	국제내부감사협회 직무수행기준(IIA)
제1장 총칙	제1조 목적	목적과 활용	개요
	제2조 정의(2개항)		
	제3조 적용범위(2개항)		
	제4조 자체감사활동의 목적과 방향(2개항)		
제2장 일반기준	제5조 독립성(4개항)	일반기준 (General Standards)	속성기준 (Attribute Standards)
	제6조 감사담당자등의 회피 등(2개항)		
	제7조 전문성(4개항)		
	제8조 감사자세(6개항)		
	제9조 청렴의무 등(3개항)		
	제10조 보안유지 등(3개항)		
제3장 감사계획 수립기준	제11조 연간 감사계획수립 방법(2개항)	실시기준 (Field Work Standards)	실행기준 (Performance Standards)
	제12조 감사의 사전준비(3개항)		
	제13조 감사계획의 수립 등(5개항)		
제4장 감사실시기준	제14조 감사계획의 주요 내용 통보		
	제15조 자료제출요구 등의 방법(3개항)		
	제16조 실지감사의 실시(5개항)		
	제17조 실지감사의 지휘와 책임 등(4개항)		
	제18조 실지감사 상황보고(3개항)		
	제19조 실지감사의 종결 등(2개항)		
	제20조 감사 중인 사건의 처리(2개항)		
	제21조 일상감사의 처리(5개항)		
제5장 감사증거와 판단기준	제22조 증거서류의 확보 등(4개항)		
	제23조 확인서의 징구 등(3개항)		
	제24조 감사결과의 도출(2개항)		
제6장 감사결과보고 및 처리 기준	제25조 감사결과의 처리기준 등(4개항)	보고기준 (Reporting Standards)	
	제26조 감사결과보고서의 작성 및 보고 (2개항)		
	제27조 감사결과의 중간 보고(2개항)		
	제28조 감사결과의 통보 등(3개항)		
	제29조 감사결과의 공개		
제7장 감사결과의 사후 관리 기준	제30조 재심의신청의 처리절차(3개항)		
	제31조 이행결과의 확인(4개항)		
제8장 보칙	제32조 회계감사기준의 준용		
	제33조 세부사항 등(3개항)		

□ 제1장 총칙부분에서는 「자체감사기준」의 목적(제1조), 기준에서 사용하는 용어의 정의(제2조), 기준의 적용범위(제3조) 및 자체감사활동의 목적과 방향(제4조)에 대해서 설명하고 있다.

□ 제2장 일반기준은 감사기구와 감사담당자의 자격과 자세에 관한 것으로 감사기구와 감사담당자등의 독립성(제5조), 감사담당자 등의 회피(제6조), 감사담당자 등의 전문성(제7조) 그리고 감사담당자 등의 감사자세(제8조), 청렴의무(제9조), 보안유지의무 등(제10조)에 대하여 규정하고 있다.

□ 제3장 감사계획 수립기준은 일반적으로 실시기준의 맨 처음에 해당하는 것으로 연간 감사계획수립 방법(제11조), 감사의 사전준비(제12조) 그리고 감사계획의 수립(제13조)에 관하여 정하고 있다.

□ 제4장 감사실시 기준에서는 감사계획의 주요내용 통보(제14조), 자료제출요구 등의 방법(제15조), 실지감사의 실시(제16조), 실지감사의 지휘와 책임(제17조), 실지감사 상황보고(제18조), 실지감사의 종결(제19조), 감사 중인 사건의 처리(제20조) 그리고 일상감사의 처리(제21조)에 관하여 정하고 있다.

□ 제5장 감사증거와 판단기준은 일반적인 실시기준의 마지막 부분으로 증거서류의 확보 (제22조), 확인서의 징구(제23조) 그리고 감사결과의 도출(제24조)에 관하여 규정하고 있다.

□ 제6장과 제7장은 일반적으로 함께 보고기준을 구성하는데 제6장 감사결과 보고 및 처리 기준에서는 감사결과의 처리기준(제25조), 감사결과보고서의 작성 및 보고(제26조), 감사결과의 중간 보고(제27조), 감사결과의 통보(제28조) 그리고 감사결과의 공개(제29조)에 관한 것을 정하고 있다.

□ 제7장 감사결과의 사후관리 기준에서는 감사결과 불복시의 재심의신청의 처리
절차(제30조)와 감사결과 조치의 이행결과의 확인(제31조)에 관하여 규정하고
있다.

□ 제8장 보칙에서는 기업회계기준에 따라 처리되는 업무에 대한 회계감사기준의
준용(제32조)과 이 규칙의 시행에 필요한 세부사항의 제정(제33조)에 관하여
규정하고 있다.

1. 다음 감사기준의 개념과 필요성에 관한 설명 중 옳지 않은 것은?

① 감사기준은 감사업무 수행시 감사인이 따라야 할 최소한의 준거로서, 감사계획과 실시 및 결과보고에 관해 공통적으로 적용되는 기본적인 원칙과 절차이다.

② 감사기준은 감사인으로서 지켜야 할 모든 절차와 기준을 기술하고 있으므로 감사인이 직면하는 모든 구체적인 상황에 적용할 수 있다.

③ 감사기준은 감사업무의 감독 및 감사결과에 대한 평가기준의 역할도 수행한다.

④ 감사기준은 감사의 품질을 일정수준 이상으로 유지하고 공공감사의 신뢰성을 확보하는 수단이 된다.

2. 다음은 「자체감사기준」의 적용에 관한 서술이다. 올바르지 않은 것은 무엇인가?

① 「자체감사기준」은 중앙행정기관 및 지방자치단체에서 실시하는 자체감사에 대하여 적용한다.

② 「자체감사기준」은 감사원 감사를 대행하거나 감사원 감사를 위탁받아 실시하는 감사에 대하여 준용한다.

③ 「공공감사에 관한 법률」 제37조는 감사원이 자체감사활동을 할 때에 일반적으로 준수하여야 할 감사기준을 정할 수 있다고 하여 「자체감사기준」의 제정근거가 되고 있다.

④ 감사원 감사의 효율성을 높이기 위하여 사실의 조사·확인 및 분석사무로서 국민의 권리·의무와 직접 관계되는 경우, 자체감사기구로 하여금 대행하게 할 수 있다.

≫ 4장 평가문제 ≪

3. 다음 「자체감사기준」의 구성과 내용에 관한 설명이 제대로 되지 않은 것은?

① 제2장 일반기준은 감사기구와 감사담당자의 자격과 자세에 관하여 규정하고 있다.

② 제5장 감사증거와 판단기준은 증거서류의 확보, 확인서의 징구 그리고 감사결과의 도출에 관하여 규정하고 있다.

③ 제4장 감사실시 기준에서는 자체감사기준의 목적 및 자체감사활동의 목적과 방향에 대해서 설명하고 있다.

④ 제7장 감사결과의 사후관리 기준에서는 감사결과 불복시의 재심의절차와 감사결과 조치의 이행결과의 확인에 관하여 규정하고 있다.

/정/답/ 1.② 2.④ 3.③

〈해설〉

1. 감사기준이 감사인으로서 지켜야 할 모든 절차와 기준을 기술하고 있지는 않으며, 감사인이 직면하는 모든 구체적인 상황에 적용할 수 있는 감사기준의 제정은 불가능하므로 감사인은 감사기준이 기술하지 않고 있는 특정 상황에서는 전문가적인 판단에 따라 합리적으로 업무를 처리하여야 한다.

2. 「공공감사에 관한 법률」 제35조는 감사원은 감사원 감사등의 효율성을 높이고 중복감사를 방지하기 위하여 감사원 감사사무 중 일부로 사실의 조사·확인 및 분석 등의 사무로서 국민의 권리·의무와 직접 관계되지 아니하는 사무에 한하여 자체감사기구로 하여금 대행하게 하고 그 결과를 제출하게 할 수 있도록 하고 있다.

3. 제4장 감사실시 기준에서는 감사계획의 주요내용 통보, 자료제출요구 등의 방법, 실지감사의 실시, 실지감사의 지휘와 책임, 실지감사 상황보고, 실지감사의 종결, 감사 중인 사건의 처리 그리고 일상감사의 처리에 관하여 정하고 있다.

□ 감사기준은 감사업무 수행시 감사인이 따라야 할 최소한의 준거로서, 감사인의 자격과 감사자세, 감사계획과 실시 및 감사결과보고에 관해 공통적으로 적용되는 기본적인 원칙과 절차이다. 「자체감사기준」은 공공감사의 품질을 일정수준 이상으로 유지하고 공공감사의 신뢰성을 확보하는 수단이 된다.

□ 「자체감사기준」제1조는 이 기준은 「공공감사에 관한 법률」제37조에 따라 중앙행정기관 및 지방자치단체의 감사기구의 장 및 감사담당자가 자체감사활동을 할 때에 일반적으로 준수하여야 할 사항을 규정함을 목적으로 한다고 명시하고 있다. 뿐만 아니라 「중앙행정기관 및 지방자치단체 자체감사기준」은 감사원 감사를 대행하거나 감사원 감사를 위탁받아 실시하는 감사에 대하여서도 준용된다.

□ 「자체감사기준」을 개관해 보면 제1장 총칙부분에서는 자체감사기준의 목적, 용어의 정의, 기준의 적용범위 및 자체감사활동의 목적과 방향에 대해서 설명하고 있다. 제2장 일반기준은 감사기구와 감사담당자의 자격과 자세에 관하여, 제3장은 감사계획의 수립에 관하여, 제4장은 실지감사의 실시에 관하여, 제5장은 감사증거와 판단기준에 관하여 규정하고 있다. 제6장은 감사결과의 보고와 처리에 관하여, 제7장 감사결과의 사후관리 기준에서는 감사결과 불복시의 재심의신청의 처리절차와 감사결과 조치의 이행결과의 확인에 관하여 규정하고 있다.

제**2**부

자체감사의 실시

5장 감사계획의 수립

≫ 인트로 ≪

이번 장에서 학습할 주요 내용은...

- 연간 감사계획수립 방법
- 감사의 사전준비
- 감사계획의 수립

감사계획은 감사대상기관이 수행하는 정책·사업·활동의 합법성과 성과를 평가하기 위한 방법과 절차를 개발하는 과정이다. 감사업무의 체계적이고 효과적인 수행을 위해서는 치밀하고 적절한 감사계획의 수립이 필수적이다. 한정된 감사자원을 가지고 감사성과를 극대화하기 위해서는 계획적인 감사업무의 수행이 불가피하기 때문이다.

감사의 사전준비는 감사업무를 효율적으로 수행하기 위하여 감사실시에 앞서 감사대상기관과 관련된 각종 자료를 확보하여 분석·검토함으로써 감사대상기관의 임무와 기능을 수행하는 과정에서 야기될 수 있는 문제점을 도출하여 대안을 탐색하는 일련의 과정이다. 또한 예비조사는 감사대상기관 또는 감사대상업무가 구체적으로 선정된 후 감사를 효율적으로 수행하기 위하여 본 감사에 앞서 실시하는 사전 조사활동을 총칭하는 것으로, 특히 성과감사의 경우에 예비조사는 필수적이라고 할 수 있다.

5장에서는 감사계획의 수립과 관련하여 다음 세 가지 학습목표를 제시한다.

1) 감사기구의 책임자가 연간 감사계획을 수립할 때 고려하여야 할 사항에는 어떤 것이 있는지 이해하게 된다.

2) 감사담당자가 감사계획을 수립하거나 감사를 실시하기 전에 해야 하는 사전 준비에는 어떤 것들이 있는지를 알게 된다.

3) 감사담당자가 감사계획을 수립할 때에는 어떤 활동들을 해야 하는지 파악하게 된다.

 학습이 끝나고 나면...

① 감사기구의 장이 연간 감사계획을 수립할 때 고려해야 할 사항에는 어떤 것이 있는지 말할 수 있다.

② 감사담당자가 감사계획을 수립하거나 감사를 실시하기 전에 해야 하는 사전 준비에는 어떤 것들이 있는지를 설명할 수 있다.

③ 감사담당자가 감사계획을 수립할 때에는 어떤 활동들이 이루어져야 하는지 설명할 수 있다.

1절 연간 감사계획의 수립

「자체감사기준」 제11조

제11조(연간 감사계획수립 방법) ① 감사기구의 장은 영 제11조제1항에 따른 연간 감사
계획을 수립할 때에는 다음 각 호의 사항을 고려하여야 한다.

　　1. 법 제31조에 따른 감사활동조정협의회의 협의·조정 사항

　　2. 영 제18조제2항에 따라 감사원이 자체감사계획 수립 등에 관하여 제시한 의견
　　　 및 회의 결과

　　3. 감사원 감사의 위탁 및 대행 사항

　　4. 감사원 감사 등을 포함한 감사대상기관 또는 부서에 대한 감사빈도 및 주기

　　5. 법 제22조에 따른 일상감사 등을 통하여 감사의 필요성이 있다고 인정되는 사항

　　6. 국회, 지방의회, 언론, 및 시민단체 등에서 감사의 필요성을 제기한 사항

　　7. 그 밖에 감사대상기관 또는 부서 및 그 소속 직원 등의 위법 또는 부당한 업무
　　　 처리나 복무규정 위반 등이 우려되어 감사의 필요성이 있다고 인정되는 사항

② 감사기구의 장은 연간 감사계획을 효율적으로 수행하기 위하여 개별 감사사항 별로
　감사계획의 수립, 감사실시 및 감사결과 처리 등을 주관할 감사담당자를 지정할 수
　있다.

1. 감사계획의 의의

감사계획은 수감기관이 수행하는 정책·활동·사업의 합법성과 성과를 평가하기
위한 방법과 절차를 개발하는 과정이다. 감사업무의 체계적, 효과적인 수행을 위해서
는 치밀하고 적절한 감사계획의 수립이 필수적이다. 인력, 시간, 비용 등 한정된 감사
자원을 투입하여 **감사성과**를 극대화하기 위해서는 계획적인 감사업무의 수행이 불가

피하기 때문이다. 적절한 감사계획은 감사인으로 하여금 중요한 부분에 대하여 적절한 주의를 기울이게 하고, 잠재적인 문제점을 식별할 수 있도록 하며, 감사업무를 신속히 완료할 수 있도록 도와준다. 수감기관의 업무 중 어떤 업무를 중점적으로 감사하고, 감사대상업무별로 감사인력은 어떻게 배분하며, 어떤 감사방법을 채택할 것인지를 결정하는 감사계획은 감사성과를 좌우한다.

감사계획

수감기관이 수행하는 정책·활동·사업의 합법성과 성과를 평가하기 위한 방법과 절차를 개발하는 과정

- 감사업무의 체계적, 효과적인 수행을 위해서는 치밀하고 적절한 감사계획의 수립이 필수적!!
- 한정된 감사자원에 의하여 감사성과를 극대화하기 위해서는 계획적인 감사업무의 수행이 불가피

적절한 감사계획

감사인으로 하여금 중요한 부분에 대하여 적절한 주의를 기울이게 함	잠재적인 문제점을 식별할 수 있도록 함	감사업무를 신속히 완료할 수 있도록 도와줌

수감기관의 업무 중 '어떤 업무'를 중점적으로 감사?

감사대상업무별로 '감사인력'은 어떻게 배분?

'어떤 감사방법'을 채택?

"감사성과를 좌우"

구체적으로 감사계획은 다음과 같은 의의를 지닌다.

첫째, 감사계획은 **감사목표달성**을 위한 필수불가결한 수단이다.

둘째, 감사계획은 감사자원과 시간을 최대한 활용함으로써 감사의 성과를 증대시킨다.

셋째, 감사계획은 감사활동의 효과적인 **통제수단**이 된다. 즉 감사계획은 감사에 대한 일련의 지시서로서 감사업무의 적정한 수행을 통제하고 기록하는 수단으로 활용될 수 있다.

넷째, 감사계획은 감사활동의 성과를 측정하는 기준으로서 향후 감사계획 수립의 기초가 된다.

구체적 감사계획의 의의

1	감사계획은 감사목표달성을 위한 필수불가결한 수단
2	감사계획은 감사자원과 시간을 최대한 활용함으로써 감사의 성과 증대
3	감사계획은 감사활동의 효과적인 통제수단

• 감사계획은 감사에 대한 일련의 지시서로서 감사업무의 적정한 수행을 통제하는 수단으로 활용

4	감사계획은 감사활동의 성과를 측정하는 기준으로서 향후 감사계획수립의 기초

공공감사의 경우에는 감사대상기관의 수가 많고 감사대상업무의 성격과 유형이 이질적이므로 감사계획의 필요성이 민간부문 감사보다 훨씬 크다. 또한 공공감사 중에서도 **성과감사**는 감사의 준거가 다양하고 감사방법의 전문성도 높기 때문에 **합법성감사**보다 감사계획의 중요성이 더욱 강조되어야 한다.

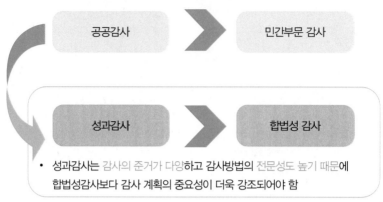

- 감사대상기관의 수가 많고 감사대상업무의 성격과 유형이 이질적이므로 감사계획의 필요성이 민간부문 감사보다 훨씬 큼

공공감사 > 민간부문 감사

성과감사 > 합법성 감사

- 성과감사는 감사의 준거가 다양하고 감사방법의 전문성도 높기 때문에 합법성감사보다 감사 계획의 중요성이 더욱 강조되어야 함

2. 연간 감사계획의 수립

「공공감사에 관한 법률 시행령」 제11조(감사계획의 수립)는 감사기구의 장이 자체감사를 실시하기 위한 연간 감사계획을 수립하는 경우에 다음의 사항을 포함하도록 정하고 있다.

① 감사사항
② 감사의 목적 및 필요성
③ 감사의 종류와 감사 대상기관 또는 대상부서
④ 감사의 범위
⑤ 감사 실시 기간과 인원
⑥ 그 밖에 감사에 필요한 사항

감사기구의 장이 연간 감사계획에 포함되지 않은 자체감사를 하는 경우에는 위의 여섯 가지 사항이 포함된 감사계획을 별도로 수립하여야 하며, 필요하다고 인정될 때에는 감사계획을 변경할 수도 있다.

「중앙행정기관 및 지방자치단체 자체감사기준」 제11조 제1항

감사기구의 장이 자체감사를 실시하기 위한 연간 감사계획을 수립하는 경우에 다음의 사항을 포함

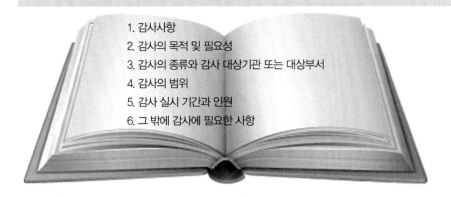

1. 감사사항
2. 감사의 목적 및 필요성
3. 감사의 종류와 감사 대상기관 또는 대상부서
4. 감사의 범위
5. 감사 실시 기간과 인원
6. 그 밖에 감사에 필요한 사항

✓ 감사기구의 장이 연간 감사계획에 포함되지 않은 자체감사를 하는 경우에는 위의 여섯 가지 사항이 포함된 감사계획을 별도로 수립

「자체감사기준」 제11조(연간 감사계획수립 방법)는 감사기구의 장이 연간 감사계획을 수립할 때에 고려하여야 하는 사항들을 아래와 같이 열거하고 있다.

① 「공공감사에 관한 법률」 제31조에 의해 공공부문의 감사활동체계를 개선하기 위해 설치된 감사활동조정협의회의가 공공감사제도의 개선과 발전을 위해 협의하고 조정한 사항

② 「공공감사에 관한 법률 시행령」 제18조제2항에서 감사원은 중앙행정기관등의 업무와 관련하여 취약 분야 등에 대한 자체감사를 효율적으로 수행하도록 하기 위하여 필요한 경우에는 중앙행정기관등의 장에게 감사계획의 수립이나 통보받은 감사계획 등에 관하여 의견을 제시하거나 관련 감사기구의 장 등이 참여하는 회의를 개최할 수 있도록 하고 있는데, 이와 같이 감사원이 자체감사계획 수립 등에 관하여 제시한 의견이나 회의 결과

③ 「공공감사에 관한 법률」 제35조(감사원 감사의 대행)는 감사원은 감사원 감사 등의 효율성을 높이고 중복감사를 방지하기 위하여 감사원 감사사무 중 사실의 조사·확인 및 분석 등의 사무로서 국민의 권리·의무와 직접 관계되지 아니하는 사무에 한하여 일부를 자체감사기구로 하여금 대행하게 하고 그 결과를 제출하게 할 수 있다. 감사원 감사의 위탁 및 대행 사항도 연간 감사계획 수립시 고려할 사항이다.

④ 감사원 감사 등을 포함한 감사대상기관 또는 부서에 대한 감사빈도 및 주기

⑤ 「공공감사에 관한 법률」 제22조(일상감사)에 따라 감사기구의 장은 자체감사기구가 소속된 기관의 주요 업무 집행에 앞서 그 업무의 적법성·타당성 등을 점검·심사하는 일상감사를 하여야 하며, 일상감사 등을 통하여 감사의 필요성이 있다고 인정되는 사항도 연간 감사계획시 고려하여야 한다.

⑥ 국회, 지방의회, 언론 및 시민단체 등에서 감사의 필요성을 제기한 사항

⑦ 그 밖에 감사대상기관 또는 부서 및 그 소속 직원 등의 위법 또는 부당한 업무처리나 복무규정 위반 등이 우려되어 감사의 필요성이 있다고 인정되는 사항

「중앙행정기관 및 지방자치단체 자체감사기준」 제11조

감사기구의 장이 연간 감사계획을 수립할 때에 고려하여야 하는 사항들

 「공공감사에 관한 법률」 제31조에 따라 공공부문의 감사활동체계를 개선하기 위해 설치된 감사활동조정협의회가 공공감사제도의 개선과 발전을 위해 협의하고 조정한 사항

 「공공감사에 관한 법률 시행령」 제18조제2항에서 감사원은 중앙행정기관등의 업무와 관련하여 취약 분야 등에 대한 자체감사를 효율적으로 수행하도록 하기 위하여 필요한 경우에는 중앙행정기관 등의 장에게 감사계획의 수립이나 통보받은 감사계획 등에 관하여 의견을 제시하거나 관련 감사기구의 장 등이 참여하는 회의를 개최할 수 있도록 규정하고 있는데, 이와 같이 감사원이 자체감사계획수립 등에 관하여 제시한 의견 및 회의 결과

 「공공감사에 관한 법률」 제35조(감사원 감사의 대행) 규정에 따르면, 감사원은 감사원 감사 등의 효율성을 높이고 중복감사를 방지하기 위하여 감사원 감사사무 중 사실의 조사·확인 및 분석 등의 사무로서 국민의 권리·의무와 직접 관계되지 아니하는 사무에 한하여 그 일부를 자체감사기구로 하여금 대행하게 하고 그 결과를 제출하게 할 수 있음 따라서 감사원 감사의 위탁 및 대행 사항도 연간 감사계획 수립 시 고려할 사항

 감사원 감사 등을 포함한 감사대상기관 또는 부서에 대한 감사빈도 및 주기

 「공공감사에 관한 법률」 제22조(일상감사) 제1항에 따라 감사기구의 장은 자체감사기구가 소속된 기관의 주요 업무 집행에 앞서 그 업무의 적법성·타당성 등을 점검·심사하는 일상감사를 하여야 하므로, 일상감사 등을 통하여 감사의 필요성이 있다고 인정되는 사항도 연간 감사계획 시 고려

 국회, 지방의회, 언론 및 시민단체 등에서 감사의 필요성을 제기한 사항

 그 밖에 감사대상기관 또는 부서 및 그 소속 직원 등의 위법 또는 부당한 업무처리나 복무규정 위반 등이 우려되어 감사의 필요성이 있다고 인정되는 사항

감사기구의 책임자는 연간 감사계획을 효율적으로 수행하기 위하여 개별 감사 사항 별로 감사계획의 수립, 감사실시 및 감사결과 처리 등을 주관할 감사담당자를 지 정할 수 있다.

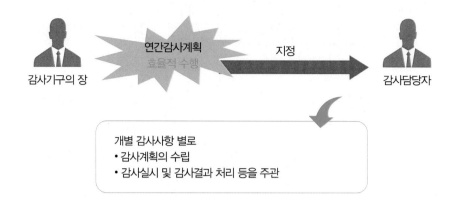

감사기구의 장 → 연간감사계획 효율적 수행 → 지정 → 감사담당자

개별 감사사항 별로
• 감사계획의 수립
• 감사실시 및 감사결과 처리 등을 주관

「자체감사기준」제12조

제12조(감사의 사전준비) ① 감사담당자등은 제13조에 따른 감사계획을 수립하거나
감사를 실시하기 전에 다음 각 호의 감사자료를 수집·분석하는 등 사전준비를 철저히
하여야 한다.

　　1. 관계법령 및 훈령·지침·예규 등 내부규정

　　2. 감사대상기관 또는 부서의 기능·조직·인력·예산 등 일반현황

　　3. 주요 업무계획 및 심사분석 결과

　　4. 성과계획서와 성과보고서

　　5. 언론보도사항, 국회 및 지방의회의 논의사항

　　6. 기존 감사결과 및 처분요구 집행상황

　　7. 그 밖에 민원, 감사정보, 감사대상 일부에 대한 표본조사 등 각종 감사자료

② 감사기구의 장은 제1항 각 호의 감사자료를 조사·확인하거나 감사대상의 문제점을
도출하기 위하여 필요한 경우 예비조사를 실시할 수 있다.

③ 감사기구의 장은 감사의 사전 준비를 위하여 법 제38조에 따라 감사원에 감사계획
또는 감사방법에 대한 자문 또는 인력지원을 요청하거나 외부전문가의 자문을 구할
수 있다.

1. 감사자료의 수집·분석

감사준비는 감사업무를 효율적으로 수행하기 위하여 감사실시에 앞서 감사대상기관과 관련된 각종 자료를 수집하여 분석·검토함으로써 감사대상기관의 임무와 기능을 수행하는 과정에서 야기될 수 있는 문제점을 도출하여 대안을 탐색하는 일련의 과정이다.

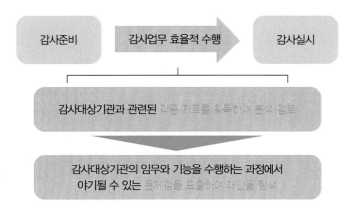

감사담당자는 감사계획을 수립하거나 감사를 실시하기 전에 다음과 같은 감사자료를 수집·분석하는 등 사전준비를 철저히 하여야 한다.(「자체감사기준」 제12조)

① 관계법령 및 훈령·지침·예규 등 내부규정
② 감사대상기관 또는 부서의 기능·조직·인력·예산 등 일반현황
③ 주요 업무계획 및 심사분석 결과
④ 성과계획서와 성과보고서
⑤ 언론보도사항, 국회 및 지방의회의 논의사항
⑥ 기존 감사결과 및 처분요구 집행상황
⑦ 그 밖에 민원, 감사정보, 감사대상 일부에 대한 표본조사 등 각종 감사자료

「중앙행정기관 및 지방자치단체 자체감사기준」 제12조 제1항	
감사담당자등은 감사계획을 수립하거나 감사를 실시하기 전에 다음과 같은 감사자료를 수집·분석하는 등 사전준비	
1	관계법령 및 훈령·지침·예규 등 내부규정
2	감사대상기관 또는 부서의 기능·조직·인력·예산 등 일반현황
3	주요 업무계획 및 심사분석 결과
4	성과계획서와 성과보고서
5	언론보도사항, 국회 및 지방의회의 논의사항
6	기존 감사결과 및 처분요구 집행상황
7	그 밖에 민원, 감사정보, 감사대상 일부에 대한 표본조사 등 각종 감사자료

사전준비는 제한된 시간과 인력으로 감사목적을 효과적으로 달성할 수 있도록 다음 사항을 중심으로 한다. (감사원 「통합감사업무편람」, 2009)

구분	내용
감사대상기관의 현황 및 실태 파악	• 감사대상기관의 기구도표, 예산현황, 사업계획서와 관계법령, 예규 통첩, 주요업무, 업무처리계통도 및 간부직원의 인사자료 등을 수집·정리하여 주요사업의 내용 및 사무체계와 재정규모, 운영방침 등을 통해 그 기관의 운영성과와 문제점 파악 • 매년도 주요업무보고, 분기별 중요 업무 시행계획 심사평가서(심사분석), 공인회계사 감사보고서(기업회계 적용 공기업) 등의 내용을 분석하여 감사대상기관의 주기능 달성도, 주요시책의 진척상황, 현안문제 등을 파악
국민의 관심사항 파악	• 감사대상기관 관련 국회 논의사항(본회의·상임위·예결위 및 국정감사 지적사항과 조치결과), 신문 및 방송 보도사항, 지방의회 논의사항, 시민단체 등에서 제기한 문제점에 대한 대안 강구
감사자료의 수집 및 분석	• 계산증명서류, 계약체결현황, 손망실·범죄발생통보, 감사결과처분요구사례, 자체감사보고서, 감사정보, 투서·진정서 등 각종 감사자료를 분석함으로써 감사방향의 결정, 감사중점의 선정자료로 활용할 수 있도록 준비
감사자료의 분류 및 정비	• 수집된 감사자료는 감사대상기관별, 부서별, 주요사업별 또는 성질별 등으로 체계적으로 분류·정비하여 누구나 언제든지 손쉽게 이용할 수 있도록 관리

감사대상기관 등의 의견수렴

일방향 감사에 따르는 부작용을 최소화하여 감사업무의 생산성과 감사결과의 신뢰성을 높이기 위해 감사인과 감사대상기관의 양자가 긴밀하게 상호 협력하면서 우호적인 분위기 속에서 감사대상기관은 문제점을 솔직히 토로하고 감사인과 함께 개선방안을 찾는 **양방향 감사**를 진행하는 것이 바람직하다.

일방향 감사에 따르는 부작용을 최소화하여
감사업무의 생산성과 감사결과의 신뢰성을 높이기 위해

양방향 검사

감사인 → 양자가 긴밀하게 상호 협력, 우호적인 분위기 ← 감사대상기관

'감사대상기관은 문제점을 솔직히 토로하고 감사인과 함께 개선방안을 찾는 노력'

특히 성과감사의 경우에는 감사대상기관 및 수감자 등 감사에 대한 **1차적 수요자**, 감사보고서의 잠재적 이용자인 이해관계인 및 국민 등 감사에 대한 **2차적 수요자**의 요구와 기대사항을 감사인이 정확하게 파악하는 것이 긴요하므로 감사의 준비과정에서 이들 수요자의 의견을 적극적으로 수렴해야 한다고 INTOSAI「감사기준」제 135조는 권고하고 있다.

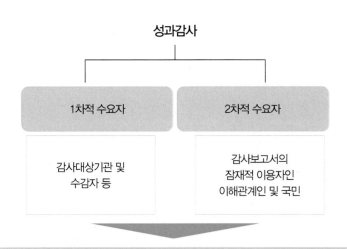

성과감사

1차적 수요자 / 2차적 수요자

감사대상기관 및 수감자 등

감사보고서의 잠재적 이용자인 이해관계인 및 국민

수요자의 요구와 기대사항을 감사인이 정확하게 파악하는 것이 긴요하므로 감사의 준비과정에서 이들 수요자의 의견을 적극적으로 수렴해야 함

2. 예비조사

1) 예비조사의 실시

예비조사란 감사계획의 수립 또는 본감사에 앞서 감사를 효율적으로 수행하기 위하여 실시하는 사전 조사활동을 총칭하며, 감사대상과 관련된 자료 및 정보의 수집과 확인 그리고 감사대상 일부에 대한 표본조사 등을 포함한다.

특히 성과감사의 경우에는 합법성감사보다 훨씬 높은 감사인의 전문성이 요구되므로 예비조사가 필수적이다. 철저한 예비조사는 구체적인 감사방향, 감사중점 및 절차 등의 결정에 도움이 되며, 본감사 기간의 단축과 함께 감사자원의 낭비를 예방할 수 있다.

예비조사 결과 본감사가 불필요하거나 감사성과가 적을 것으로 판단될 경우에는 과감히 감사계획을 변경할 수도 있다.

예비조사

- 감사계획의 수립 또는 본 감사에 앞서 감사를 효율적으로 수행하기 위하여 실시하는 사전 조사활동을 총칭
- 감사대상과 관련된 자료 및 정보의 수집과 확인 그리고 감사대상 일부에 대한 표본조사 등을 포함

■ 성과감사의 경우에는 합법성감사보다 훨씬 높은 감사인의 전문성이 요구되므로 예비조사가 필수적

철저한 예비조사는 구체적인 감사방향, 감사중점 및 절차 등의 결정에 도움

본 감사 기간의 단축과 함께 감사자원의 낭비를 예방

예비조사 결과

"본 감사가 불필요하거나 감사성과가 적을 것으로 판단될 경우 감사계획을 변경할 수도 있음"

2) 예비조사시 유의사항

　　예비조사는 그 동안 수집된 감사자료의 신뢰도, 예상문제점의 적중 가능성 판단과 필요한 자료의 추가 수집 등을 통하여 감사방향과 감사중점 등을 구체화하고 **감사낭비 요인**을 제거하기 위한 것으로 그 유의사항에는 다음과 같은 것들이 있다.

```
                    ┌─────────────────┐
                    │    예비조사      │
                    └─────────────────┘

┌──────────────────┐  ┌──────────────────┐  ┌──────────────────┐
│ 수집된 감사자료의  │  │ 예상문제점의 적중  │  │ 필요한 자료의 추가 │
│     신뢰도        │  │    가능성         │  │      수집         │
└──────────────────┘  └──────────────────┘  └──────────────────┘
                              ▼
              감사방향과 감사중점 등을 구체화
                   감사낭비 요인을 제거
```

① 감사대상 업무와 관련되는 유관기관(조합, 협회, 산하 연구기관 등), 감사대상 업무와 유사한 업무를 수행하는 기관 또는 감사대상 업무에 의하여 직·간접적으로 영향을 받거나 관심이 있는 이해관계인 등과의 면담, 자료 및 정보의 수집 등은 감사대상 업무의 실상을 파악하고 문제점을 발굴하는 데에 기여할 수 있다.

② 성과감사를 수행하기 위한 예비조사과정에서는 현장조사를 실시하는 것이 바람직하다.

③ 예비조사 결과 수집된 감사자료는 면밀히 분석하고 기관 간, 지역 간 또는 감독기관과 산하기관 간 등 종횡으로 비교·검토하여 본감사에 유용한 자료로 이용될 수 있도록 정리하여야 한다.

④ 감사자료의 분석과정에서 전문지식과 기술이 필요한 부문에 대하여는 사전에 전문가의 자문 등 도움을 구해야 한다. 전문가의 자문 또는 참여는 감사대

상 업무에 대한 감사인의 편견을 예방하고 감사실시 절차 및 감사결과의 신
뢰성을 제고하는 데 도움이 된다.

⑤ 예비조사결과 예상되는 문제점을 파악하고 시간·장소상의 한계를 함께 고려
하여 각 분야별 감사범위와 착안사항을 정리하고 효과적인 감사방법을 찾아
내어 본 감사실시가 효과적으로 이루어 질 수 있게 한다.

1	감사대상 업무와 관련되는 유관기관(조합, 협회, 산하 연구기관 등), 감사대상 업무와 유사한 업무를 수행하는 기관 또는 감사대상 업무에 의하여 직·간접적으로 영향을 받거나 관심이 있는 이해관계인 등과의 면담, 자료 및 정보의 수집 등은 감사대상 업무의 실상을 파악하고 문제점을 발굴하는 데에 기여
2	성과감사를 수행하기 위한 예비조사과정에서는 현장조사를 실시하는 것이 바람직
3	예비조사 결과 수집된 감사자료는 면밀히 분석하고 기관 간, 지역 간 또는 감독기관과 산하기관 간 등 종횡으로 비교·검토하여 본 감사에 유용한 자료로 이용될 수 있도록 정리
4	감사자료의 분석과정에서 전문지식과 기술이 필요한 부문에 대하여는 사전에 전문가의 자문 등 도움을 구해야 함 ↓ 전문가의 자문 또는 참여·감사인의 편견을 예방 감사실시 절차 및 감사결과의 신뢰성을 제고
5	예비조사결과 예상되는 문제점을 파악하고 시간·장소상의 한계를 함께 고려하여 각 분야별 감사범위와 착안사항을 정리하고 효과적인 감사방법을 찾아내어 본 감사실시가 효과적으로 이루어 질 수 있게 함

3. 감사원의 자문 및 지원

감사기구의 장은 감사의 사전 준비를 위하여 「공공감사에 관한 법률」제38조에
따라 감사원에 감사계획 또는 감사방법에 대한 자문 또는 인력지원을 요청하거나 외
부전문가의 자문을 구할 수 있도록 하고 있다.

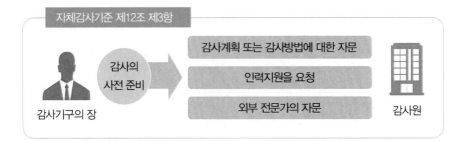

자체감사기준 제12조 제3항

감사기구의 장 — 감사의 사전 준비 →
- 감사계획 또는 감사방법에 대한 자문
- 인력지원을 요청
- 외부 전문가의 자문

감사원

「감사원법」제30조의 2 (자체감사의 지원 등) 제1항에도 "감사원은 자체감사 업무의 발전과 효율적인 감사업무의 수행을 위하여 필요한 지원을 할 수 있다"고 규정하고 있어 감사원 지원의 법적 근거를 제공하고 있다.

「감사원법」제30조의2 제1항

"감사원은 자체감사업무의 발전과 효율적인 감사업무의 수행을 위하여 필요한 지원을 할 수 있다"

감사원 감사에 비하여 자체감사는 여러 가지 측면에서 제약을 지닌다. 즉 감사 인력의 전문성이 낮고, 감사자료에 대한 접근권한이 제약되며, 감사기법과 경험이 미흡할 뿐만 아니라 감사대상으로부터의 독립성도 상대적으로 낮다.

따라서 감사원은 자체감사의 수행에 필요한 인력, 자료, 정보, 감사기법 등을 지원하고, 자체감사담당자의 전문성을 높이기 위한 교육훈련 프로그램을 시행하며, 자체감사결과를 보고받아 심사하고 자체감사의 수행실적을 주기적으로 평가할 수 있도록 규정하고 있다.

- 자체감사의 수행에 필요한 인력, 자료, 정보, 감사기법 등을 지원
- 자체감사담당자의 전문성을 높이기 위한 교육훈련 프로그램을 시행
- 자체감사결과를 보고받아 심사하고 자체감사의 수행실적을
  주기적으로 평가할 수 있도록 규정
  (※자체감사기준 제6조제4항, 제5항, 제6항)

3절 / 감사계획의 수립

「자체감사기준」제13조

제13조(감사계획의 수립 등) ① 감사기구의 장은 감사를 실시하기 전에 다음 각 호의
사항이 포함된 감사계획을 수립하여야 한다.

    1. 영 제11조제1항제1호부터 제5호까지의 사항

    2. 감사 착안사항 및 감사방법, 감사자료 확인결과

    3. 감사단 편성 및 개인별 감사사무분장

    4. 그 밖에 감사에 필요한 사항

② 감사기구의 장은 감사목적을 달성하고 감사성과를 확보할 수 있도록 감사담당자의
전문지식 및 실무경험 등을 고려하여 제1항제3호에 따른 감사단을 편성하고 개인별
감사사무분장을 정하여야 한다.

③ 감사기구의 장은 감사의 전문성과 효율성을 높이기 위하여 필요한 경우 감사기구가
소속된 기관(그 소속기관 및 소관단체를 포함한다)의 다른 부서의 직원을 감사단에
참여시킬 수 있다.

④ 감사기구의 장은 감사단에 포함된 감사담당자를 대상으로 다음 각 호의 사항에 관

한 교육을 실시하여야 한다.

1. 제1항에 따른 감사계획
2. 감사대상기관 또는 부서의 주 기능 및 임무
3. 감사대상 업무의 특수성
4. 감사 착안사항 및 감사기법
5. 실지감사 시 주의사항
6. 그 밖에 감사수행에 필요한 사항

⑤ 감사기구의 장은 감사성과 확보 등을 위하여 필요한 경우 감사계획 등을 미리 공개하여 이해관계인 또는 일반국민의 의견을 수렴하고, 이를 감사자료로 활용할 수 있다.

1. 감사계획의 수립

감사기구의 책임자는 감사를 실시하기 전에 다음 사항들이 포함된 감사계획을 수립하여야 한다.

① 감사사항
② 감사의 목적 및 필요성
③ 감사의 종류와 감사 대상기관 또는 대상부서
④ 감사의 범위
⑤ 감사 실시 기간과 인원
⑥ 감사 착안사항 및 감사방법, 감사자료 확인결과
⑦ 감사단 편성 및 개인별 감사사무분장
⑧ 그 밖에 감사에 필요한 사항

감사기구의 장은 감사를 실시하기 전에 다음 각 호의 사항이 포함된 감사계획을 수립	
1	감사사항
2	감사의 목적 및 필요성
3	감사의 종류와 감사 대상기관 또는 대상부서
4	감사의 범위
5	감사 실시 기간과 인원
6	감사 착안사항 및 감사방법, 감사자료 확인결과
7	감사단 편성 및 개인별 감사사무분장
8	그 밖에 감사에 필요한 사항

이외에도 필요에 따라 감사계획에는 다음과 같은 내용이 포함될 수 있다.

(1) 감사에 소요될 예산

(2) 감사의 준거: 감사의 판단기준
• 합법성, 경제성·능률성·효과성, 형평성
• 기타 합리적인 준거

(3) 감사위험과 중요성
중요성이 높은 항목에 대해서는 감사위험을 일정 수준 이하로 감소시키기 위하여 노력한다.

(4) 감사의 중점, 예상문제점 및 착안사항

예비조사과정 등을 통해 도출된 예상문제점을 분야별·중점별로 정리하고 이를 효과적으로 조사하는 방법을 착안한다. 감사착안사항은 감사를 할 때 꼭 확인할 사항, 비교할 사항 등이 구체적으로 분류·정리되고 본감사가 효율적으로 수행될 수 있도록 일목요연하게 정리되어야 한다.

(5) 관리통제제도의 평가방법

감사대상기관의 **내부통제**를 포함한 관리통제의 실태를 충분히 이해한 후 감사계획을 수립해야 한다. 질문, 관찰, 문서와 기록의 점검 또는 다른 감사인의 감사보고서 검토를 통하여 관리통제에 관한 이해를 넓힐 수 있다.

(6) 감사절차와 감사기법

성과감사의 경우에는 경제성, 능률성, 효과성 등을 판단하고 부진사업에 대하여는 그 개선방안 제시를 위한 **과학적인 분석기법**이 필요하므로 감사대상 또는 목적에 적합하다고 인정되는 기법을 찾아내어 감사 계획에 반영한다.

성과감사의 경우에는 위에 열거된 사항 외에 예비조사 및 본감사의 추진일정, 전문가 자문계획 등이 포함되어야 한다.

1	감사에 소요될 예산

2	감사의 준거: 감사의 판단기준

- 합법성, 경제성·능률성 및 효과성, 형평성
- 기타 합리적인 준거

3	감사위험과 중요성

- 중요성이 높은 항목에 대해서는 감사위험을 일정수준 이하로 감소시키기 위하여 노력

4	감사 중점, 예상문제점

- 예비조사과정 등을 통해 도출된 예상문제점을 분야별, 중점별로 정리

5	관리통제제도의 평가방법

- 감사대상기관의 내부통제를 포함한 관리통제의 실태를 충분히 이해한 후 감사계획을 수립
- 질문, 관찰, 문서와 기록의 점검 또는 다른 감사인의 감사보고서 검토를 통하여 관리통제에 관한 이해를 넓힐 수 있음

6	감사절차와 감사기법

- 성과감사의 경우에는 경제성, 능률성, 효과성 등을 판단하고 부진사업에 대하여는 그 개선방안 제시를 위한 과학적인 분석기법이 필요하므로 감사대상 또는 목적에 적합하다고 인정되는 기법을 찾아내어 감사계획에 반영

감사계획의 변경

감사업무의 수행과정에서 예상과 다른 상황에 직면하는 경우에는 이에 대응하여 감사계획을 적절하게 수정하는 것이 바람직하다. 이 경우 변경한 이유와 내역은 반드시 문서화해야 한다.

감사계획의 변경

감사업무의 수행과정에서 예상과 다른 상황에 직면하는 경우

↓

감사계획을 적절하게 수정

↓

변경한 이유와 내역은 반드시 문서화

〈재무감사계획서 예시〉

목   차

〈 종합감사계획서 예시 〉

목 차

2. 감사단의 구성

감사기구의 책임자는 감사목적을 달성하고 감사성과를 확보할 수 있도록 감사담당자의 전문지식 및 실무경험 등을 고려하여 감사계획에 따른 감사단을 편성하고 개인별 감사사무분장을 정하여야 한다. 감사기구의 장은 감사의 전문성과 효율성을 높이기 위하여 필요한 경우 감사기구가 소속된 기관, 그 소속기관 및 소관단체의 다른 부서의 직원을 감사단에 참여시킬 수 있다.

```
┌─────────────────────────────────────────────┐
│              감사기구의 장                     │
│     감사목적을 달성하고 감사성과를 확보          │
└─────────────────────────────────────────────┘
                      ▼
┌─────────────────────────────────────────────┐
│     감사담당자의 전문지식 및 실무경험 등을 고려    │
└─────────────────────────────────────────────┘
                      ▼
┌─────────────────────────────────────────────┐
│              감사단을 편성                     │
│        개인별 감사사무분장을 배정               │
└─────────────────────────────────────────────┘
```

감사기구의 장

- 감사의 전문성과 효율성을 높이기 위하여 필요한 경우 감사기구가 소속된 기관, 그 소속기관 및 소관단체의 다른 부서의 직원을 감사단에 참여시킬 수 있음

감사요원의 전문성과 성격, 적성, 능력, 경력 등을 고려하여 감사성과를 확보할 수 있게 감사단을 편성한 후에는 가급적 빨리 감사단의 개인별 사무분장을 결정하여 감사실시전에 감사착안사항과 감사기법을 충분히 준비하게 하여야 한다. (감사원 「실지감사실시요령」)

```
┌─────────────────────────────────────────────┐
│         감사원 「실지감사실시요령」               │
└─────────────────────────────────────────────┘
┌─────────────────────────────────────────────┐
│ 감사요원의 전문성과 성격, 적성, 능력, 경력 등을     │
│ 고려하여 감사단을 편성                          │
└─────────────────────────────────────────────┘
                      ▼
┌─────────────────────────────────────────────┐
│     가급적 신속하게 감사단의 개인별 사무분장을 결정  │
└─────────────────────────────────────────────┘
                      ▼
┌─────────────────────────────────────────────┐
│   감사실시 전에 감사착안사항과 감사기법을 충분히 준비 │
└─────────────────────────────────────────────┘
```

감사단장은 감사성과를 높이기 위하여 감사를 실시하기 전에 감사목적에 따라 자료를 수집·분석하여 문제점을 도출·검토한 후 감사방법 등에 대한 계획을 수립하여 야 하며, 감사결과의 전문성과 객관성을 확보하기 위하여 외부 전문가의 자문을 받을

필요가 있을 때에는 감사자문위원회를 구성·운용할 수도 있다.(감사원 「감사활동수칙」 제7조 제1항, 제3항)

감사원 「감사활동수칙」 제7조 제1항, 제3항

감사단장은 **감사성과를 높이기 위하여**

감사를 실시하기 전에 감사목적에 따라 자료를 수집·분석하여 문제점을 도출·검토

감사방법 등에 대한 계획을 수립

감사결과의 전문성과 객관성을 확보하기 위하여 외부 전문가의 자문을 받을 필요가 있을 때에는 감사자문위원회를 구성·운용

3. 감사사전교육

감사의 실시에 앞서 감사인을 대상으로 감사계획에 관한 충분한 사전교육이 필요하다. 무엇보다도 감사인이 당해 감사의 목적과 중점, 그리고 감사의 판단기준을 명확히 인식하여 전체적으로 감사업무가 일관되게 수행되도록 하는 데에 교육의 중점이 주어져야 한다. 또한 감사인으로 하여금 감사업무의 분장을 숙지하도록 하고, 감사단원끼리의 토론을 통하여 감사대상의 예상문제점과 착안사항을 도출하고, 적절한 감사절차 및 감사기법을 고안하도록 유도할 수 있어야 한다.

사전교육
감사단에 포함된 감사담당자등이 당해 감사의 목적과 중점, 그리고 감사의 판단기준을 명확히 인식하여 전체적으로 감사업무가 일관되게 수행되도록 하는 데에 교육의 중점
감사업무의 분장을 숙지
감사단원끼리의 토론 등을 통하여 감사대상의 예상문제점과 착안사항을 추가로 도출
적절한 감사절차 및 감사기법을 추가 고안하도록 유도

「자체감사기준」 제13조제4항은 감사기구의 장이 감사단에 포함된 감사담당자를 대상으로 교육을 실시할 때 다음의 내용들을 포함하도록 정하고 있다.

① 수립된 감사계획

② 감사대상기관 또는 부서의 주 기능 및 임무

③ 감사대상 업무의 특수성

④ 감사 착안사항 및 감사기법

⑤ 실지감사 시 주의사항

⑥ 그 밖에 감사수행에 필요한 사항

「중앙행정기관 및 지방자치단체 자체감사기준」 제13조 제4항

감사기구의 장은 감사단에 포함된 감사담당자를 대상으로 다음 사항에 관한 교육을 실시

1	수립된 감사계획
2	감사대상기관 또는 부서의 주 기능 및 임무
3	감사대상 업무의 특수성
4	감사 착안사항 및 감사기법
5	실지감사 시 주의사항
6	그 밖에 감사수행에 필요한 사항

감사실시에 앞서 교육과 토론을 통하여 감사인으로 하여금 감사사항의 내용과 분담사무, 예상문제점, 착안사항, 접근방법 등을 숙지하게 하고, 감사인은 감사대상 또는 목적에 적합하다고 인정되는 감사기법을 개발하는 노력을 하여야 한다. (감사원 「실지감사 실시요령」)

감사기구의 장

- 감사사항의 내용과 분담사무, 예상문제점, 착안사항, 접근방법 등을 숙지하게 함
- 감사대상 또는 목적에 적합하다고 인정되는 감사기법을 개발하는 노력을 하도록 하여야 함

1. 다음 중 「자체감사기준」 제11조에 따라 연간 감사계획을 수립할 때 고려하여야 하는 사항이 아닌 것은?

① 결정적 감사증거 확보 가능성과 전문성

② 감사원이 자체감사계획 수립 등에 관하여 제시한 의견이나 회의 결과

③ 감사원 감사의 위탁 및 대행 사항

④ 감사원 감사 등을 포함한 감사대상기관에 대한 감사빈도 및 주기

2. 다음 중 감사의 사전준비에 관한 내용으로 잘못된 것은?

① 감사준비는 감사업무를 효율적으로 수행하기 위하여 감사실시에 앞서 감사대상기관과 관련된 각종 자료를 획득하여 분석·검토함으로써 문제점을 도출하여 대안을 탐색하는 일련의 과정이다.

② 자료분석의 대상은 관계법령 및 훈령·지침·예규 등 내부규정, 감사대상기관 또는 부서의 기능·조직·인력·예산 등 일반현황, 주요 업무계획 및 심사분석 결과, 기존 감사결과 및 처분요구 집행상황 등을 포함한다.

③ 감사기구의 장은 감사자료를 조사·확인하거나 감사대상의 문제점을 도출하기 위하여 필요한 경우 예비조사를 실시할 수 있다.

④ 감사기구의 장은 감사의 사전 준비를 위하여 외부 전문가의 자문을 구할 수는 있으나, 감사원에 감사계획 또는 감사방법에 대한 자문이나 인력지원을 요청할 수 없다.

≫ 5장 평가문제 ≪

3. 다음은 감사계획의 수립과 관련된 「자체감사기준」 제13조에 관한 설명이다. 옳지 않은 것은?

① 감사기구의 장은 감사계획을 수립할 때 감사의 목적 및 필요성, 감사의 범위, 감사 착안사항 및 감사방법, 감사자료 확인결과, 감사단 편성 및 개인별 감사사무분장 등을 포함하여야 한다.

② 감사기구의 장은 감사목적을 달성할 수 있도록 감사담당자의 전문지식 및 실무경험 등을 고려하여 감사단을 편성하고 개인별 감사사무분장을 정하여야 한다.

③ 감사기구의 장은 감사의 전문성과 효율성을 높이기 위하여 필요한 경우 감사기구가 소속된 기관의 다른 부서의 직원을 감사단에 참여시킬 수 있다.

④ 감사기구의 장은 어떠한 경우에도 감사계획 등을 미리 공개하여 이해관계인 또는 일반국민의 의견을 수렴하거나, 이를 감사자료로 활용하여서는 아니 된다.

/정/답/ 1.① 2.④ 3.④

〈해설〉

1. 「자체감사기준」 제11조의 연간 감사계획 수립시 고려 사항에는 감사활동조정협의회의 협의·조정 사항, 감사원이 자체감사계획 수립 등에 관하여 제시한 의견, 감사원 감사의 위탁 및 대행 사항, 감사대상기관에 대한 감사빈도, 일상감사 등을 통하여 감사의 필요성이 있다고 인정되는 사항, 국회, 지방의회, 언론 및 시민단체 등에서 감사의 필요성을 제기한 사항, 그 밖에 감사대상기관 및 그 소속 직원의 위법 또는 부당한 업무처리나 복무규정 위반 등이 우려되어 감사의 필요성이 있다고 인정되는 사항을 들고 있다.

2. 감사기구의 장은 감사의 사전 준비를 위하여 「공공감사에 관한 법률」 제38조에 따라

감사원에 감사계획 또는 감사방법에 대한 자문 또는 인력지원을 요청하거나 외부 전문가의 자문을 구할 수 있다.

3. 「자체감사기준」 제13조 제5항은 감사기구의 장이 감사성과 확보 등을 위하여 필요한 경우 감사계획 등을 미리 공개하여 이해관계인 또는 일반국민의 의견을 수렴하고, 이를 감사자료로 활용할 수 있다고 명시하고 있다.

5장 요약

□ 감사계획은 감사대상기관이 수행하는 정책·사업·활동의 합법성과 성과를 평가하기 위한 방법과 절차를 개발하는 과정이다. 감사업무의 체계적이고 효과적인 수행을 위해서는 치밀하고 적절한 감사계획의 수립이 필수적이다. 연간 감사계획수립시 고려사항에는 감사활동조정협의회의 협의·조정 사항, 감사원이 자체감사계획 수립 등에 관하여 제시한 의견, 감사원 감사의 위탁 및 대행 사항, 감사대상기관에 대한 감사빈도, 일상감사 등을 통하여 감사의 필요성이 있다고 인정되는 사항, 국회, 지방의회, 언론, 및 시민단체 등에서 감사의 필요성을 제기한 사항, 그 밖에 감사대상기관 및 그 소속 직원의 위법 또는 부당한 업무처리나 복무규정 위반 등이 우려되어 감사의 필요성이 있다고 인정되는 사항 등이 포함된다.

□ 감사의 사전준비는 감사업무를 효율적으로 수행하기 위하여 감사실시에 앞서 감사대상기관과 관련된 각종 자료를 획득하여 분석·검토함으로써 감사대상기관의 임무와 기능을 수행하는 과정에서 야기될 수 있는 문제점을 도출하여 대안을 탐색하는 일련의 과정이다. 또한 예비조사는 감사대상기관 또는 감사대상업무가 구체적으로 선정된 후 감사를 효율적으로 수행하기 위하여 본 감사에 앞서 실시하는 사전 조사활동을 말한다.

□ 감사기구의 장은 감사계획을 수립할 때 감사의 목적 및 필요성, 감사의 범위, 감사 착안사항 및 감사방법, 감사자료 확인결과, 감사단 편성 및 개인별 감사사무분장 등을 포함하여야 한다. 감사기구의 장은 감사목적을 달성할 수 있도록 감사담당자의 전문지식 및 실무경험 등을 고려하여 감사단을 편성하고 개인별 감사사무분장을 정하고 감사계획 등에 관한 교육을 실시하여야 한다. 또한 감사기구의 장은 감사성과 확보 등을 위하여 필요한 경우 감사계획 등을 미리 공개하여 이해관계인 또는 일반국민의 의견을 수렴하고, 이를 감사자료로 활용할 수 있다.

6장 실지감사의 실시

≫ 인트로 ≪

이번 장에서 학습할 주요 내용은...

- 감사계획의 주요내용 통보
- 자료제출요구 방법
- 실지감사의 실시

감사기구의 책임자는 감사 대상기관이나 부서에 감사담당자를 보내 실지감사 (實地監査)를 할 수 있다. 감사기관이 실지감사를 실시하고자 할 때에는 특별한 사정이 없는 한 사전에 감사의 목적, 범위, 감사의 중점, 감사일정과 인원 등 감사계획의 개요와 감사대상기관의 준비·협조사항 등을 감사대상기관에 서면으로 통보하여야 한다.

「공공감사에 관한 법률」 제20조(자료 제출 요구)는 감사기구의 장은 자체감사를 위하여 필요할 때에는 자체감사 대상기관 또는 그 소속 공무원이나 직원에 대하여 출석·답변의 요구, 관계 서류·장부 및 물품 등의 제출 요구, 전산정보시스템에 입력된 자료의 조사, 금고·창고·장부 및 물품 등의 봉인 요구 등의 조치를 할 수 있으며 이런 조치를 요구받은 자체감사 대상기관 및 그 소속 공무원이나 직원은 정당한 사유가 없으면 그 요구에 따라야 한다고 규정하고 있다.

감사기구의 책임자는 실지감사를 하고자 할 때에는 감사계획에 따른 감사인원에 맞게 감사장을 설치하도록 하고, 감사에 필요한 자료를 가능한 한 미리 요구하여 구비하도록 하여야 한다. 아울러 감사담당자는 감사대상기관 또는 부서의 직원이나 외부인이 감사 자료에 접근하지 못하도록 보안조치를 취하여야 한다.

이번 장에서는 실지감사와 관련해서 감사인이 반드시 알아야 하는 세 가지 학습목표를 제시한다.

1) 감사기구의 책임자가 실지감사를 실시하고자 할 때 자체감사 대상기관이나 대상부서의 장에게 통보해야 하는 주요 내용은 무엇인지 숙지하게 된다.
2) 감사담당자가 감사대상기관에게 자료제출요구를 할 때 어떤 방법으로 해야 하는지 이해하게 된다.
3) 감사담당자가 감사대상기관에서 실시하는 금고검사는 무엇이며 어떻게 실시하는지 알게 된다.

 학습이 끝나고 나면...

① 감사기구의 장이 실지감사를 실시하고자 할 때 자체감사 대상기관이나 대상부서의 장에게 통보해야 하는 주요 내용은 무엇인지 알 수 있다.
② 감사담당자가 감사대상기관에게 자료제출요구를 할 때 어떤 방법으로 해야 하는지 알 수 있다.
③ 감사담당자가 감사대상기관에서 실시하는 금고검사는 무엇이며 어떻게 실시하는지 이해할 수 있다.

≫ 학습 ≪

1절 감사계획의 주요내용 통보

「자체감사기준」 제14조

제14조(감사계획의 주요내용 통보) 감사기구의 장은 영 제12조에 따라 감사계획의
주요내용을 통보할 때에는 다음 각 호의 사항을 포함하여 문서로 하여야 한다.
1. 감사대상
2. 감사범위
3. 감사기간 및 감사인원

1. 감사계획의 통보

감사기관이 **실지감사**를 실시하고자 할 때에는 특별한 사정이 없는 한 사전에 감
사의 목적, 범위, 감사의 중점, 감사일정과 인원 등 감사계획의 개요와 감사대상기관
의 준비·협조사항 등을 감사대상기관에 서면으로 통보한다. 특별한 사정이라는 것은
공직기강 점검 등을 주된 목적으로 하는 감사에서 비리 행위자의 문제은폐 또는 조작
을 방지하기 위하여 **불시감사**가 불가피한 경우 등을 의미하는 것이다.

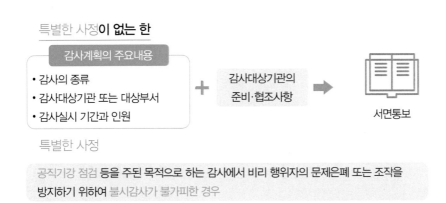

특별한 사정**이 없는 한**

감사계획의 주요내용
• 감사의 종류
• 감사대상기관 또는 대상부서
• 감사실시 기간과 인원

\+

감사대상기관의
준비·협조사항

➡

서면통보

특별한 사정

공직기강 점검 등을 주된 목적으로 하는 감사에서 비리 행위자의 문제은폐 또는 조작을
방지하기 위하여 불시감사가 불가피한 경우

일반적으로 감사계획을 미리 통보하는 '**감사예고제**'는

첫째, 감사대상기관에게 자체점검의 유인을 부여하여 감사비용을 줄이고
둘째, 감사대상기관의 업무 일정을 감사일정에 따라 미리 조정하여 행정 비용을
　　　낮추는 한편 민원인의 편의를 도모할 수 있으며,
셋째, 감사계획에 대한 감사대상기관의 의견을 반영할 수 있는 장점이 있다.

감사예고제의 장점	
1	**감사대상기관에게** 자체점검 **유인을 부여**, 감사비용을 절감
2	**감사대상기관의 업무 일정을** 감사일정에 따라 조정, 행정비용을 낮추고 민원인의 편의를 도모
3	**감사계획에** 감사대상기관의 의견을 반영

2. 통보내용

「공공감사에 관한 법률 시행령」 제12조에서는 감사기구의 장은 감사예정일 7
일 전까지 감사사항, 감사의 목적 및 필요성, 감사의 종류와 감사대상기관 또는 대상
부서, 감사의 범위, 감사실시기간과 인원 및 감사에 필요한 사항을 포함한 감사계획
의 주요 내용을 자체감사 대상기관이나 대상부서의 장에게 통보하도록 규정하고 있
다.

다만 감사를 신속히 수행하여야 할 긴급한 사정이 있거나 감사의 실효성을 거두
기 위하여 부득이한 경우에는 통보하지 않을 수도 있다. 또한 감사기구의 장이 감사계
획을 자체감사 대상기관의 장에게 통보한 이후 감사계획이 변경되었을 때에는 그 내
용을 자체감사 대상기관의 장에게 지체 없이 통보하도록 하고 있다.

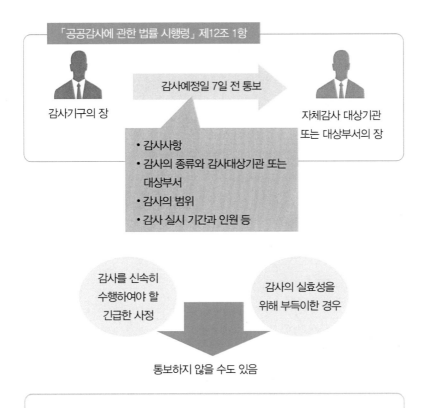

「공공감사에 관한 법률」 제19조는 자체감사의 종류, 감사계획의 수립, 자체감사 대상기관에 대한 감사계획 통보 등에 관하여 필요한 사항은 대통령령으로 정하도록 규정하고 있으며, 이에 따른 자체감사의 종류를 「공공감사에 관한 법률 시행령」 제10조에서 아래와 같이 구분하고 있다. 다만, 중앙행정기관 등의 업무 특성에 따라 달리 구분할 수도 있다.

① **종합감사**: 자체감사 대상기관의 주기능·주임무 및 조직·인사·예산 등 업무 전반의 적법성·타당성 등을 점검하기 위하여 실시하는 감사

② **특정감사**: 특정한 업무·사업·자금 등에 대한 문제점을 파악하여 원인과 책임
  소재를 규명하고 개선대책을 마련하기 위하여 실시하는 감사

③ **재무감사**: 예산의 운용실태 및 회계처리의 적정성 여부 등에 대한 검토와 확
  인을 위주로 실시하는 감사

④ **성과감사**: 특정한 정책·사업·조직·기능 등에 대한 경제성·능률성·효과성의
  분석과 평가를 위주로 실시하는 감사

⑤ **복무감사**: 자체감사 대상기관에 속한 사람의 복무의무 위반, 비위(非違) 사
  실, 근무실태 점검 등을 목적으로 실시하는 감사

「공공감사에 관한 법률」 제19조

- 자체감사의 종류, 감사계획의 수립, 자체감사 대상기관에 대한 감사계획 통보 등에 관하여
  필요한 사항은 대통령령으로 정하도록 규정
- 자체감사의 종류를 「공공감사에 관한 법률 시행령」 제10조에서 아래와 같이 구분

자체감사의 종류

종합감사	대상기관의 주기능 · 주임무 및 조직 · 인사 · 예산 등 업무 전반의 적법성 · 타당성 등을 점검하기 위하여 실시하는 감사
특정감사	특정한 업무 · 사업 · 자금 등에 대하여 문제점을 파악하여 원인과 책임 소재를 규명하고 개선대책을 마련하기 위하여 실시하는 감사
재무감사	예산의 운용실태 및 회계처리의 적정성 여부 등에 대한 검토와 확인을 위주로 실시하는 감사
성과감사	특정한 정책 · 사업 · 조직 · 기능 등에 대한 경제성 · 능률성 · 효과성의 분석과 평가를 위주로 실시하는 감사
복무감사	자체감사 대상기관에 속한 사람의 복무의무 위반, 비위(非違) 사실, 근무실태 점검 등을 목적으로 실시하는 감사

3. 감사예고제와 감사착수회의

영국 내부감사인협회(Institute of Internal Auditors)와 감사실무위원회
(Auditing Practice Committee)가 제정한 「**내부감사지침**」에 따르면 감사예고기한은

최소한 1개월이며 예고사항도 상당히 구체적으로 지정하고 있다. 감사기관과 감사대상기관의 긴밀한 협의에 의한 양방향 감사를 촉진하여 감사의 성과를 향상시키기 위해서는 감사계획의 내용 중에서 예고하는 것이 감사대상기관의 수감준비에 도움이 되는 동시에 공개하더라도 감사업무 수행에 지장을 초래하지 않을 사항은 감사대상기관에 통보할 감사계획의 개요에 가급적 포함시키는 것이 좋다.

사정이 허락하는 경우에는 감사를 실시하기 전에 감사기관과 감사대상기관 간에 감사계획에 관한 전반적인 사항을 협의하는 '**감사착수회의**(audit entrance conference)'를 개최하는 것도 바람직하다.

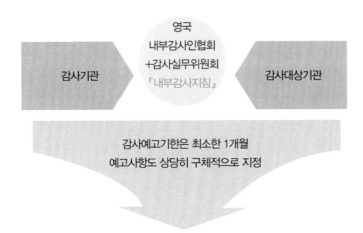

「자체감사기준」 제15조

제15조(자료제출요구 등의 방법) ① 감사담당자등은 법 제20조제1항에 따라 자료제
출요구 등을 할 때에는 일시·장소·대상 등을 기재한 요구서를 발부하여야 한다.
다만, 실지감사 중이거나 긴급한 필요가 있는 경우에는 구두로 할 수 있다.

② 감사기구의 장은 법 제20조제4항에 따라 자체감사 대상기관이 아닌 중앙행정기관
등에 자료 또는 정보를 제출하도록 요청할 때에는 다음 각 호의 사항이 포함된 요
청서로 하여야 한다. 이 경우 요청 전에 해당 요청서를 소속 기관의 장에게 보고하여
야 하며, 특히 긴급한 필요가 있는 경우에는 사후에 보고할 수 있다.

　1. 자료 또는 정보가 필요한 자체감사의 명칭

　2. 필요한 자료 또는 정보의 구체적 범위 및 이용 용도

　3. 자료 또는 정보를 이용하지 아니하면 자체감사가 불가능한 사유

③ 제2항에 따라 자료 또는 정보를 제출받은 감사담당자등은 그 자료 또는 정보를 다
른 사람에게 제공 또는 누설하거나 제2항제3호에 따른 구체적 이용 용도 외로 이용
하여서는 아니 된다.

1. 감사자료 제출 요구

「공공감사에 관한 법률」 제20조(자료 제출 요구)는 감사기구의 책임자는 자체
감사를 위하여 필요할 때에는 자체감사 대상기관 또는 그 소속 공무원이나 직원에 대
하여 출석·답변의 요구, 관계 서류·장부 및 물품 등의 제출 요구, 전산정보시스템에
입력된 자료의 조사, 금고·창고·장부 및 물품 등의 봉인 요구 등의 조치를 할 수 있다.
이런 조치를 요구받은 자체감사 대상기관 및 그 소속 공무원이나 직원은 정당한 사유
가 없으면 그 요구에 따라야 한다.

물론 이러한 조치는 감사에 필요한 최소한도에 그쳐야 하며, 감사담당자가 감사를 위하여 제출받은 정보 또는 자료를 감사 목적 외의 용도로 이용해서는 안 된다. 아울러 감사인은 실지감사 중에 감사대상기관 또는 부서의 일상 업무 수행에 지장을 주지 않도록 최대한 노력하여야 한다.

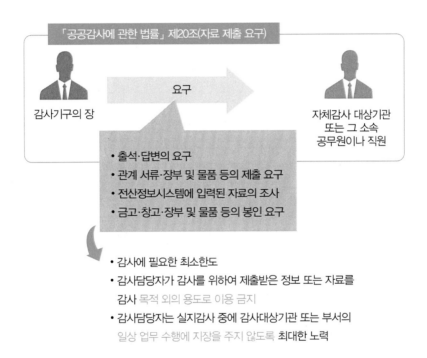

2. 자료제출요구 방법

감사담당자는 「공공감사에 관한 법률」 제20조에 따라 자료제출요구 등을 할 때에는 일시·장소·대상 등을 기재한 요구서를 발부하여야 한다. 다만, 실지감사 중이거나 긴급한 필요가 있는 경우에는 구두로 할 수 있다. 감사기구의 장은 「공공감사에 관한 법률」 제20조제4항에 따라 자체감사 대상기관이 아닌 중앙행정기관등이 보유한 자료 또는 정보를 제출하도록 요청할 때에는 다음의 사항이 포함된 요청서로 하여야 한다. 이 경우 요청 전에 해당 요청서를 소속 기관의 장에게 보고하여야 한다.

① 자료 또는 정보가 필요한 자체감사의 명칭
② 필요한 자료 또는 정보의 구체적 범위 및 이용 용도
③ 자료 또는 정보를 이용하지 아니하면 자체감사가 불가능한 사유

「공공감사에 관한 법률」제20조

요구서

- 일시·장소·대상 등을 기재한 요구서를 발부

구두

- 실지감사 중이거나 긴급한 필요가 있는 경우

자체감사기준 제15조 제2항

자체감사 대상기관이 아닌 중앙행정기관등이 보유한 자료 또는 정보를 제출하도록 요청할 때에는 다음 사항을 포함
① 자료 또는 정보가 필요한 자체감사의 명칭
② 필요한 자료 또는 정보의 구체적 범위 및 이용 용도
③ 자료 또는 정보를 이용하지 아니하면 자체감사가 불가능한 사유
- 요청 전에 해당 요청서를 소속 기관의 장에게 보고

이에 따라 자료 또는 정보를 제출받은 감사인은 그 자료 또는 정보를 다른 사람에게 제공 또는 누설하거나「자체감사기준」제15조제2항제3호에 따른 그 자료 또는 정보를 이용하지 않으면 자체감사가 불가능한 사유의 구체적 이용 용도 외로 이용하여서는 아니 된다.

감사담당자

자료 또는 정보를 다른 사람에게 제공 또는 누설

자체감사기준 제15조 제2항 제3호에 따른 그 자료 또는 정보를 이용하지 않으면 자체감사가 불가능한 사유의 구체적 이용 용도 외로 이용

3절 / 실지감사의 실시

「자체감사기준」 제16조

제16조(실지감사의 실시) ① 감사기구의 장은 법 제21조에 따른 실지감사를 하고자 할 때에는 제14조제3호에 따른 감사인원에 맞게 감사장을 설치하도록 하고, 감사에 필요한 자료를 가능한 한 미리 요구하여 구비하도록 하여야 한다.

② 감사기구의 장은 제13조제1항에 따른 감사계획에 따라 감사를 실시하고, 불가피한 사유가 있어 이를 변경하고자 할 때에는 지체 없이 감사대상기관 또는 부서에 이를 통보하여야 한다.

③ 감사담당자등은 필요한 경우 감사대상기관이 보관하고 있는 현금·예금·유가증권 등의 시재액을 확인하여 관계 장부와의 부합 여부를 점검할 수 있다.

④ 감사담당자등은 실지감사 중에 감사대상기관 또는 부서의 일상 업무 수행에 지장을 주지 않도록 최대한 노력하여야 한다.

⑤ 감사담당자등은 감사대상기관 또는 부서의 직원이나 외부인이 감사 자료에 접근하지 못하도록 다음 각 호의 보안조치를 하여야 한다.

　1. 감사장 내 서류보관함에 잠금장치 사용

　2. 사무용 컴퓨터 및 이동식 저장장치에 암호 설정

　3. 감사장 철수시 감사관련 자료가 감사장 또는 컴퓨터 등에 남지 않도록 완전 파기

　4. 그 밖에 감사자료의 유출을 방지하는데 필요한 보안조치

1. 감사장의 설치

감사기구의 장은 자체감사 대상기관에 감사담당자를 보내어 실지감사를 하고자 할 때에는 감사계획의 주요내용을 통보할 때 알려준 감사인원에 맞게 감사장을 설치하도록 하고, 감사에 필요한 자료를 가능한 한 미리 요구하여 구비하도록 한다.

실지감사

감사계획의 주요내용을 통보할 때 알려준 감사인원에 맞게
감사장 설치

필요한 자료를 가능한 한 미리 요구하여 구비

감사실시 전에 감사준비회의를 개최하거나 실지감사 통지를 하는 경우에는 그 시점에, 사전 통지를 하지 아니하는 경우에는 감사대상기관 도착 즉시 감사장 설치를 요청한다. 감사장은 아래의 사항들을 고려하되 가급적 감사대상기관의 부담이 최소화 되도록 한다.

① 감사요원들의 좌석 배치
② 감사요원들의 책상에 감사를 대비하여 특별히 배치된 명패, 꽃, 화분 등 불필요한 물품이 비치되지 않도록 한다.
③ 개인용 컴퓨터, 복사기, 팩스 등은 수감기관의 사정이 허락하는 범위 안에서 감사장 전용품을 확보한다.
④ 감사대상기관의 규정집, 예산서, 결산서, 심사분석평가서, 업무보고서 등은

감사장의 적당한 장소에 여러 부를 미리 비치하도록 한다.

⑤ 수감기관 보조요원은 감사규모에 맞추어 최소인력만 배치토록 한다.

(감사원 「실지감사실시요령」 참조)

고려사항!!

1	감사요원들의 좌석 배치 (단 감사를 대비하여 특별히 배치된 명패, 꽃, 화분 등 불필요한 물품이 비치되지 않도록 함)
2	개인용 컴퓨터, 복사기, 팩스 등은 수감기관의 사정이 허락하는 범위 안에서 감사장 전용품을 확보
3	감사대상기관의 규정집, 예산서, 결산서, 심사분석평가서, 업무보고서 등은 감사장의 적당한 장소에 여러 부를 미리 비치
4	수감기관의 사정이 허락하는 범위 안에서 수감기관 보조요원은 감사규모에 맞추어 최소인력만 배치

(※감사원 「실지감사실시요령」 참조)

2. 금고검사의 실시

1) 금고검사의 의의

「자체감사기준」 제16조제3항은 "감사담당자등은 필요한 경우 감사대상기관이 보관하고 있는 현금·예금·유가증권 등의 시재액을 확인하여 관계 장부와의 부합 여부를 점검할 수 있다"고 규정하고 있다. 이와 같이 감사인이 실지감사의 개시와 동시에 회계공무원이나 단체의 회계담당자가 보관·관리하는 현금·예금·유가증권 등의 시재액을 확인하여 관계 장부와의 부합 여부를 점검하는 것을 '**금고검사**'라고 한다.

금고검사는 감사대상기관에 대한 일련의 회계검사절차 가운데 한 단계로서 회계직공무원이나 단체의 경리, 회계담당자가 보관·관리하는 현금, 제예금, 유가증권 등의 시재액(또는 종목과 수량)을 확인하여 관계장부와의 부합여부를 검사하는 것을 말한다. 이러한 금고검사는 회계검사의 필수적인 절차로서 보통 감사착수와 동시에 실시되며 금고검사를 통하여 대상기관의 회계상의 비리나 오류를 발견하거나 중요한 단서를 포착할 수 있어 금고검사의 중요성은 매우 크다.

자체감사기준 제16조 제3항

"감사담당자등은 필요한 경우 감사대상기관이 보관하고 있는 현금·예금·유가증권 등의 시재액을 확인하여 관계 장부와의 부합 여부를 점검할 수 있다"

금고
검사

감사담당자등이 실지감사를 착수할 때 또는 감사 중에 회계공무원이나 단체의 회계담당자가 보관·관리하는 현금·예금·유가증권 등의 시재액을 확인하여 관계 장부와의 부합 여부를 점검

감사착수와 동시에 실시

회계상의 비리나 오류를 발견

중요한 단서를 포착

(※감사원 「실지감사실시요령」 참조)

2) 금고검사의 대상

금고검사의 대상은 회계직공무원 또는 단체의 회계관계직원이 보관·관리하는 현금, 제예금, 유가증권류 및 기타 해당기관의 수입, 지출에 직접 관련되는 증표류 등이다. **금고**라 하는 것은 현금이나 수표 등 분실되기 쉬운 귀중품을 안전하게 보관하기 위하여 견고한 시건장치를 부착한 용기를 의미하는 것으로 통상 금고, 캐비닛 등이 많이 사용되나 철도승차권이나 우표판매 창구의 직원이 사용 중인 책상서랍, 사업현장에서 현금 등 수불을 하는 경우의 가방 등 용기도 포함된다.

또한 금고검사의 대상에는 제예금이 포함되므로 금고의 개념은 반드시 위의 물리적 형상물에 한정되는 것이 아니라 법령 등 규정에 의하여 회계관계직원이 보관·관

리하여야 할 책임이 있는 현금, 제예금 또는 유가증권 등의 **관념적인 일정 관리단위**로 이해하여야 한다.

금고	현금이 수표 등 분실되기 쉬운 귀중품을 안전하게 보관하기 위하여 견고한 시건 장치를 부착한 용기를 의미하는 것으로 통상 금고, 캐비닛 많이 사용
	철도승차권이나 우표판매 창구의 직원이 사용 중인 책상서랍
	사업현장에서 현금 등 수불을 하는 경우의 가방 등 용기도 포함

• 반드시 위의 물리적 형상물에 한정되는 것이 아님
• 법령 등 규정에 의하여 회계관계직원이 보관·관리하여야 할 책임이 있는 현금·예금 또는 유가증권 등의 관념적인 일정 관리단위

　　금고검사에 관련되는 **회계관계직원**은 주로 업무의 성질상 현금, 제예금 또는 유가증권 등의 수불이 수반되는 각종 출납공무원(또는 담당자)을 지칭하는 것이나 자기 명의의 예금계좌를 두고 공금의 수불을 명령하는 세입징수관이나 지출관 또는 이에 준하는 자도 금고검사에 관련되는 중요한 회계관계직원이라 할 수 있다.

3) 금고검사 실시 요령

금고검사시에는 관련부서의 업무에 직간접적으로 상당한 지장을 주게 되고, 금고검사 대상이 복잡하고 규모가 큰 기관인 경우 검사의 정확성 확보 문제가 있으므로 철저한 사전준비가 필요하다. 즉, 금고검사 관련 회계직명, 담당부서 및 담당공무원 현황을 자세히 파악하고, 각종 규정과 장부조직 및 비치장표의 종류를 파악하여야 하며, 검사대상인 금고의 위치 및 금고검사 실시 때에 예상되는 업무지장 유무 등을 검토하고 **봉인**을 실시하는 경우를 대비하여 준비한다.

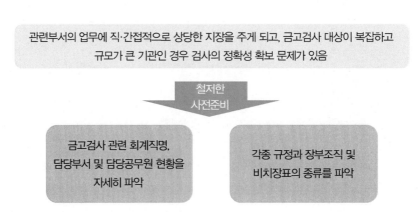

검사대상인 금고의 위치 및
검사 실시 시에 예상되는
업무지장 유무 등 검토

봉인을 실시하는 경우를 대비

　　금고검사를 실시할 때에는 먼저 금고 소재 장소로 가서 그 뜻을 알리고, 금고의
시건장치, 관리실태 등을 확인함과 아울러 관련 회계관계직원의 입회하에 보관된 내
용물을 철저히 점검, 검수, 확인한다. 검사대상 금고의 수가 많다든가 내용물이 복잡
하여 일단 봉인을 실시할 필요가 있는 경우는 지체 없이 봉인하여야 한다. 다만 금고
등 봉인으로 인한 대상기관업무의 지장유무를 적절히 판단하여 최소한의 제한에 그쳐
야 한다.

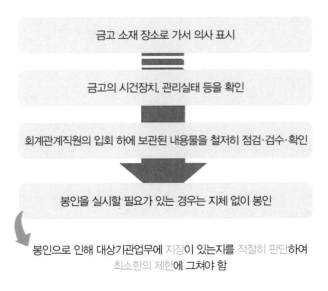

금고 소재 장소로 가서 의사 표시

금고의 시건장치, 관리실태 등을 확인

회계관계직원의 입회 하에 보관된 내용물을 철저히 점검·검수·확인

봉인을 실시할 필요가 있는 경우는 지체 없이 봉인

봉인으로 인해 대상기관업무에 지장이 있는지를 적절히 판단하여
최소한의 제한에 그쳐야 함

　　금고검사는 수감기관의 직원이 입회한 가운데 실시되어야 하며, 검사대상의 회
계별·종류별 시재액과 장부상 금액 및 차액이 발생한 이유 등에 관한 내역을 기재한

금고검사조서를 작성하고, 금고검사를 수행한 감사인 중 최상위 직급의 감사인과 수감기관의 입회자가 각각 서명하여야 한다.

> 수감기관의 직원이 입회한 가운데 실시

> 검사대상의 회계별·종류별 시재액과 장부상 금액 및 차액이 발생한 이유 등에 관한 내역을 기재한 금고검사조서를 작성

> 금고검사를 수행한 감사인 중 최상위 직급의 감사인과 수감기관의 입회자가 각각 서명

3. 봉인

감사인은 필요한 경우 수감기관의 창고·금고·서류 및 물품 등을 봉인할 수 있다. 감사인이 봉인을 하고자 하는 경우에는 목적물의 관리자 또는 그 대표자에게 감사상 봉인이 필요한 이유를 설명한 후 그의 입회하에 봉인표를 사용하여 봉인하여야 한다. **봉인표**는 봉인의 일시와 그러한 봉인 표시의 손상 또는 은닉, 기타의 방법으로 그 효용을 저해한 자는 형사상의 책임을 진다는 뜻의 경고를 기재한 용지로서, 봉인의 목적물에 첨부하고 봉인을 실시하는 감사인이 기명·날인하여야 한다. 봉인기간은 감사업무의 수행에 필요한 최소한에 그쳐야 한다.

봉인

> 감사기구의 장은 필요한 경우 수감기관의 창고·금고·서류 및 물품 등을 봉인할 수 있음

> 목적물의 관리자 또는 그 대표자에게 감사상 봉인이 필요한 이유를 설명한 후 그의 입회 하에 봉인표를 사용하여 봉인

봉인표
봉인일시
경고

> 봉인의 일시와 그러한 봉인 표시의 손상 또는 은닉, 기타의 방법으로 그 효용을 저해한 자는 형사상의 책임을 진다는 뜻의 경고를 기재한 용지

> 봉인의 목적물에 첨부하고 봉인을 실시하는 감사담당자가 기명·날인

> 봉인기간은 감사업무의 수행에 필요한 최소한으로 제한

「공공감사에 관한 법률」 제20조(자료 제출 요구)는 "감사기구의 장은 자체감사를 위하여 필요할 때에는 자체감사 대상기관 또는 그 소속 공무원이나 직원에 대하여 출석·답변의 요구, 관계 서류·장부 및 물품 등의 제출 요구, 전산정보시스템에 입력된 자료의 조사, 금고·창고·장부 및 물품 등의 봉인 요구 등의 조치를 할 수 있으며 이런 조치를 요구받은 자체감사 대상기관 및 그 소속 공무원이나 직원은 정당한 사유가 없으면 그 요구에 따라야 한다"고 규정하고 있다.

물론 이러한 조치는 감사에 필요한 최소한도에 그쳐야 하며, 감사담당자가 감사를 위하여 제출받은 정보 또는 자료를 감사 목적 외의 용도로 이용해서는 안 된다. 아울러 감사담당자는 실지감사 중에 감사대상기관 또는 부서의 일상 업무 수행에 지장을 주지 않도록 최대한 노력하여야 한다.

공감법 제20조(자료 제출 요구) 제1항, 제3항

감사기구의 장은 자체감사를 위하여 필요할 때에는 자체감사 대상기관 또는 그 소속 공무원이나 직원에 대하여 출석·답변의 요구, 관계 서류·장부 및 물품 등의 제출 요구, 전산정보시스템에 입력된 자료의 조사, 금고·창고·장부 및 물품 등의 봉인 요구 등의 조치를 할 수 있으며 이런 조치를 요구받은 자체감사 대상기관 및 소속 공무원이나 직원은 정당한 사유가 없으면 그 요구에 따라야 한다고 규정

공감법 제20조 제5항

- 감사담당자등이 감사를 위하여 제출받은 정보 또는 자료를 감사 목적 외의 용도로 이용해서는 안 된다고 명시
- 감사담당자등은 자료제출요구 등의 조치를 필요한 최소한의 범위 내에서 실시
- 실지감사 중에 감사대상기관 또는 대상부서의 일상 업무 수행에 지장을 주지 않도록 최대한 노력

4. 감사자료의 보안조치

감사담당자는 감사대상기관 또는 부서의 직원이나 외부인이 감사 자료에 접근하지 못하도록 다음과 같은 보안조치를 하여야 한다.

① 감사장 내 서류보관함에 잠금장치 사용
② 사무용 컴퓨터 및 이동식 저장장치에 암호 설정
③ 감사장 철수 시 감사관련 자료가 감사장 또는 컴퓨터 등에 남지 않도록
   완전 파기
④ 그 밖에 감사자료의 유출을 방지하는데 필요한 보안조치

감사대상기관 또는 부서의 직원이나 외부인이 감사 자료에 접근하지 못하도록 보안조치	
1	감사장 내 서류보관함에 잠금 장치 사용
2	사무용 컴퓨터 및 이동식 저장장치에 암호 설정
3	감사장 철수 시 감사자료가 감사장 또는 컴퓨터 등에 남지 않도록 완전 파기
4	그 밖에 감사자료의 유출을 방지하는데 필요한 보안조치

≫ 6장 평가문제 ≪

1. 감사기구의 장은 감사실시 전에 감사의 목적, 감사의 종류 등 감사계획의 주요 내용을 자체감사 대상기관의 장에게 통보하여야 하는데 다음 중 자체감사의 종류에 대한 설명으로 맞지 않는 것은?

① 특정한 업무·사업 등의 문제점의 원인을 규명하고 개선대책을 제시하는 종합감사

② 예산의 운용실태 및 회계처리의 적정성 여부 등을 검토·확인하는 재무감사

③ 특정한 정책·사업·기능 등의 경제성·능률성·효과성을 분석·평가하는 성과감사

④ 자체감사 대상기관 직원의 복무의무 위반, 비위(非違) 사실 등을 점검하는 복무감사

2. 감사계획의 주요 내용을 미리 통보하는 감사예고제에 관한 다음 설명 중 적절치 않은 것은?

① 감사대상기관에게 자체점검의 유인을 부여하여 감사비용을 줄일 수 있다.

② 감사대상기관의 업무일정을 감사일정에 따라 조정하여 민원인의 편의를 도모할 수 있다.

③ 감사계획에 대한 감사대상기관의 의견을 반영할 수 있다.

④ 공직기강 점검 등을 주된 목적으로 하는 감사에서도 감사계획을 미리 통보해야 한다.

3. 다음 금고검사에 관한 설명 중 옳지 않은 것은?

① 실지감사의 개시와 동시에 회계공무원이나 단체의 회계담당자가 보관·관리하는 현금·예금·유가증권 등의 시재액을 확인하여 관계 장부와의 부합 여부를 점검하는 것을 말한다.

② 금고검사를 통하여 대상기관의 회계상의 비리나 오류를 발견하거나 중요한 단서를 포착할 수 있어 금고검사의 중요성은 매우 크다.

③ 금고란 분실되기 쉬운 귀중품을 안전하게 보관하기 위하여 시건장치를 부착한 용기를 의미하는 것으로 사업현장에서 현금 등을 수불하는 경우의 가방은 포함되지 않는다.

④ 금고검사에 관련되는 회계관계직원은 업무의 성질상 현금, 예금 또는 유가증권 등의 수불이 수반되는 각종 출납공무원이나 담당자가 주종을 이룬다.

/정/답/ 1. ① 2. ④ 3. ③

〈해설〉

1. 특정한 업무·사업·자금 등에 대하여 문제점을 파악하여 원인과 책임 소재를 규명하고 개선대책을 마련하기 위하여 실시하는 감사는 특정감사이며, 종합감사는 자체감사 대상기관의 주기능·주임무 및 조직·인사·예산 등 업무 전반의 적법성·타당성 등을 점검하기 위하여 실시하는 감사이다.

2. 공직기강 점검을 주된 목적으로 감사에서 비리 행위자의 문제은폐 또는 조작을 방지하기 위하여 불시감사가 불가피한 경우는 감사계획을 미리 통보하지 않을 수도 있다.

3. 금고라 하는 것은 현금이나 수표 등 분실되기 쉬운 귀중품을 안전하게 보관하기 위하여 견고한 시건장치를 부착한 용기를 의미하는 것으로 통상 금고, 캐비닛 등이 많이 사용되나 철도승차권이나 우표판매 창구의 직원이 사용 중인 책상서랍, 사업현장에서 현금 등 수불을 하는 경우의 가방 등 용기도 포함된다.

6장 요약

□ 감사기구의 장은 자체감사 대상기관에 감사담당자를 보내 실지감사를 할 수 있다. 감사기관이 실지감사를 실시하고자 할 때에는 특별한 사정이 없는 한 사전에 감사의 목적, 범위, 감사의 중점, 감사일정과 인원 등 감사계획의 개요와 감사대상기관의 준비·협조사항 등을 감사대상기관에 서면으로 통보하여야 한다.

□ 「공공감사에 관한 법률」 제20조(자료 제출 요구)는 감사기구의 장은 자체감사를 위하여 필요할 때에는 자체감사 대상기관 또는 그 소속 공무원이나 직원에 대하여 출석·답변의 요구, 관계 서류·장부 및 물품 등의 제출 요구, 전산정보시스템에 입력된 자료의 조사, 금고·창고·장부 및 물품 등의 봉인 요구 등의 조치를 할 수 있으며 이런 조치를 요구받은 자체감사 대상기관 및 그 소속 공무원이나 직원은 정당한 사유가 없으면 그 요구에 따라야 한다고 규정하고 있다.

□ 감사기구의 장은 실지감사를 하고자 할 때에는 감사계획에 따른 감사인원에 맞게 감사장을 설치하도록 하고, 감사에 필요한 자료를 가능한 한 미리 요구하여 구비하도록 하여야 한다. 아울러 감사담당자등은 감사대상기관 또는 부서의 직원이나 외부인이 감사 자료에 접근하지 못하도록 보안조치를 취하여야 한다.

7장 실지감사의 지휘 및 종결

이번 장에서 학습할 주요 내용은...

- 실지감사의 지휘 및 종결
- 감사 중인 사건의 처리
- 일상감사의 처리

감사기구의 책임자는 실지감사를 수행할 때에 감사목적을 달성하고 감사성과를 확보할 수 있도록 감사담당자의 전문지식과 실무경험 등을 고려하여 감사단을 편성하고 감사단장을 지정하여 감사단을 지휘·감독하도록 한다. 감사단장은 감사담당자가 고의 또는 중과실로 감사업무를 위법 또는 부당하게 수행한 때에는 연대하여 책임을 진다. 감사단장은 원칙적으로 실지감사기간 내에 감사를 종결하고, 감사목적의 달성을 위하여 필요한 경우 실지감사 종료 전에 감사대상기관 또는 부서를 대상으로 주요 감사결과를 설명하고 이에 대한 의견을 듣는 감사마감회의를 개최할 수 있다.

감사기구의 책임자는 감사의 실효성을 확보하기 위하여 감사 중에 있는 위법·부당사항에 대하여는 감사결과 처분요구 등이 있기 전에 감사대상기관 또는 부서에서 사전조치를 할 수 없도록 해당 감사대상기관의 장에게 통보하여야 한다. 또한 감사기구의 장은 자체감사기구가 소속된 기관의 주요 정책 등을 집행하는 집행기구의 장에게 일상감사를 의뢰하도록 할 수 있다.

이번 장에서는 실지감사의 지휘와 관리에 대해서 살펴본다. 따라서 다음과 같은 세 가지의 학습목표를 제시한다.

1) 감사단장은 실지감사를 지휘·감독하기 위해서 무엇을 해야 하는지 파악하게
   된다.

2) 감사기구의 장은 감사 중인 사건을 어떻게 처리하여야 하는지 알게 된다.

3) 감사기구의 장은 일상감사와 관련하여 어떤 조치를 취할 수 있는지 이해하게
   된다.

학습이 끝나고 나면...

① 감사단장은 실지감사를 지휘·감독하기 위해 무엇을 해야 하는지 알게 된다.

② 감사기구의 장은 감사 중인 사건을 어떻게 처리해야 하는지 숙지하게 된다.

③ 감사기구의 장은 일상감사를 어떻게 처리해야 하는지 파악하게 된다.

≫ 학습 ≪

1절 실지감사의 지휘 및 종결

「자체감사기준」제17-19조

제17조(실지감사의 지휘와 책임 등) ① 감사기구의 장은 실지감사를 위하여 제13조제 2항에 따라 감사단을 편성하고자 할 때에는 감사단장을 지정하여 감사단을 지휘·감독하도록 하여야 한다.

② 제1항에 따른 지휘·감독은 다음 각 호의 사항을 포함한다.

　　1. 감사목적과 임무의 주지

　　2. 감사기법의 지도 및 현장 교육

　　3. 감사업무 수행내용의 검토

　　4. 개인별 감사사무분장의 변경

　　5. 그 밖에 실지감사의 목적을 달성하는데 필요한 사항

③ 감사단장은 실지감사의 목적을 달성하기 위하여 제13조에 따른 감사계획을 변경할 필요가 있거나, 감사계획에 포함되지 않은 기관 또는 사항을 감사할 필요가 있는 경우에는 감사기구의 장에게 보고하고 그 지시에 따라야 한다.

④ 감사단장은 감사담당자가 고의 또는 중과실로 감사업무를 위법 또는 부당하게 수행한 때에는 연대하여 책임을 진다. 다만, 감사단장이 해당 감사담당자에 대한 지휘와 감독에 정당한 주의의무를 다한 경우에는 그러하지 아니한다.

제18조(실지감사 상황보고) ① 감사담당자는 실지감사 활동내역을 구체적으로 기록한 일일 감사실시상황을 작성하여 감사단장에게 보고하고 그 지휘에 따라야 한다.

② 감사단장은 제1항에 따른 일일 감사실시상황을 종합하여 감사기구의 장에게 수시로 보고하여야 한다.

③ 감사담당자는 실지감사기간 중에 제13조제1항제3호에 따른 개인별 감사사무분장 외의 사항을 감사하고자 할 때에는 감사단장에게 보고하고 그 지시에 따라야 한다.

제19조(실지감사의 종결 등) ① 감사단장은 실지감사기간 내에 감사를 종결하여야 한다. 다만, 감사목적의 달성을 위하여 필요한 경우 감사기구의 장에게 사유를 보고하고 실지감사기간을 연장할 수 있다.
② 감사목적의 달성을 위하여 필요한 경우 실지감사 종료 전에 감사대상기관 또는 부서를 대상으로 주요 감사결과를 설명하고 이에 대한 의견을 들을 수 있다.

1. 실지감사의 지휘와 책임

1) 실지감사의 지휘

감사활동은 감사인의 개인적인 역량과 감사기구의 조직적인 역량에 의해서 영향을 받는다. 감사업무의 성과를 극대화하기 위해서는 개별 감사인이 자신의 업무를 충실히 이행할 뿐만 아니라, 감사인끼리 긴밀한 협력과 유기적인 연계를 통한 감사업무의 일체화가 긴요하다. 따라서 실지감사의 책임자는 개별 감사인의 업무가 전체적으로 감사목적 달성과 감사성과 확보에 기여할 수 있도록 적절히 지휘·감독하여야 한다.

감사기구의 장은 실지감사를 통해서 감사목적을 달성하고 감사성과를 확보할 수 있도록 감사담당자의 전문지식과 실무경험 등을 고려하여 감사단을 편성하고 **개인별 감사사무분장**을 정하여야 한다. 감사단을 편성할 때에는 감사단장을 지정하여 감사단을 지휘·감독하도록 하여야 한다.

감사단장의 지휘·감독은 다음과 같은 내용을 포함한다.
① 감사목적과 임무의 주지
② 감사기법의 지도 및 현장 교육
③ 감사업무 수행내용의 검토
④ 개인별 감사사무분장의 변경
⑤ 그 밖에 실지감사의 목적을 달성하는데 필요한 사항

감사단장의 지휘·감독 활동을 부연해서 설명하면 다음과 같다.

첫째, 감사단장과 같은 실지감사의 책임자는 실지감사 개시 전일까지 감사단에 편성된 감사인을 대상으로 감사의 목적, 감사대상기관의 기능, 감사대상기관의 특수성, 감사인의 임무분장, 감사착안사항 및 감사기법 등 감사계획의 주요 내용에 대한 교육을 실시하여야 한다. 즉, 실지감사 책임자는 감사인들이 감사실시과정에서 무엇을, 왜 해야 하는지를 명확히 인식할 수 있도록 하여야 한다.

둘째, 실지감사의 책임자는 자신의 전문지식과 실무경험을 활용하여 감사실시 과정에서 감사절차와 감사기법 등 감사인의 감사업무 수행이 자체감사기준 및 현장의 상황과 부합하는지를 검토하고, 예상되는 문제점과 대응방안 등에 관하여 감사인과 협의하거나 감사인을 지도·교육하여야 한다. 실무경험이 많은 감사인에 대하여는 포괄적인 감독에 그쳐도 무방하지만, 경험이 적은 감사인에 대하여는 감사자료의 수집과 감사기법에 이르기까지 구체적이고 치밀한 지도와 감독이 반드시 필요하다.

셋째, 실지감사의 책임자는 감사실시 현장에서 감사인이 작성한 **일일 감사실시 상황**과 같은 감사보고 등을 수시로 그리고 충실히 검토하여야 한다. 이러한 검토는 감사인의 지휘·감독·교육·훈련에 기여하며, 감사계획의 시행과 신축적인 수정을 통해 감사업무가 효과적으로 수행될 수 있도록 도와준다.

감사단장은 실지감사의 목적을 달성하기 위하여 감사를 실시하기 전에 수립된 감사계획을 변경할 필요가 있거나, 감사계획에 포함되지 않은 기관 또는 사항을 추가로 감사할 필요가 있는 경우에는 감사기구의 장에게 보고하고 그 지시에 따라야 한다.

2) 감사책임

「자체감사기준」제17조 제4항에서는 **감사책임**에 관하여 정하고 있다. 즉, 감사단장은 감사담당자가 고의 또는 중과실로 감사업무를 위법 또는 부당하게 수행한 때에는 연대하여 책임을 진다. 다만, 감사단장이 해당 감사담당자에 대한 지휘와 감독에 **정당한 주의의무**를 다한 경우에는 그러하지 아니한다.

참고로 감사원 「감사활동수칙」제13조에는 감사책임에 관하여 규정하고 있는데, 감사단장은 감사와 관련하여 다음의 어느 하나에 해당하는 사항이 발생하였을 때에는 직원과 연대하여 책임을 지도록 하고 있다.

① 정당한 주의의무를 다하면 발견할 수 있는 중요한 비리내용을 발견하지 못하여 사회적 물의를 일으킨 경우
② **과잉감사** 또는 **편파감사** 등으로 사회적 물의를 일으킨 경우
③ 직원이 감사관계자로부터 금품 등을 수수하는 것과 같이 사회적 물의를 일으킨 경우
④ 감사관련 자료 중 일반에게 공개되지 아니한 자료로서 공개될 경우 감사수행이나 결과처리에 영향을 주는 감사자료의 사전 유출 등 현저한 관리 소홀로 사회적 물의를 일으킨 경우

「자체감사기준」제18조는 실지감사 상황보고에 관하여 규정하고 있는데 먼저 감사담당자는 실지감사 활동내역을 구체적으로 기록한 **일일 감사실시상황**을 작성하여 감사단장에게 보고하고 그 지휘에 따라야 한다. 감사단장은 보고된 일일 감사실시상황을 종합하여 감사기구의 장에게 수시로 보고한다. 감사담당자가 실지감사기간 중에 당초 감사계획상의 개인별 감사사무분장 외의 사항을 감사하고자 할 때에는 감사단장에게 보고하고 그 지시에 따라야 한다.

2. 실지감사의 종결

「자체감사기준」 제19조는 실지감사의 종결에 관하여 규정하고 있는데 감사단장은 실지감사기간 내에 감사를 종결하도록 하고 있다. 다만, 감사목적의 달성을 위하여 필요한 경우 감사기구의 장에게 사유를 보고하고 실지감사기간을 연장할 수 있다.

감사단장은 감사목적의 달성을 위하여 필요한 경우 실지감사 종료 전에 감사대상기관 또는 부서를 대상으로 주요 감사결과를 설명하고 이에 대한 의견을 들을 수 있는데 이를 '**감사마감회의**(audit exit conference)'라고 한다.

감사단장은 감사의 성격이나 규모 등을 참작하여 필요한 경우 감사 종료 전에 '감사마감회의'를 개최하여 주요 지적사항을 설명하고 수감기관의 의견을 폭 넓게 수렴하되, 감사대상기관장에게 감사결과개요를 설명하는 것으로 대체할 수 있다.(감사원 「실지감사 실시요령」 참고)

감사마감회의에서 설명하는 내용에는 다음과 같은 것들이 포함된다.

① 주요 적출사항에 대한 설명
② 주요 적출사항의 문제점 발생원인과 배경 등에 대한 의견 수렴
③ 문제점의 개선 또는 보완을 위한 대안 논의
④ 입건 대상은 아니나 수감기관의 자율적인 검토가 요망되는 사항

「자체감사기준」 제20조

제20조(감사 중인 사건의 처리) ① 감사기구의 장은 감사의 실효성을 확보하기 위하여 감사 중에 있는 위법·부당사항에 대하여는 감사결과 처분요구 등이 있기 전에 감사대상기관 또는 부서에서 사전조치를 할 수 없도록 그 내용을 서면으로 작성하여 해당 감사대상기관의 장 또는 부서의 장에게 통보하여야 한다. 다만, 제25조제4항에 따라 현지에서 시정조치하거나 사전조치를 해야 할 특별한 사정이 있는 경우 그러하지 아니하다.

② 감사기구의 장은 감사 중에 있는 사항으로서 범죄혐의가 있다고 인정되고 증거인멸이나 도피의 우려가 있는 경우에는 수사기관에 수사를 의뢰할 수 있다.

「자체감사기준」 제20조는 감사 중인 사건의 처리에 관하여 규정하고 있다. 즉, 감사기구의 장은 감사의 실효성을 확보하기 위하여 감사 중에 있는 위법·부당사항에 대하여는 감사결과 처분요구 등이 있기 전에 감사대상기관 또는 부서에서 사전조치를 할 수 없도록 그 내용을 서면으로 작성하여 해당 감사대상기관의 장 또는 부서의 장에게 통보한다.

다만, 제25조제4항에 따라 경미한 사항으로서 현지에서 시정조치하거나 사전조치를 해야 할 특별한 사정이 있는 경우에는 현지에서 감사대상기관의 장에게 그 시정을 요구할 수 있다.

감사기구의 장은 감사 중에 있는 사항으로서 **범죄혐의**가 있다고 인정되고 증거인멸이나 도피의 우려가 있는 경우에는 수사기관에 수사를 의뢰할 수 있다.

3절 일상감사의 처리

「자체감사기준」 제21조

제21조(일상감사의 처리) ① 감사기구의 장은 집행부서의 장이 영 제13조제2항 각 호에
따른 업무에 대하여 일상감사를 의뢰하지 않은 경우 집행부서의 장에게 일상감사를
의뢰하도록 할 수 있다.

② 감사담당자등은 일상감사의 처리를 위하여 필요한 경우 집행부서의 장 및 그 직원
에 대하여 법 제20조제1항 각 호에 따른 조치를 할 수 있다.

③ 제2항에 따른 조치를 요구받은 집행부서의 장 및 그 직원은 정당한 사유가 없는 한
그 요구에 따라야 한다.

④ 감사기구의 장은 영 제13조제4항에 따라 통보받은 조치결과가 적정하지 않다고 판
단되는 때에는 집행부서의 장에게 그 내용을 통보하고, 소속기관의 장에게 이를 보
고하여야 한다.

⑤ 감사기구의 장은 일상감사의 접수·처리상황을 관리하기 위하여 일상감사처리대장
을 작성·비치하여야 한다.

감사기구의 장은 자체감사기구가 소속된 기관의 주요 정책 등을 집행하는 집행
부서의 장이 「공공감사에 관한 법률 시행령」 제13조제2항 각 호에 따라 다음과 같은
업무에 대하여 **일상감사**를 의뢰하지 않은 경우 집행부서의 장에게 일상감사를 의뢰하
도록 할 수 있다.

① 주요 정책의 집행업무
② 계약업무
③ 예산관리 업무
④ 그 밖에 중앙행정기관 등의 장 또는 감사기구의 장이 필요하다고
　 인정하는 업무

감사담당자는 일상감사의 처리를 위하여 필요한 경우 집행부서의 장 및 그 직원에 대하여 공감법 제20조제1항에 따라 다음과 같은 조치를 취할 수 있다.

① 출석·답변의 요구(「정보통신망 이용촉진 및 정보보호 등에 관한 법률」에 따른 정보통신망을 이용한 요구를 포함한다)
② 관계 서류·장부 및 물품 등의 제출 요구
③ 전산정보시스템에 입력된 자료의 조사
④ 금고·창고·장부 및 물품 등의 봉인 요구

이와 같은 조치를 요구받은 집행부서의 장 및 그 직원은 정당한 사유가 없는 한 그 요구에 따라야 한다.

집행부서의 장은 감사기구의 장의 의견에 대하여 적절한 조치를 하고 조치결과를 감사기구의 장에게 통보해야 하는데(공감법시행령 제13조제4항) 감사기구의 장이 통보받은 조치결과가 적정하지 않다고 판단되는 때에는 집행부서의 장에게 그 내용을 통보하고, 소속기관의 장에게 이를 보고하여야 한다.

감사기구의 장은 일상감사의 접수·처리상황을 관리하기 위하여 일상감사처리대장을 작성·비치하여야 한다.

≫ 7장 평가문제 ≪

1. 감사기구의 장은 감사단 편성 시에 감사단장을 지정하여 감사단을 지휘·감독하도록 하여야 하는데 다음 중 지휘·감독의 내용에 해당되지 않는 것은?

① 감사목적과 임무의 주지

② 감사기법의 지도 및 현장 교육

③ 감사업무 수행내용의 검토

④ 감사목적의 변경

2. 실지감사 중의 보고와 관련된 다음의 서술 중 옳지 않은 것은 무엇인가?

① 감사단장은 실지감사의 목적을 달성하기 위하여 감사계획에 포함되지 않은 사항을 감사할 필요가 있는 경우에 정당한 주의의무를 다하면 감사기구의 장에게 반드시 보고하지 않아도 된다.

② 감사담당자는 실지감사 활동내역을 구체적으로 기록한 일일 감사실시상황을 작성하여 감사단장에게 보고하고 그 지휘에 따라야 한다.

③ 감사단장은 일일 감사실시상황을 종합하여 감사기구의 장에게 수시로 보고하여야 한다.

④ 감사담당자는 실지감사기간 중에 개인별 감사사무분장 외의 사항을 감사하고자 할 때에는 감사단장에게 보고하고 그 지시에 따라야 한다.

3. 다음 일상감사의 처리에 관한 「자체감사기준」의 내용 중 사실이 아닌 것은?

① 감사기구의 장은 집행부서의 장이 주요 정책집행, 계약 및 예산관리 업무 등에 대하여 일상감사를 의뢰하도록 할 수 있다.

② 감사담당자는 필요한 경우 출석·답변의 요구, 관계 서류·장부 및 물품 등의 제출을 요구할 수 있으나, 금고 봉인 요구는 할 수 없다.

③ 감사기구의 장이 집행부서의 장으로부터 통보받은 조치결과가 적정하지 않다고 판단되는 때에는 집행부서의 장에게 그 내용을 통보하고, 소속기관의 장에게 이를 보고하여야 한다.

④ 감사기구의 장은 일상감사의 접수·처리상황을 관리하기 위하여 일상감사 처리대장을 작성·비치하여야 한다.

/정/답/ 1. ④ 2. ① 3. ②

〈해설〉

1. 감사기구의 장은 실지감사를 위하여 감사단을 편성하고자 할 때에는 감사단장을 지정하여 감사단을 지휘·감독하도록 하여야 하는데 지휘·감독은 감사목적과 임무의 주지, 감사기법의 지도 및 현장 교육, 감사업무 수행내용의 검토, 개인별 감사사무분장의 변경 및 그 밖에 실지감사의 목적을 달성하는데 필요한 사항을 포함한다.

2. 감사단장은 실지감사의 목적을 달성하기 위하여 감사계획을 변경할 필요가 있거나, 감사계획에 포함되지 않은 기관 또는 사항을 감사할 필요가 있는 경우에는 감사기구의 장에게 보고하고 그 지시에 따라야 한다.

3. 감사담당자등은 일상감사의 처리를 위하여 필요한 경우 집행부서의 장과 직원에 대하여 「공공감사에 관한 법률」 제20조제1항에 따라 다음과 같은 조치를 취할 수 있다.
   ① 출석·답변의 요구(법률에 따른 정보통신망을 이용한 요구를 포함)
   ② 관계 서류·장부 및 물품 등의 제출 요구
   ③ 전산정보시스템에 입력된 자료의 조사
   ④ 금고·창고·장부 및 물품 등의 봉인 요구

7장 요약

☐ 감사기구의 장은 실지감사를 수행할 때에 감사목적을 달성하고 감사성과를 확보할 수 있도록 감사담당자의 전문지식 및 실무경험 등을 고려하여 감사단을 편성하고 감사단장을 지정하여 감사단을 지휘·감독하도록 하여야 한다. 감사단장은 감사담당자가 고의 또는 중과실로 감사업무를 위법 또는 부당하게 수행한 때에는 연대하여 책임을 진다. 감사단장은 원칙적으로 실지감사기간 내에 감사를 종결하고, 감사목적의 달성을 위하여 필요한 경우 실지감사 종료 전에 감사대상기관 또는 부서를 대상으로 주요 감사결과를 설명하고 이에 대한 의견을 들을 수 있다.

☐ 감사기구의 장은 감사의 실효성을 확보하기 위하여 감사 중에 있는 위법·부당 사항에 대하여는 감사결과 처분요구 등이 있기 전에 감사대상기관 또는 부서에서 사전조치를 할 수 없도록 해당 감사대상기관의 장에게 통보하여야 한다. 또한 감사기구의 장은 감사 중에 있는 사항으로서 범죄혐의가 있다고 인정되고 증거인멸이나 도피의 우려가 있는 경우에는 수사기관에 수사를 의뢰할 수 있다.

☐ 감사기구의 장은 자체감사기구가 소속된 기관의 주요 정책 등을 집행하는 집행부서의 장이 주요 정책의 집행업무, 계약업무, 예산관리 업무 및 그 밖에 중앙행정기관 등의 장 또는 감사기구의 장이 필요하다고 인정하는 업무에 대하여 일상감사를 의뢰하지 않은 경우 집행부서의 장에게 일상감사를 의뢰하도록 할 수 있다. 감사담당자등은 일상감사의 처리를 위하여 필요한 경우 집행부서의 장 및 그 직원에 대하여 출석·답변의 요구, 관계 서류·장부 및 물품 등의 제출 요구, 전산정보시스템에 입력된 자료의 조사, 금고·창고·장부 및 물품 등의 봉인 요구를 할 수 있다.

8장 감사증거와 판단기준

>> 인트로 <<

이번 장에서 학습할 주요 내용은...

- 증거서류의 확보
- 확인서의 징구
- 감사결과의 도출

　감사증거는 감사대상이 되는 사항의 진위와 적법·타당성 여부에 관한 감사인의 판단을 객관적으로 뒷받침할 수 있는 자료를 말한다. 따라서 **감사증거 수집기법**은 감사기법 그 자체라고도 할 수 있다. 감사활동 및 감사결과의 적정성은 이를 입증할 수 있는 감사증거에 의하여 판단한다. 이러한 의미에서 감사는 감사증거의 수집 및 검증 과정이라고도 할 수 있다.

　감사인은 감사결과 처리가 필요한 사항의 증거를 보강하기 위하여 필요한 경우 관계자로부터 관련 사항에 대한 사실관계 등을 기술한 확인서를 받을 수 있다. 또한 감사결과 처리가 필요한 사항이 변상명령, 징계 또는 문책사유에 해당하거나 그 밖에 중요한 사안에 관련된 경우 관계자의 책임소재와 한계를 규명하고 행위의 동기, 배경 또는 변명을 듣기 위하여 필요한 경우에는 문답서를 작성한다. 감사기구의 책임자는 감사결과 처리가 필요한 사항에 관하여 그 사유 및 개선방안 등을 듣기 위하여 필요한 경우 적정한 직위의 책임자에게 질문서를 발부하고 답변서를 징구한다. 감사인은 이같이 수집한 감사증거를 바탕으로 합법성, 경제성, 효율성, 효과성, 형평성 등의 **감사판단기준**을 종합적으로 검토하여 감사결과를 도출하게 된다.

이번 장의 학습목표는 다음과 같은 세 가지이다.

1) 감사결과 처리가 필요한 사항의 입증을 위하여 증거서류를 확보하고자 할 때 어떤 점에 유의하여야 하는지 파악하게 된다.

2) 증거를 보강하기 위하여 확인서·문답서·질문서를 작성하는 법을 숙지하게 된다.

3) 감사증거를 바탕으로 감사결과를 도출하기 위한 감사판단기준에 대해 이해하게 된다.

 학습이 끝나고 나면…

① 감사담당자는 감사결과 처리가 필요한 사항의 입증을 위하여 증거서류를 확보하고자 할 때 어떤 점에 유의하여야 하는지 말할 수 있다.

② 감사담당자는 증거를 보강하기 위하여 확인서·문답서·질문서를 작성하는 법을 설명할 수 있다.

③ 감사증거를 바탕으로 감사결과를 도출하기 위한 감사 판단기준에 대해 설명할 수 있다.

>> 학습 <<

1절 증거서류의 확보

「자체감사기준」 제22조

제22조 (증거서류의 확보 등) ① 감사담당자등은 감사결과 처리가 필요한 사항에 대하여는 그 입증을 위하여 필요한 관계서류 등의 등본 또는 사본을 징구하고, 그 대상이 물건이나 상태인 경우 사진 촬영 등의 방법으로 증거를 확보하여 추가적인 감사나 법적 분쟁 등이 발생하지 않도록 하여야 한다.

② 감사담당자등은 증거서류의 증거능력과 감사대상기관 또는 부서의 부담정도 등을 고려하여 적정하고도 충분한 증거를 확보하여야 한다.

③ 감사담당자등은 증거서류의 신빙성을 확보하기 위하여 증거서류의 출처와 근거를 명시하여야 한다. 다만, 비밀유지 등을 위하여 필요한 경우 출처를 명시하지 아니할 수 있다.

④ 감사담당자등은 증거인멸의 우려가 있는 경우 금고·창고·장부 및 물품 등을 봉인하는 등의 방법으로 즉시 증거를 확보하고, 필요한 경우 수사기관에 협조를 요청하는 등 증거 확보를 위한 조치를 하여야 한다.

1. 감사증거의 의의

감사증거는 감사대상이 되는 사항의 진위와 적법·타당성 여부에 관한 감사인의 판단을 객관적으로 뒷받침할 수 있는 자료를 말한다. 따라서 **감사증거 수집기법**은 감사기법 그 자체라고도 할 수 있다. 감사증거는 감사인이 검증할 수 있어야 하고, 감사목적과 부합되는 합목적성을 지녀야하며, 감사의견의 형성에 필요하고도 충분한 정보를 포함해야 한다. 나아가 감사인이 신뢰할 수 있어야 한다.

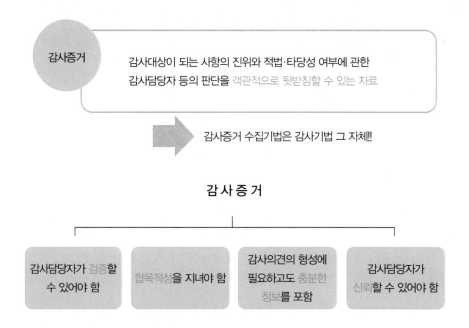

감사증거

감사대상이 되는 사항의 진위와 적법·타당성 여부에 관한
감사담당자 등의 판단을 객관적으로 뒷받침할 수 있는 자료

감사증거 수집기법은 감사기법 그 자체!!

감 사 증 거

| 감사담당자가 검증할 수 있어야 함 | 합목적성을 지녀야 함 | 감사의견의 형성에 필요하고도 충분한 정보를 포함 | 감사담당자가 신뢰할 수 있어야 함 |

감사활동이나 감사결과의 적정성은 이를 입증할 수 있는 감사증거에 의하여 판단한다. 이러한 의미에서 감사는 감사증거의 수집과 검증과정이라고도 할 수 있다. 감사증거는 처분(요구)의 대상이 되는 위법·부당사항의 입증뿐만 아니라 감사대상업무가 적법·타당하게 수행되었음을 입증하기 위해서도 필요하다.

감사활동 및 감사결과의 적정성 **감사증거에 의하여 판단**
'감사는 감사증거의 수집 및 검증과정'

감사업무의 수행과정에서 감사대상업무의 처리가 위법·부당하다는 사실이 입증되기 전까지는 그러한 처리가 적법·타당하다고 간주하여야 하며, 위법·부당성은 이를 주장하는 감사인이 입증하여야 한다.

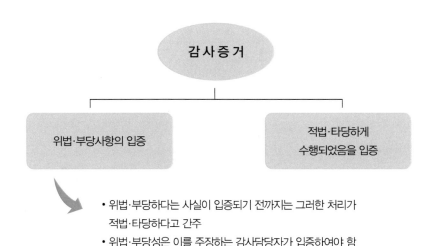

위법·부당하다는 사실이 입증되기 전까지는 그러한 처리가
적법·타당하다고 간주
위법·부당성은 이를 주장하는 감사담당자가 입증하여야 함

2. 감사증거의 종류

1) 수집방법에 따른 분류

① 인증(人證): 사람이 진술자로서 행한 진술내용(문답서, 확인서, 감정 등)
② 물증(物證): 물체 또는 사람의 신체가 증거로 되는 경우(실물 표본 등)
③ 증거서류: 서면에 나타난 내용의 의미가 증거가 되는 것(사본, 등본 등)

2) 형태에 따른 분류

① 물리적 증거(physical evidence): 감사인이 사람·재산 또는 사업 등에 대해 직접 검사하거나 관찰하여 얻은 증거(비망록, 그림, 차트, 지도, 실물 표본 등).

② 서면증거(documentary evidence): 서한, 계약서, 회계기록, 송장 등 문서의 형태로 만들어진 것.

③ 증언적 증거(testimonial evidence): 조사, 면담, 질문 등을 통하여 획득한 것.

④ 분석적 증거(analytical evidence): 계산, 비교, 요인별 정보분류 또는 합리적인 논증 등으로부터 획득한 것.

형태에 따른 분류

물리적 증거 (physical evidence)	서면증거 (documentary evidence)	증언적 증거 (testimonial evidence)	분석적 증거 (analytical evidence)
사람·재산 또는 사업 등에 대해 직접 검사하거나 관찰하여 얻은 증거 (비망록, 그림, 차트, 지도, 실물 표본 등)	서한, 계약서, 회계기록, 송장 등 문서의 형태로 만들어진 것	조사, 면담, 질문 등을 통하여 획득한 것	계산, 비교, 요인별 정보분류 또는 합리적인 논증 등으로부터 획득한 것

3) 요증(要證)사실과의 관련 정도에 따른 분류

① 직접증거: 요증사실을 직접적으로 증명하는 증거(수수금품).

② 간접증거: 요증사실을 간접적으로 증명하는 증거(정황증거).

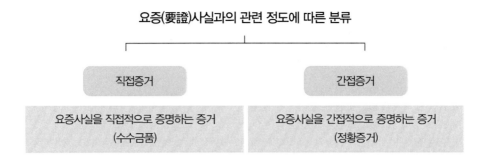

4) 감사증거의 긍정성 여부에 따른 분류

　① 본증: 입증책임을 지는 감사인이 수집하여 제출하는 증거.

　② 반증: 본증에 의하여 입증되는 사실을 부정하기 위하여 수감자 등이 제출하
　　는 증거(소명자료 등).

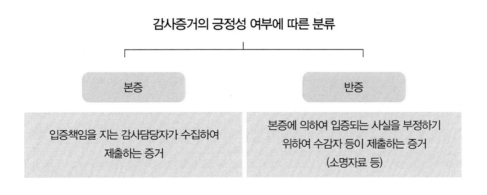

3. 감사증거의 수집원칙

1) 관련성(relevance)

　　감사증거는 감사목적의 달성에 기여할 수 있도록 감사목적과 관련성을 지녀야한다. 관련성은 정보를 이용하지 않는 의사결정을 하는 경우에 비하여, 정보를 이용한 의사결정의 내용에 차이가 발생하는 정도를 말한다. 따라서 정보가 정보이용자의

기대를 확인 또는 변화시킬 때 그러한 정보는 관련성을 지닌다고 할 수 있다. 감사증거는 감사인이 검증하려고 하는 감사목적과 부합해야 하는 것이다.

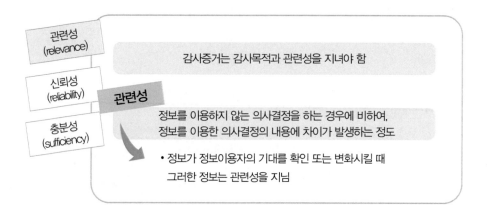

2) 신뢰성(reliability)

감사증거는 신뢰성을 지녀야 한다. 신뢰성은 감사증거를 질적으로 믿을 수 있는 정도로서, 감사증거가 아무리 감사목적과 부합하거나 양적으로 충분하더라도 질적인 신뢰성이 낮으면 그 증거능력은 감소하게 된다. 신뢰성은 그 출처와 성격에 의해 영향을 받는다.

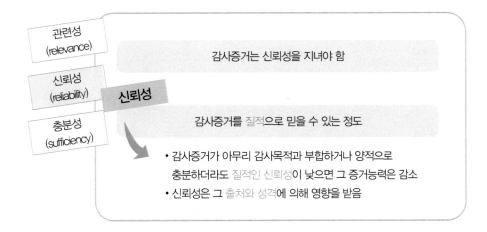

관련성
(relevance)

신뢰성
(reliability)

충분성
(sufficiency)

신뢰성

감사증거는 신뢰성을 지녀야 함

감사증거를 질적으로 믿을 수 있는 정도

• 감사증거가 아무리 감사목적과 부합하거나 양적으로
  충분하더라도 질적인 신뢰성이 낮으면 그 증거능력은 감소
• 신뢰성은 그 출처와 성격에 의해 영향을 받음

3) 충분성(sufficiency)

감사증거는 감사의 중요성 수준에 대응하여 감사의견의 형성에 필요한 만큼 충분한 양을 확보해야 한다.

① 대부분의 경우에 한 가지 원천(source)에서만 획득한 감사증거는 충분하다고 볼 수 없으므로, 감사인은 다양한 원천으로부터 감사증거를 수집할 필요가 있다. 다양한 원천이나 성격의 감사증거 항목들이 일성을 지닐수록 감사증거의 설득력은 높아진다.

② 또한 감사증거의 항목을 개별적으로 고려했을 때보다 일괄적으로 고려했을 때 감사인의 자신감은 증가한다. 이 경우 하나의 원천에서 수집한 감사증거가 다른 원천에서 수집한 것과 부합하지 않을 때 감사인은 추가적인 감사절차의 적용 여부를 결정해야 한다.

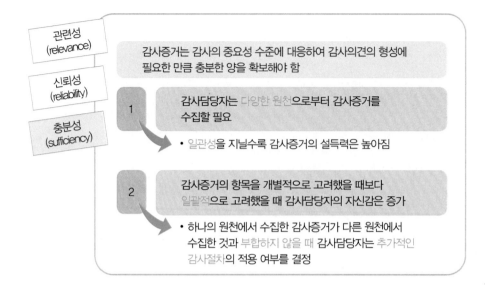

관련성
(relevance)

신뢰성
(reliability)

충분성
(sufficiency)

감사증거는 감사의 중요성 수준에 대응하여 감사의견의 형성에
필요한 만큼 충분한 양을 확보해야 함

1 감사담당자는 다양한 원천으로부터 감사증거를
수집할 필요

• 일관성을 지닐수록 감사증거의 설득력은 높아짐

2 감사증거의 항목을 개별적으로 고려했을 때보다
일괄적으로 고려했을 때 감사담당자의 자신감은 증가

• 하나의 원천에서 수집한 감사증거가 다른 원천에서
수집한 것과 부합하지 않을 때 감사담당자는 추가적인
감사절차의 적용 여부를 결정

4. 감사증거의 수집기법

1) 전통적 수집기법

감사목적에 따라 다음의 기법들 중 하나 또는 둘 이상을 선택적으로 적용하여
감사증거를 수집한다.

(1) 현장 확인
서류검토 전이나 검토 중에 확인하면 서류내용의 이해에 도움이 된다.

(2) 실물 확인
봉인에 의하여 현물의 수량 또는 유효성을 직접 조사한다.

(3) 입회 확인
감사대상기관의 재고조사 현장에 감사인이 입회하여 그 실시상황을 관찰하고
정부(正否)를 확인한다.

(4) 조회

거래처 등에 채권, 채무 등 회계기록과 관련된 확인의뢰서를 발송하여 문서에 의한 회답을 징구한다.

(5) 문서 검증

기장자료인 증거서류와 관계장부의 기록을 대조하여 기록의 정부(正否)를 확인하거나 관계장부간 기록내용의 상호일치 여부를 대조한다.

(6) 질문

수감자 또는 감사사항과 관련이 있는 자에게 질문을 하고 그에 대한 응답에서 새로운 정보나 확인적 감사증거를 입수한다.

(7) 계산 검증

원시증거서류와 회계기록의 가로 또는 세로의 합계액, 잔액, 적수 등을 검산하여 그 산술적인 정확성을 확인한다.

(8) 재수행

수감자가 수행한 업무처리 절차를 감사인이 재수행하여 차이의 여부와 그 정도를 발견한다.

(9) 개관

장부·증빙자료·기타자료·임직원의 업무등을 개략적으로 관찰하여 비정상적인 사항 또는 중요한 사항의 유무를 확인한다.

(10) 분석적 검토

각 회계계정의 구성내용을 분석하거나, 중요한 재무비율 및 추이를 분석하여 그 차이점 또는 불규칙성 등을 검토하거나, 각각 다른 원천으로부터 입수된 상호 관련되는 여러 개의 수치를 비교하여 예측치 또는 관련 정보와의 일치 여부에 의하여 그 정부(正否)를 입증한다.

(11) 협조 요구
필요한 경우에 감사대상기관 외의 자에 대하여 자료의 제출이나 출석, 답변을 요구한다.

전통적 수집기법	감사목적에 따라 다음의 기법들 중 하나 또는 둘 이상을 선택적으로 적용하여 감사증거를 수집
현장확인	서류검토 전이나 검토 중에 확인하면 서류내용의 이해에 도움
실물확인	금고검사 등에 의하여 현물의 수량 또는 유효성을 직접 조사
입회확인	감사대상기관의 재고조사 현장에 감사담당자가 입회하여 그 실시상황을 관찰하고 정부(正否)를 확인
조회	거래처 등에 채권·채무의 금액 또는 실재성 등과 관련된 조회서를 발송하여 문서에 의한 회답을 징구
문서검증	기장자료인 증거서류와 관계장부의 기록을 대조하여 기록의 정확성 여부를 확인하거나 관계장부간 기록내용의 상호일치 여부를 대조
질문	수감자 또는 감사사항과 관련 있는 자에게 질문을 하고 그에 대한 응답에서 새로운 정보나 확인적 감사증거를 입수
계산검증	원시증빙서류와 회계기록의 가로 또는 세로의 합계액, 잔액 등을 검산하여 그 산술적인 정확성을 확인
재수행	수감자가 수행한 업무처리 절차를 감사인이 재수행하여 차이의 여부와 그 정도를 발견
개관	장부·증빙자료·기타자료·임직원의 업무 등을 개략적으로 관찰하여 비정상적인 사항 또는 중요한 사항의 유무를 확인
분석적 검토	각 회계계정의 구성내용을 분석하거나, 중요한 재무비율 및 추이를 분석하여 그 차이점 또는 불규칙성 등을 검토하거나, 각각 다른 원천으로부터 입수된 상호 관련되는 여러 개의 수치를 비교하여 예측치 또는 관련 정보와의 일치 여부에 의하여 그 정부(正否)를 입증

협조요구	필요한 경우에 감사대상기관 외의 자에 대하여 자료의 제출이나 출석, 답변을 요구

2) 심층적·분석적 수집기법

특히 근래에 중요성이 더욱 강조되고 있는 성과감사의 경우 자료를 체계적, 심층적, 분석적으로 수집하기 위하여 다양한 자료수집, 분석방법이 사용된다.

(1) 인터뷰(interview)

인터뷰는 대화를 통해 필요한 자료를 수집하는 기법이다. 인터뷰는 보통 가장 빈번하게 활용되는 수집기법이라고 할 수 있으며, 정도의 차이는 있겠지만 모든 감사에서 일정 정도의 인터뷰가 수행된다.

감사계획단계에서 대상기관의 업무를 이해하고 이슈를 찾아내는 데 도움이 되는 서류, 의견 및 아이디어를 얻을 수 있다. 감사실시단계에서는 사실을 확인하고, 관련되는 자료를 요청하며, 수집된 자료를 보완하고, 개선대안을 찾아내는 데 사용될 수 있다.

인터뷰
- 대화를 통해 필요한 자료를 수집하는 기법
- 가장 빈번하게 활용되는 수집기법
- 모든 감사에서 일정 정도의 인터뷰 실시

감사계획단계
대상기관의 업무를 이해하고 문제점을 찾아내는 데 도움이 되는 서류, 의견 및 아이디어를 획득

감사실시단계
사실을 확인하고, 관련되는 자료를 요청하며, 수집된 자료를 보완하고, 개선대안을 찾아내는 데 사용

(2) 서류 및 데이터베이스 검토

감사대상기관의 서류 및 데이터베이스 검토는 감사계획단계에서 감사대상기관에 대한 이해, 중요한 이슈의 역사적인 맥락 파악, 인터뷰 등 다른 출처로부터 얻은 자료를 보완 또는 확인하기 위하여 주로 사용된다.

서류, 데이터베이스 등의 자료를 잘 활용하기 위해서는 감사인이 평소에 감사대상기관이 어떤 종류의 자료 또는 정보를 산출·수집하고 있는지를 파악하고 있는 것이 중요하다. 대상기관의 자료 등을 잘 활용하면 대상기관을 좀 더 잘 이해할 수 있으며 감사에 투입되는 시간과 비용을 줄이고 감사결과 발견한 사항의 신뢰성을 높일 수 있게 된다.

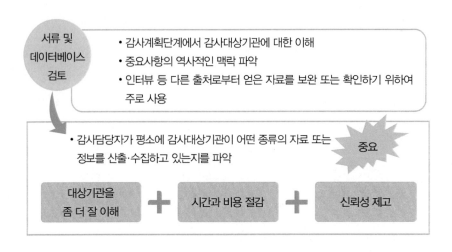

(3) 연구자료 등 검토와 활용

행정기관 또는 연구소 등에는 각종의 자문, 내부감사, 평가 등에 관한 보고서와 같은 연구자료가 많이 있다. 그것들은 출판되지 않은 경우가 많다는 점에서 일반적인 문헌과 차이가 있다. 이미 연구가 이루어진 분야에 대한 감사를 하는 감사인들은 미리 그 자료들을 찾아내는 경우 동일한 작업을 반복하지 않고 활용할 수 있다.

감사계획단계에서는 대상기관이 이미 스스로 문제점을 찾아내고 개선노력을 하고 있는지를 파악하는 것이 중요하다. 과거의 연구결과를 찾아내어 검토하면 감사판단기준을 찾아낼 수도 있다.

기존의 연구에 나타난 이슈나 증거를 감사보고서에 포함시킬 때에는 감사실시단계에서 신뢰성 검증을 거쳐 활용할 수 있다. 또한 기존 연구의 잘못된 부분을 검토함으로써 현재의 감사실시설계를 개선하는 데 도움이 될 수 있고, 나중에 감사인이 개선대안을 개발할 때 좀 더 현실성 있는 관점을 갖게 해준다.

연구자료 등 검토와 활용
- 행정기관 또는 연구소 등에는 각종의 자문, 내부감사, 평가 등에 관한 보고서와 같은 연구자료가 많이 있음
- 출판되지 않은 경우가 많다는 점에서 일반적인 문헌과 차이가 있음
- 이미 연구가 이루어진 분야에 대한 감사를 하는 감사담당자들은 미리 그 자료를 찾아내는 경우 동일한 작업을 반복하지 않고 활용을 할 수 있음

감사계획단계
- 대상기관이 스스로 문제점을 찾아내고 개선노력을 하고 있는지를 파악하는 것이 중요
- 과거의 연구결과를 찾아내어 검토하면 감사판단기준을 찾아낼 수도 있음

감사실시단계
- 기존의 연구에 나타난 이슈나 증거를 감사보고서에 포함시킬 때 신뢰성 검증을 거쳐 활용할 수 있음

(4) 문헌탐색(literature search)

문헌탐색을 통하여 감사대상과 관련된 간행물을 찾아내어 중요한 이슈나 일반적인 배경 등에 관한 정보를 얻을 수 있다. 특히 문헌탐색은 새로운 감사사항을 수행할 때에는 반드시 실시하여야 한다.

(5) 관찰(observation)

일반적으로 감사인이 직접 관찰한 증거가 2차적인 출처에서 수집한 증거보다 증거력이 강하다. 따라서 감사대상을 직접 관찰하기 위해 현장확인을 하는 것은 매우 효과적인 증거수집기법이다.

현장에서 관찰한 결과를 촬영해 둔 사진이나 동영상을 감사보고서에 적절하게 활용하면 문장으로만 설명하는 경우에 비하여 간결하면서도 강력한 메시지를 전달할 수 있다. 이러한 관찰은 감사계획 및 실시단계 모두에서 매우 유용하고 자주 활용할 수 있는 증거수집기법이다. 감사실시단계에서 직접 관찰은 재고를 조사하거나 실태를 입증하는 데 최선의 방법이다. 예를 들면, 실제 어떤 기계를 구매했는지, 구매한 기계가 지금도 작동되고 있는지, 그 기계가 당초 목적대로 활용되고 있는지 등을 입증할 수 있다.

(6) 전문가 의견(expert opinion)

구체적인 감사자문에 대한 전문가 의견의 두드러진 특징은 일반적으로 전문가가 어떤 결론에 도달한 방식보다는 전문가의 결론 그 자체가 감사보고서를 뒷받침하는 증거가 되는 경우가 많다는 점이다.

전문가 의견은 감사인들이 생소하거나 고도로 기술적인 주제에 직면했을 때 더욱 필요하다. 감사판단기준이 충족되었는지 여부를 판단하는 데 전문가 자격이 필수적인 것으로 인식되는 경우도 있다. 본질적으로 주관적이거나 계량화하기 어려운 상황에서는 전문가의 의견을 증거로 활용할 수 있다. 증거가 불충분하거나 질적인 경우 또는 새로운 감사절차를 실험하는 경우 등에는 전문가 의견으로 그 증거들을 보충할 수 있다.

전문가 의견	• 회계·보건·환경·건설 등 전문지식이나 실무경험 등이 요구되는 분야를 감사하는 경우 외부전문기관 또는 외부전문가를 감사에 참여 • 구체적인 감사자문에 대한 전문가 의견의 두드러진 특징은 일반적으로 전문가가 어떤 결론에 도달한 방식보다는 전문가의 결론 그 자체가 감사보고서를 뒷받침하는 증거가 되는 경우가 많음 • 본질적으로 주관적이거나 계량화하기 어려운 상황에서는 전문가의 의견을 증거로 활용 가능

(7) 설문조사(survey)

설문조사는 세부적·구체적인 이슈나 주제에 대하여 많은 사람으로 부터 계량화가 가능한 정보를 수집할 때 특히 유용하다. 대부분의 경우에 모집단을 대표할 수 있도록 표본을 선택하여 그 사람들을 대상으로 설문을 한다.

감사계획단계에서 이슈를 찾아내고 그 이슈의 범위를 탐색하는 데 활용될 수 있고, 감사실시단계에서는 계획단계에서 찾아낸 이슈에 대한 계량적인 정보를 제공함으로써 감사증거로 활용될 수 있다.

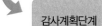

- 세부적·구체적인 주제에 대하여 많은 사람으로부터 계량화가 가능한 정보를 수집할 때 특히 유용
- 모집단을 대표할 수 있도록 표본을 선택하여 그 사람들을 대상으로 설문을 실시함

감사계획단계
- 문제점을 찾아내고 그 문제점의 범위를 탐색하는 데 활용

감사실시단계
- 계획단계에서 찾아낸 문제점에 대한 계량적인 정보를 제공함으로써 감사증거로 활용

2절 확인서의 징구

「자체감사기준」 제23조

제23조(확인서의 징구 등) ① 감사담당자등은 감사결과 처리가 필요한 사항의 증거를 보강하기 위하여 필요한 경우 관계자로부터 관련 사항에 대한 사실관계 등을 기술한 확인서를 받을 수 있다.

② 감사담당자등은 감사결과 처리가 필요한 사항이 변상명령, 징계 또는 문책사유에 해당하거나 그 밖에 중요한 사안에 관련된 관계자의 책임소재와 한계를 규명하고 행위의 동기, 배경 또는 변명을 듣기 위하여 필요한 경우에는 문답서를 작성한다.

③ 감사기구의 장은 감사결과 처리가 필요한 사항에 관하여 그 사유 및 개선방안 등을 듣기 위하여 필요한 경우 해당 사항의 특성을 고려하여 적정한 직위의 책임자에게 질문서를 발부하고 답변서를 징구한다. 다만, 실지감사 중인 때에는 감사단장이 질문서를 발부할 수 있다.

〈확인서·문답서·질문서〉

증거서류명	목 적	내 용
확인서	서류로 확인되지 않거나 복잡한 내용을 증거로 확보	서류에 없는 내용 또는 서류에 있는 복잡한 내용을 요약
문답서	징계(문책) 또는 변상판정 등의 책임의 유무, 소재 및 한계 규명	사건의 내용 중 답변자와 관련된 행위 사실, 동기, 배경, 변명 등 모든 내용
질문서	문제점에 대해 주로 기관장(또는 부서장)의 책임 있는 답변, 견해 수렴	문제점과 관련하여 경위, 배경, 처리 대책 등 답변자의 지위에서 답변할 수 있는 범위의 내용

1. 확인서

1) 확인서의 개념

① 감사인이 인지한 특정한 사실에 대하여 감사인 외의 자가 틀림이 없음을 입증하는 서면이다. 그러나 강요 또는 회유에 의하여 작성되는 경우가 있어 완벽한 증거능력의 보장에 한계가 있다.

② 확인서는 일정한 규격 또는 서식은 없으나 특정한 사실의 기재와 함께 피감사자 또는 관계자(처리자, 감독자, 현임자 또는 이해관계가 있는 제3자)의 그에 대한 확인이 포함되어야 한다.

③ 그러나 확인서는 사실에 대한 다른 입증방법이 있을 때에는 필수적 증거서류는 아니다.

1	감사담당자가 증거를 보강하기 위하여 인지한 특정한 사실에 대하여 감사담당자 외의 자가 틀림이 없음을 입증하는 서면

 강요 또는 회유에 의하여 작성되는 경우가 있어 완벽한 증거능력의 보장에 한계

2	일정한 규격 또는 서식은 없으나 특정한 사실의 기재와 함께 관계자 (처리자, 감독자, 현임자 또는 이해관계가 있는 제3자 등)의 확인이 포함
3	확인서는 사실에 대한 다른 입증방법이 있을 때에는 필수적 증거서류는 아님

2) 확인서 작성요령

① 제목, 확인내용, 확인일자, 확인자 및 입회자의 서명(날인·무인) 등이 포함되도록 하여야 한다.

② 관계서류의 사본만 있으면 충분한 사실 또는 설명하지 아니하여도 당연히 인정되는 사실에 대하여는 확인서를 받지 않아도 된다.

③ 확인서는 사실관계의 입증을 위하여 작성하는 것이므로 반드시 사실을 확인하는 내용이 포함되도록 작성해야 한다.

④ 제목에 "·· 부당처리, ···· 부적정 등"과 같이 상대방에게 위압감이나 불쾌감을 주는 문구는 사용하지 않는다.

⑤ 특정사실만 확인하게 하되 사안에 따라 정당론이나 원인, 동기 등을 기재하도록 할 수 있다.

⑥ 확인서를 징구할 때에는 가능한 한 당해 사실을 객관적으로 입증할 수 있는 증거를 별도로 보강해야 한다.

⑦ 감사현장을 떠나거나 시간이 경과하면 다시 확인할 수 없거나 변경될 가능성이 있는 사항은 현장에서 반드시 확인서를 받아야 한다.

1	제목, 확인내용, 확인일자, 확인자 및 입회자의 서명(날인·무인) 등을 포함
2	관계서류의 사본만 있으면 충분한 사실 또는 설명하지 아니하여도 당연히 인정되는 사실에 대하여는 확인서를 받지 않아도 됨

3	확인서는 사실관계의 입증을 위하여 작성하는 것이므로 반드시 사실을 확인하는 내용이 포함되도록 작성
4	제목에 "·· 부당처리, ···· 부적정 등"과 같이 상대방에게 위압감이나 불쾌감을 주는 문구는 사용하지 않음
5	특정사실만 확인하게 하되 사안에 따라 정당론이나 원인, 동기 등을 기재하도록 할 수 있음
6	확인서를 징구할 때에는 가능한 한 당해 사실을 객관적으로 입증할 수 있는 증거를 별도로 보강
7	감사현장을 떠나거나 시간이 경과하면 다시 확인할 수 업거나 변경될 가능성이 있는 사항은 현장에서 반드시 확인서 징구

3) 확인자와 입회자

① 확인서의 확인자는 확인하는 내용에 따라서 적정한 관계자가 되어야 한다. 어떤 행위사실의 확인은 그 행위자 또는 행위의 목격자가 되고 현장사실의 확인은 현장의 확인자 등이 되어야 한다. 행위자나 목격자가 없거나 확인을 거절한다고 해서 제3자에게 행위자의 행위사실을 확인하게 해서는 안 되고 (사안에 따라 관계 공무원이 확인 가능), 감사자가 현장확인을 하고 와서 현장에 가보지도 아니한 사람에게 현장확인 내용을 확인 받아서는 안 된다.

② 입회자는 필수적인 것은 아니지만 확인서의 신뢰도를 높이기 위하여 대체로 직상급자 또는 당해 기관의 감사업무 담당직원이 된다.

확인하는 내용에 따라서 적정한 관계자가 되어야 함

- 어떤 행위사실의 확인자는 그 행위자 또는 행위의 목격자가 됨
- 현장사실의 확인은 현장의 확인자가 함
- 행위자나 목격자가 없거나 확인을 거절한다고 해서 제3자에게 행위자의 행위사실을 확인하게 해서는 안 됨(사안에 따라 관계 공무원이 확인 가능)
- 현장에 가보지도 아니한 사람에게 현장확인 내용을 확인 받아서는 안 됨

확인자

입회자

확인서의 신뢰도를 높이기 위하여 대체로
직상급자 또는 당해 기관의 감사업무 담당직원이 됨

2. 문답서

〈문답서 개요〉

(작성 목적)		(문답 내용)
o 책임의 유무 o 책임의 소재 o 책임의 한계 등 규명	⇒	o 관련자 여부 o 사실관계의 규명 o 행위의 동기 o 행위의 배경 o 변명

(작성 순서)

질문사항 모음 ⇒ 질문사항 분류 ⇒ 질문순서 매김 ⇒ 문답서 작성

1) 문답서의 개념

문답서는 사건과 관련된 사람(피감사자 등)을 조사하면서 감사인의 질문과 피감
사자의 답변내용을 일문일답의 형식으로 서면화한 증거이다.

문답서

사건과 관련된 사람(피감사자 등)을 조사하면서 감사담당자의 질문과
피감사자의 답변내용을 일문일답의 형식으로 서면화한 증거

2) 문답서의 작성목적

① 감사결과 지적된 사실이 변상, 징계 및 인사자료통보 사유에 해당하거나 기타 중요한 사안에 대하여 관계자의 책임의 소재와 한계를 규명하고 행위의 동기, 배경 또는 변명을 듣기 위하여 작성한다.

문답서의 작성 목적	감사결과 처리가 필요한 사항이 변상명령, 징계 및 문책사유에 해당하거나 기타 중요한 사안에 대하여 관계자의 책임의 소재와 한계를 규명하고 행위의 동기, 배경 또는 변명을 듣기 위하여 작성

② 문답서의 내용을 보면 비위의 종류와 정도를 알 수 있고, 그에 상응한 신분상 또는 재산상의 조치를 예상할 수 있도록 작성하여야 한다.

3) 문답서의 요건

① 문답서는 기본적으로 진술인(피감사자 등)의 인적사항, 진술인의 직·성명, 작성일시와 장소, 문답의 내용, 작성내용의 확인(열람, 낭독), 서명(날인, 무인), 간인, 정정인 등과 같은 형식적 요건을 갖추어야 하고 문답서의 핵심이 되는 문답의 내용에서는 관련자 여부, 사실관계의 규명, 행위의 동기, 행위의 배경 등 실질적 요건을 갖추어야 한다.

② 피감사자의 심적 부담과 물자 및 행정력의 낭비가 없도록 최소한의 범위 내에서 작성해야 한다.

문답서의 요건	
형식적 요건	실질적 요건
• 진술인(피감사자 등)의 인적사항 • 진술인의 직·성명 • 작성 일시와 장소 • 문답의 내용 • 작성내용의 확인(열람, 낭독) • 서명(날인, 무인) • 간인·정정인 • 입회인	• 관련자 여부 • 사실관계의 규명 • 행위의 동기 • 행위의 배경 등

➡ 피감사자의 심적 부담과 물자 및 행정력의 낭비가 없도록 최소한의 범위 내에서 작성

4) 사전준비사항

① 사건을 완전히 파악하고 관련 증거자료를 준비한다.

② 규명해야 할 사항을 중심으로 질문할 사항을 정리한다. 증거서류 사본 등에 의하여 객관적으로 입증되는 사항은 제외한다.

③ 질문할 사항을 분류한다.

④ 논리전개를 구상하여 질문순서를 결정한다.

⑤ 예상답변을 다각도로 검토하여 대비한다.

사건을 완전히 파악하고 관련 증거자료를 준비
규명해야 할 사항을 핵심으로 질문할 사항을 준비
질문할 사항을 분류
논리전개를 구상하여 질문순서를 결정
예상답변을 다각도로 검토하여 대비

5) 기본자세

① 단정한 복장과 용모

② 진실하고 성의 있는 태도 유지

③ 온화, 침착, 자신 있는 태도 견지

④ 선입감 배제

⑤ 진술인의 명예심과 자존심 존중

⑥ 끈기 있는 조사자세 유지

단정한 복장과 용모
진실하고 성의 있는 태도 유지
온화, 침착, 자신 있는 태도 견지
선입감 배제
진술인의 명예심과 자존심 존중
끈기 있는 조사자세 유지

3. 질문서

1) 질문서의 개념

① 질문서는 관계기관의 장 또는 감독기관의 장이나 기타 감독자들로부터 지적
사항의 경위, 배경, 처리대책 및 기타 의견 등을 들을 필요가 있을 때 위 사람
들을 대상으로 하여 발부한다.

② 답변자가 질문사항과 관련된 업무처리, 사업집행실태 및 행위사실 등 지적내
용을 파악할 수 있도록 육하원칙에 의하여 간략하게 설명한 다음, 사안의 내
용에 따라 "처리경위" "사유" "원인" "책임소재" "처리의견" 및 "관련자" 등
의 질문사항을 질문한다.

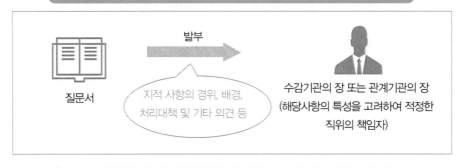

질문서의 개념

발부

질문서

지적 사항의 경위, 배경, 처리대책 및 기타 의견 등

수감기관의 장 또는 관계기관의 장 (해당사항의 특성을 고려하여 적정한 직위의 책임자)

육하원칙에 의하여 간략하게 설명

질문사항

"처리경위", "사유", "원인", "개선방안" 및 "관련자"

2) 질문서 발부자

질문서는 받는 사람의 직위에 상응하는 감사기관 소속 책임자급(보통 실지감사 책임자) 명의로 발부해야 한다.

감사기구의 장 감사단장 (실지감사 중인 경우)

질문서 발부

수감기관의 장 또는 관계기관의 장 (해당사항의 특성을 고려하여 적정한 직위의 책임자)

3) 질문서의 형식과 내용

① 질문서에는 발부번호, 제목, 발부일자, 답변자(수신인), 발부자(날인), 답변기한, 사건의 개요, 질문내용 등이 표시되어야 하고 질문내용에는 항목별로

당위성, 지적내용에 대한 의견, 처리경위, 사유, 책임소재, 처리의견, 관련자 등을 질문하여야 한다.

② 문답서 등 다른 증거에 의하여 확인할 수 있는 사항은 질문서에 질문하지 않아도 된다.

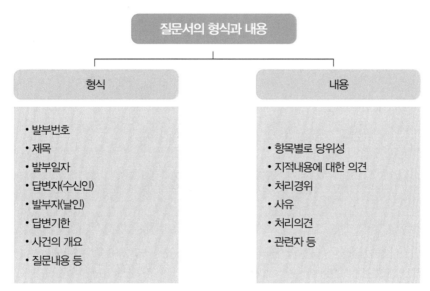

질문서의 형식과 내용

형식	내용
• 발부번호 • 제목 • 발부일자 • 답변자(수신인) • 발부자(날인) • 답변기한 • 사건의 개요 • 질문내용 등	• 항목별로 당위성 • 지적내용에 대한 의견 • 처리경위 • 사유 • 처리의견 • 관련자 등

➡ 문답서 등 다른 증거에 의하여 확인할 수 있는 사항은 질문하지 않아도 됨

4) 질문서 작성요령

① 주관적 판단을 개진하거나 결과를 예견하는 질문은 하지 않는다.

② 제목에 "·· 부당처리, ···· 부적정 등"과 같이 상대방에게 위압감이나 불쾌감을 주는 문구는 사용하지 않는다.

③ 담당직원을 상대로 문답서를 작성한 경우에도 기관장 또는 상급 감독자에게 질문서를 발부한다.

④ 법령상(행정상, 제도상) 개선을 요구할 사항에 대하여는 반드시 소관 중앙관

서의 장 등에게 질문서를 발부하여 의견을 들어서 처리한다.

⑤ 다른 기관에 관련된 지적사항에 대하여는 그 기관에 대하여도 질문서를 발부한다.

⑥ 답변내용이 사실과 다른 경우에는 답변 문안을 수정하도록 강요하지 말고 추가로 이를 반박하는 재질문서를 발부하거나 확인서, 문답서 등 입증할 수 있는 증거서류를 보강한다.

⑦ 법령해석상의 문제나 환경여건을 들어 변명하였을 경우에는 그에 관한 객관적 증거를 첨부하도록 한다.

1	주관적 판단 개진이나 결과를 예견하는 질문은 하지 않음
2	제목에 "·· 부당처리, ···· 부적정 등"과 같이 상대방에게 위압감이나 불쾌감을 주는 문구는 사용하지 않음
3	담당직원을 상대로 문답서를 작성한 경우에도 기관장 또는 상급감독자에게 질문서를 발부
4	법령상(행정상, 제도상) 개선을 요구할 사항에 대하여는 반드시 소관 중앙관서의 장 등에게 질문서를 발부하여 의견을 들어서 처리
5	다른 기관에 관련된 지적사항에 대하여는 그 기관에 대하여도 질문서를 발부
6	답변내용이 사실과 다른 경우에는 답변 문안을 수정하도록 강요하지 말고 추가로 이를 반박하는 재질문서를 발부하거나 확인서, 문답서 등 입증할 수 있는 증거서류를 보강
7	법령해석상의 문제나 환경여건을 들어 변명하였을 경우에는 그에 관한 객관적 증거를 첨부하도록 함

3절 / 감사결과의 도출

「자체감사기준」제24조

제24조(감사결과의 도출) ① 감사담당자등은 제22조 및 제23조에 따른 감사증거를 바탕으로 합법성, 경제성, 효율성, 효과성, 형평성 등을 종합적으로 검토하여 감사결과를 도출하여야 한다.

② 제1항에 따라 감사결과를 도출하면서 판단 근거가 상충되는 경우에는 다음 각 호의 사항을 고려하여 합리적으로 판단하여야 한다.

　1. 법령 또는 제도의 취지

　2. 감사대상기관 또는 부서의 임무

　3. 감사대상 업무의 목적, 수행여건 및 환경

　4. 그 밖에 업무를 수행하게 된 동기

1. 감사 판단기준의 개념

감사의 준거(audit criteria)는 감사인이 수감기관 등의 제도·사업·활동 및 거래 등의 적정성 및 기대치의 충족 여부를 검토·평가할 때 적용하는 가치(value)와 논리적 체계, 즉 **감사의 판단기준**(audit judgement standards)을 말한다. 감사의 준거는 가급적 감사계획에 포함되어야 하며, 감사결과를 이해하는 맥락을 제공한다. 감사의 준거는 감사보고서에서 통상 **당위론** 또는 **정당론**으로 알려진 논리적 근거로서 "...하여야 했다(한다)."로 설명된다.

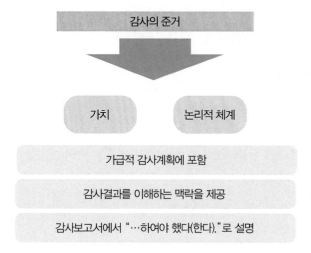

가치 　　　　　　 논리적 체계

가급적 감사계획에 포함

감사결과를 이해하는 맥락을 제공

감사보고서에서 "…하여야 했다(한다)."로 설명

2. 감사 판단기준의 종류

1) 합법성(legality)

　　합법성은 공공감사에서 가장 기본적이며 중요한 준거로서 합법성감사와 성과감사에 공통적으로 적용된다. 합법성은 법·령·규칙, 훈령, 고시, 예규, 내부기준, 예산, 계약, 일반적으로 받아들여지는 회계기준 및 회계관습, 행정규범, 행정준칙 등의 준수 또는 부합 여부를 말한다.

　　그러나 법령의 문리적 표현에만 치중하여 적용 여건이나 환경을 고려하지 아니하는 형식적인 법치주의보다, 법령의 취지와 의도를 감안하여 합목적적으로 적용하는 **실질적인 법치주의**를 추구하는 것이 진정한 합법성이라고 할 것이다.

공공감사에서 가장 기본적이며 중요한 준거

→ 종합감사, 특정감사, 재무감사 및 성과감사에 공통적으로 적용

법령, 규칙, 훈령, 고시, 예규, 내부기준, 회계기준 등의 준수 또는 부합 여부

→ 형식적 법치주의

법령의 문리적 표현에만 치중하여 적용 여건이나 환경을 고려하지 아니함 ✕

실질적 법치주의

법령의 취지와 의도를 감안하여 합목적적으로 적용 **진정한 합법성**

2) 경제성(economy)·능률성(efficiency) 및 효과성(effectiveness)

경제성은 절감성이라고도 불리며, 지출예산 대비 투입요소(자원)의 비율 즉, 적정 품질을 갖춘 투입요소를 획득(사용)하는 경비의 최소화를 뜻한다. **능률성**은 효율성이라고도 불리며, 투입요소(자원)대비 산출의 비율, 즉 주어진 투입으로 최대의 산출을 얻거나 주어진 산출을 위하여 투입을 최소화함을 뜻한다. **효과성**은 성취성이라고도 불리며, 산출 대비 결과(성과)의 비율, 즉 정책·사업·계획·활동의 산출이 당초에 의도한 결과(성과)를 얼마나 달성하였는지 여부에 의하여 판단한다. 경제성·능률성 및 효과성은 주로 성과감사에서 유용한 준거로 사용된다.

경제성

- 절감성이라고도 불림
- 지출예산 대비 투입요소(자원)의 비율 즉, 적정 품질을 갖춘 투입요소를 획득(사용)하는 경비의 최소화를 뜻함

능률성
• 효율성이라고도 불림 • 투입요소(자원)대비 산출의 비율, 즉 주어진 투입으로 최대의 산출을 얻거나 주어진 산출을   위하여 투입을 최소화함을 뜻함

효과성
• 성취성이라고도 불림 • 산출 대비 당초 의도한 결과(성과)의 비율 즉 정책·사업·계획·활동의 산출이 당초에 의도한   결과(성과)를 얼마나 달성하였는지 여부에 의하여 판단

3) 형평성(equity)

형평성은 합법성감사와 성과감사에 모두 적용되는 감사의 준거로서 공정성(fairness)으로도 불린다. 형평성을 세분하면 **수평적 형평성**은 "동일한 것을 동일하게" 취급함을 뜻하고, **수직적 형평성**은 "서로 다른 것을 그 차이에 상응하게 달리" 취급함을 뜻한다. **절차의 형평성**은 균등한 기회가 보장되어야 확보되며, **결과의 형평성**은 능력과 노력에 상응하는 공정한 결과가 보장되어야 확보된다.

수평적 형평성	수직적 형평성
"동일한 것을 동일하게" 취급함	"서로 다른 것을 그 차이에 상응하게 달리" 취급함
절차의 형평성	**결과의 형평성**
균등한 기회가 보장되어야 확보	능력과 노력에 상응하는 공정한 결과가 보장되어야 확보

4) 기타 합리적인 준거

그 외에도 투명성(transparency), 대응성(responsiveness) 및 합리성(rationality) 등을 합리적인 준거로 들 수 있다.

3. 감사 판단기준의 적용

「자체감사기준」 제24조 제1항 각 호에서 규정한 감사의 준거가 감사결과에 상충되는 영향을 미치는 경우에는 같은 조 제2항 각 호의 사항 등을 감안하여 법령 또는 제도의 취지, 감사대상기관 또는 부서의 임무, 감사대상 업무의 목적·수행여건 및 환경, 그 밖에 업무를 수행하게 된 동기 등 **합리적인 준거**를 적용하여야 한다.

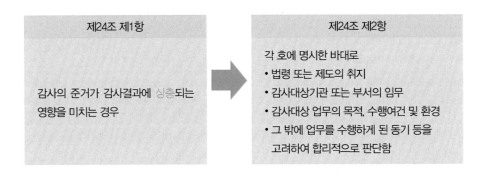

감사결과는 감사의 준거 외에도 **감사인의 시각**에 따라 달라질 수 있다. 전통적인 회계감사의 근간이 되는 합법성감사의 경우에는 개별적·단편적·단기적·정태적 시각에 의해 접근한다. 그러나 성과감사는 기관의 임무와 기능, 정책 또는 사업의 목적

또는 목표를 기준으로 각 활동의 상태를 종합적·거시적·장기적·동태적으로 판단할 것을 요구한다. 위 양자의 시각에 의한 감사결과가 상충하는 경우에는 가급적 후자의 시각을 따르는 것이 바람직하다. 왜냐하면 비록 개별적·일시적 손실이 있더라도 종합적·장기적으로 이익이 된다면 감사의 목적인 공익을 증대시킬 수 있기 때문이다.

감사인의 입장이 아니라 수감자 등의 입장에서 판단해야 할 필요도 있다. **역지사지(易地思之)**의 관점에서 감사인이 수감자의 입장으로 행위의 주체를 바꾸어 보는 과정은 건전한 판단에 매우 유용하다.

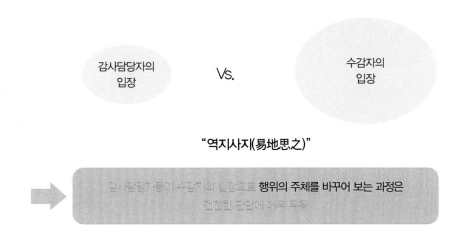

인간은 누구나 주어진 환경에서 오는 편견과 왜곡된 시각을 본인도 모르게 지니기 쉽다. 특히 감사인이 실적을 의식하여 반드시 문제점을 지적하겠다는 강박관념에 사로잡히면 사안을 정확하게 판단하기 어렵다. 따라서 감사인은 사사로움이 없는 **공정성**(fairness)과 자의적이 아니라 증거에 바탕을 둔 **객관성**(objectivity) 그리고 상대방이 신뢰할 수 있도록 감사과정을 진행하는 **신뢰성**(reliability)을 유념하여 판단을 내려야 한다.

1. 다음은 확인서, 문답서 및 질문서에 관한 「자체감사기준」 제23조의 내용이다. 올바르지 않게 기술된 것은?

① 감사담당자등은 감사결과 처리가 필요한 사항의 증거를 보강하기 위하여 필요한 경우 관계자로부터 관련 사항에 대한 사실관계 등을 기술한 확인서를 받을 수 있다.

② 감사담당자등은 감사결과 처리가 필요한 사항이 변상명령, 징계 또는 문책사유에 해당할 때 관계자의 책임소재와 한계를 규명하기 위하여 필요한 경우에는 문답서를 작성한다.

③ 감사기구의 장은 감사결과 처리가 필요한 사항에 관하여 그 사유 및 개선방안 등을 듣기 위하여 필요한 경우 적정한 직위의 책임자에게 질문서를 발부하고 답변서를 징구한다.

④ 실지감사 중인 때라도 감사단장이 질문서를 발부할 수는 없다.

2. 증거서류의 확보와 관련된 다음 보기 중 적절치 않은 것은?

① 감사담당자등은 감사결과 처리사항에 대하여는 그 입증을 위해 필요한 관계서류를 징구하되, 그 대상이 물건이나 상태인 경우 관계자의 정밀한 진술을 받아 증거로 확보하여야 한다.

② 감사담당자등은 증거서류의 증거능력과 감사대상기관의 부담 정도 등을 고려하여 적정하고도 충분한 증거를 확보하여야 한다.

③ 감사담당자등은 증거서류의 신빙성을 확보하기 위하여 증거서류의 출처와 근거를 명시하여야 한다.

④ 감사담당자등은 증거인멸의 우려가 있는 경우 금고·창고·장부 및 물품 등의 봉인을 요구하는 등의 방법으로 즉시 증거를 확보하여야 한다.

≫ 8장 평가문제 ≪

3. 감사담당자는 감사판단기준을 종합적으로 검토하여 감사결과를 도출하여야 한다.
   감사판단기준에 관한 다음 설명 중 적절치 않은 것은 무엇인가?

① 감사의 준거가 감사결과에 상충되는 영향을 미치는 경우에는 법령 또는
   제도의 취지, 감사대상기관의 임무, 업무수행 여건 및 환경 등을 고려하여
   판단해야 한다.

② 개별적·단편적·단기적·정태적 시각보다는 종합적·거시적·장기적·동태적
   시각에 의해 판단하는 것이 바람직하다.

③ 역지사지의 관점에서 수감자의 입장으로 바꾸어 보는 것은 감사인의 건전
   한 판단에 지장을 초래할 수 있다.

④ 감사인은 공정성과 객관성 그리고 신뢰성을 유념하여 판단을 내려야 한다.

/정/답/ 1. ④ 2. ① 3. ③

〈해설〉

1. 감사기구의 장은 감사결과 처리가 필요한 사항에 관하여 그 사유 및 개선방안 등을
   듣기 위하여 필요한 경우 해당 사항의 특성을 고려하여 적정한 직위의 책임자에게 질
   문서를 발부하고 답변서를 징구한다. 다만, 실지감사 중인 때에는 감사단장이 질문서
   를 발부할 수 있다.

2. 감사담당자등은 감사결과 처리가 필요한 사항에 대하여는 그 입증을 위하여 필요한
   관계서류 등의 등본 또는 사본을 징구하고, 그 대상이 물건이나 상태인 경우 사진 촬
   영 등의 방법으로 증거를 확보하여 추가적인 감사나 법적 분쟁 등이 발생하지 않도록
   하여야 한다.

3. 감사인의 입장이 아니라 수감자 등의 입장에서 판단해야 할 필요도 있다. 역지사지
   (易地思之)의 관점에서 감사인이 수감자의 입장으로 행위의 주체를 바꾸어 보는 과정
   은 건전한 판단에 매우 유용하다.

8장 요약

□ 감사증거는 감사대상이 되는 사항의 진위와 적법·타당성 여부에 관한 감사인의 판단을 객관적으로 뒷받침할 수 있는 자료를 말한다. 따라서 감사증거 수집기법은 감사기법 그 자체라고도 할 수 있다. 감사활동 및 감사결과의 적정성은 이를 입증할 수 있는 감사증거에 의하여 판단된다. 이러한 의미에서 감사는 감사증거의 수집 및 검증과정이라고도 할 수 있다.

□ 감사담당자는 감사결과 처리가 필요한 사항의 증거를 보강하기 위하여 필요한 경우 관계자로부터 관련 사항에 대한 사실관계 등을 기술한 확인서를 받을 수 있다. 또한 감사결과 처리가 필요한 사항이 변상명령, 징계 또는 문책사유에 해당하거나 그 밖에 중요한 사안에 관련된 관계자의 책임소재와 한계를 규명하고 행위의 동기, 배경 또는 변명을 듣기 위하여 필요한 경우에는 문답서를 작성한다. 감사기구의 장은 감사결과 처리가 필요한 사항에 관하여 그 사유 및 개선방안 등을 듣기 위하여 필요한 경우 적정한 직위의 책임자에게 질문서를 발부하고 답변서를 징구한다.

□ 감사담당자는 수집한 감사증거를 바탕으로 합법성, 경제성, 효율성, 효과성, 형평성 등의 감사판단기준을 종합적으로 검토하여 감사결과를 도출하여야 한다. 감사결과를 도출하면서 판단 근거가 상충되는 경우에는 법령 또는 제도의 취지, 감사대상기관 또는 부서의 임무, 감사대상 업무의 목적, 수행여건 및 환경, 그 밖에 업무를 수행하게 된 동기 등의 사항을 고려하여 합리적으로 판단하여야 한다.

9장 감사결과의 보고 및 처리

이번 장에서 학습할 주요 내용은...

- 감사결과의 처리기준
- 감사결과보고서의 작성 및 보고
- 감사결과의 통보 및 공개

감사활동의 최종 산출물은 **감사보고서**이다. 즉, 감사결과는 감사보고서라는 수단을 통하여 이해관계가 있는 이용자에게 전달된다. 감사기구의 책임자는 감사증거를 바탕으로 합법성, 효율성 등 여러 감사판단기준을 종합적으로 검토하여 도출된 감사결과를 감사결과의 처리기준에 따라 처리하여야 한다. 즉 감사결과의 처리기준이란 감사결과 개별 지적사항과 관련하여 감사대상기관 또는 그 감독기관 등 관련기관에 대한 처분의 기준을 말하는 것이다.

감사기구의 책임자는 감사가 종료된 후 감사목적, 범위, 감사기간 등 감사실시 개요, 감사결과 처분요구 및 조치사항, 감사결과에 대한 감사대상기관 또는 부서의 변명 또는 반론 등을 포함한 감사결과보고서를 작성하여 소속기관의 장에게 보고하여야 한다. 또한 감사책임자는 자체감사 대상기관에 감사결과 처분요구 및 조치사항, 감사결과 종류별 처리기한 및 결과 회보 의무 그리고 재심의 신청에 대한 안내문 등을 포함한 감사결과를 통보하여야 한다.

이번 장에서는 다음 세 가지의 학습목표를 설정한다.

1) 감사결과를 처리하기 위한 처리기준에는 어떤 것들이 있는지 이해한다.

2) 감사결과보고서에는 어떤 내용이 포함되는지 숙지한다.

3) 자체감사 대상기관에 감사결과를 통보할 때 어떤 내용들을 포함해야 하는지
이해한다.

 학습이 끝나고 나면...

① 감사담당자등이 감사결과를 처리하기 위한 처리기준에는 어떤 것들이 있는지
말할 수 있다.

② 감사결과보고서에는 어떤 내용이 포함되어야 하는지 설명할 수 있다.

③ 감사담당자등이 자체감사 대상기관에 감사결과를 통보할 때에는 어떤 내용들
이 포함되어야 하는지 설명할 수 있다.

1절 감사결과의 처리

「자체감사기준」 제25조

제25조(감사결과의 처리기준 등) ① 감사기구의 장은 제24조에 따라 도출된 감사결과를 다음 각 호의 기준에 따라 처리하여야 한다.

1. 변상명령 : 「회계관계직원 등의 책임에 관한 법률」이 정하는 바에 따라 변상책임이 있는 경우

2. 징계 또는 문책 요구 : 「국가공무원법」과 그 밖의 법령에 규정된 징계 또는 문책 사유에 해당하거나 정당한 사유 없이 자체감사를 거부하거나 자료의 제출을 게을리한 경우

3. 시정 요구 : 감사 결과 위법 또는 부당하다고 인정되는 사실이 있어 추징·회수·환급·추급 또는 원상복구 등이 필요하다고 인정되는 경우

4. 주의 요구 : 감사 결과 위법 또는 부당하다고 인정되는 사실이 있으나 그 정도가 징계 또는 문책사유에 이르지 아니할 정도로 경미하거나, 감사대상기관 또는 부서에 대한 제재가 필요한 경우

5. 개선 요구 : 감사 결과 법령상·제도상 또는 행정상 모순이 있거나 그 밖에 개선할 사항이 있다고 인정되는 경우

6. 권고 : 감사 결과 문제점이 인정되는 사실이 있어 그 대안을 제시하고 감사대상기관의 장 등으로 하여금 개선방안을 마련하도록 할 필요가 있는 경우

7. 통보 : 감사 결과 비위 사실이나 위법 또는 부당하다고 인정되는 사실이 있으나 제2호부터 제5호까지의 요구를 하기에 부적합하여 각 기관 또는 부서에서 자율적으로 처리할 필요가 있다고 인정되는 경우

8. 고발 : 감사 결과 범죄 혐의가 있다고 인정되는 경우

② 제1항제4호에 따른 주의 요구는 위법성 또는 부당성의 경중에 따라 각 기관의 특성을 고려하여 훈계, 경고 등으로 세분화할 수 있다.

③ 감사기구의 장은 손해의 보전 등을 위하여 시급하게 처리할 필요가 있거나 법적 쟁점 등으로 인하여 신중한 검토가 필요한 사항이 있을 경우에는 다른 감사결과와 분

리하여 처리할 수 있다.

④ 감사기구의 장은 경미한 사항으로서 제1항제3호의 시정이 필요한 사항이 있는 때에는 현지에서 감사대상기관의 장에게 그 시정 등을 요구할 수 있다.

1. 감사결과의 보고

감사활동의 최종 산출물은 **감사보고서**이다. 즉, 감사결과는 감사보고서라는 수단을 통하여 이해관계가 있는 이용자에게 전달된다. 감사담당자는 감사보고서를 작성하고 전달하는 각 단계에서 감사결과의 보고 및 처리기준을 준수하여야 한다.

감사결과보고서

감사활동의 산출물

• 감사결과는 감사결과보고서라는 수단을 통하여 소속기관의 장에게 보고됨

감사담당자등

감사결과보고서를 작성하고 보고하는 과정에서「중앙행정기관 및 지방자치단체 자체감사기준」중 감사결과 보고 및 처리기준을 준수하여야 함

감사인이 실지감사가 끝난 뒤에 작성·제출하는 보고서는 감사보고서와 감사결과처분(요구)서로 구별된다. **감사보고서**란 협의의 감사보고서로서 감사결과 지적사항의 개요와 조치의견 등을 기술하여 감사결과처분(요구)서에 앞서 감사기구의 장에게 미리 제출하는 감사기관 내부의 보고서를 말한다. **감사결과처분(요구)서**는 감사결과 지적사항에 대한 구체적 내용과 조치할 사항을 내부의 검토과정을 거쳐 감사대상기관

또는 공무원 등에게 송부하며, 외부의 이용자가 접근할 수 있는 최종보고서를 말한다.

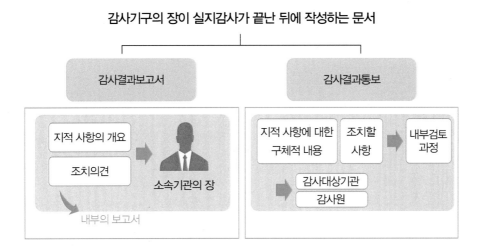

감사결과처분요구는 징계·문책, 시정, 주의 또는 개선요구사항에 적용되며, **감사결과처분**은 변상판정(명령), 권고 또는 통보사항에 각각 적용된다.

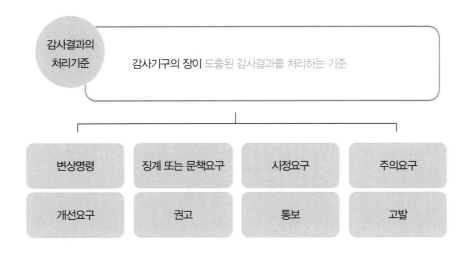

자체감사의 경우에는 감사보고서에 의하여 감사결과처분(요구)서를 대체하는 경우도 없지 않으나, 원칙적으로는 양자를 구분하여 작성하여야 한다. 협의의 감사보고서와 감사결과처분(요구)서를 포괄하여 넓은 의미의 감사보고서라고 한다.

2. 감사결과 처리기준

「자체감사기준」제25조의 감사결과의 처리기준이란 감사결과 개별 지적사항과 관련하여 수감기관 또는 그 감독기관 등 관련기관에 대한 **처분의 기준**을 말하는 것으로 처리 기준에는 다음과 같은 것들이 있다.

1) 변상명령

변상명령은 「회계관계직원 등의 책임에 관한 법률」 제5조 (감사원의 판정 전의 회계관계직원의 책임)의 규정에 의하여 회계관계직원의 **변상책임**이 있다고 인정되는 경우에 그 소속장관 또는 감독기관의 장이 적용하는 조치이다.

> ※ 참고 : 변상판정은 「회계관계직원 등의 책임에 관한 법률」과 「감사원법」 제31조 (변상책임의 판정 등)의 규정에 따라 회계관계직원 등의 변상책임이 있다고 인정되는 경우에 감사원이 적용하는 조치

변상명령의 성립요건은 다음과 같은 것이다.

성립요건 : ① 회책법 제2조(정의)의 규정에 의한 회계관계직원이
　　　　　② 고의 또는 중대한 과실로(선량한 관리자의 주의의무를 태만히 하여)
　　　　　③ 자신의 의무에 위반하는 행위를 함으로써
　　　　　④ 국가 또는 단체 등에 손해를 끼치고
　　　　　⑤ 그러한 행위(작위 또는 부작위)와 결과(손해·망실·훼손) 사이에 상당한 인과관계가 있으며
　　　　　⑥ 그에 대한 책임의 조각사유가 없어야 한다.

• 변상명령

「회계관계직원 등의 책임에 관한 법률」 제4조의 규정

• 회계관계직원의 변상책임이 있다고 인정되는 경우에 같은 회책법 제6조에 따라 그 소속기관장 또는 감독기관의 장이 변상을 명하는 조치

변상판정 : 회계관계직원 등의 변상책임이 있다고 인정되는 경우에 감사원이 적용하는 조치

성립요건

1	회책법 제2조(정의)의 규정에 의한 회계관계직원이
2	고의 또는 중대한 과실로
3	법령이나 그 밖의 관계 규정 및 예산에 정하여진 바를 위반하여
4	국가, 지방자치단체 등의 재산에 손해를 끼치고
5	그러한 행위(작위 또는 부작위)와 결과(손해·망실·훼손) 사이에 상당한 인과관계가 있으며
6	그에 대한 책임의 조각사유가 없어야 함

2) 징계 또는 문책요구

징계요구는 공무원이 「국가공무원법」 등에 규정된 징계사유에 해당하거나, **문책요구**는 공공기관의 임직원 등이 법령 또는 소속기관 등이 정한 문책사유에 해당하거나, 정당한 사유 없이 자체감사를 거부하거나 자료의 제출을 게을리 한 경우에 적용한다.

징계 또는 문책요구

```
          징계요구                              문책요구

• 공무원이 「국가공무원법」 등에 규정된       • 공공기관의 임직원 등이 법령 또는 소속
  징계사유에 해당                             기관 등이 정한 문책사유에 해당

        • 정당한 사유 없이 자체감사를 거부하거나 자료의 제출을 게을리한 경우
```

징계 또는 문책요구는 각각 그 종류를 지정할 수 있다. 이 경우 그 종류는 파면, 해임, 강등, 정직 등 중징계에 한정하는 것이 종류를 지정하는 취지와 부합한다.

3) 시정요구

감사결과 지적된 위법·부당사항과 관련하여 추징·회수·환급·추급 또는 원상복구 등이 필요하다고 인정되는 경우에 적용한다.

시정요구는

① 법률상·사실상 시정이 가능하고,

② 시정요구를 받은 자가 그 내용을 조치할 권한이 있으며,

③ 시정내용이 구체적으로 적시되고,

④ 시정의 목적이 공익과 부합하여야 한다.

감사기구의 장은 실지감사 중 경미한 사항으로서 「자체감사기준」 제25조 제1항 제3호의 시정이 필요한 사항이 있는 때에는 현지에서 감사대상기관의 장에게 그 시정을 요구할 수 있다.

시정요구	• 감사결과 지적된 위법·부당사항과 관련하여 추징·회수·환급·추급 또는 원상복구 등이 필요하다고 인정되는 경우에 적용

1	법률상·사실상 시정이 가능
2	시정요구를 받은 자가 그 내용을 조치할 권한 보유
3	시정내용이 구체적으로 적시
4	시정의 목적이 공익과 부합

• 감사기구의 장은 경미한 사항으로서 자체감사기준 제25조 제1항 제3호의
시정이 필요한 사항이 있는 때에는 현지에서 감사대상기관의 장에게
그 시정을 요구할 수 있음

4) 주의요구

감사결과 위법 또는 부당한 행위라고 인정되지만 그 정도가 징계·문책사유에 해당하지 않을 정도로 경미하거나, 감사대상기관 또는 부서에 대한 제재가 필요한 경우에 적용한다.

주의 요구는 위법성 또는 부당성의 경중에 따라 각 기관의 특성을 고려하여 **훈계, 경고** 등으로 세분화할 수 있다.

주의요구
- 감사결과 위법 또는 부당한 행위라고 인정되지만 그 정도가 징계·문책사유에 이르지 아니할 정도로 경미
- 감사대상기관 또는 부서에 대한 제재가 필요한 경우

- 위법성 또는 부당성의 경중에 따라 각 기관의 특성을 고려하여 훈계, 경고 등으로 세분화할 수 있음

5) 개선요구

감사결과 법령상·제도상 또는 행정상의 모순이나 개선할 사항이 있다고 인정하는 경우에 적용한다.

개선요구
감사결과 법령상·제도상 또는 행정상의 모순이나 개선할 사항이 있다고 인정하는 경우

개선요구에는 다음과 같은 유형이 있다.

① **법령상 개선요구**는 법·령·규칙·조례 등이 불합리 하거나 미비하여 관계규정의 폐지·개정·신설이 필요한 경우에 적용한다.

② **행정상 개선요구**는 국가 또는 지방자치단체의 훈령·규정·예규·고시 등이 불합리하거나 미비하여 개선이 필요한 경우에 적용한다.

③ **제도상 개선요구**는 공공기관 등의 자체규정 또는 제도 등이 불합리하거나 미비하여 개선이 필요한 경우에 적용한다.

6) 권고

감사결과 문제점이 인정되는 사실이 있어 그 **대안을 제시**하고 감사대상기관의 장으로 하여금 **개선방안을 마련**하도록 할 필요가 있는 경우 권고로 처리한다.

권고에는 다음과 같은 유형이 있다.

① 단위사업·업무 또는 시책에 대한 종합분석·평가결과 경제성, 효율성, 공정성 등을 제고하기 위한 개선대안(사업계획 등의 수정, 보완, 변경, 보류, 취소 등)을 제시하는 사항

② 주요시책 등의 문제점을 개선하기 위한 관련 법령의 보완, 인력과 예산의 추가확보, 기술적·경제적 타당성 검토 보완, 관련기관의 협조 등을 거쳐 중·장기적으로 개선해야 할 분야에 대하여 그 개선대안을 제시하는 사항

③ 감사결과 지적사항이 개선요구사항과 권고사항이 복합적으로 이루어져 구분 처리 하기는 어려우나 개선대안은 제시할 수 있는 사항

권고의 유형

 단위사업·업무 또는 시책에 대한 종합분석·평가결과 경제성, 효율성, 공정성 등을 제고 하기 위한 개선대안(사업계획 등의 수정, 보완, 변경, 보류, 취소 등)을 제시하는 사항

 주요시책 등의 문제점을 개선하기 위한 관련 법령의 보완, 인력과 예산의 추가확보, 기술적·경제적 타당성 검토 보완, 관련기관의 협조 등을 거쳐 중·장기적으로 개선되어 야 할 분야에 개선대안을 제시하는 사항

 감사결과 지적사항에서 개선요구사항과 권고사항이 복합적으로 얽혀 있어 구분처리 하기는 어려우나 개선대안은 제시할 수 있는 사항

7) 통보

감사 결과 비위 사실이나 위법 또는 부당하다고 인정되는 사실이 있으나 제2호 부터 제5호까지의 요구를 하기에 부적합하여 각 기관 또는 부서에서 **자율적으로 처리** 할 필요가 있다고 인정되는 경우 통보 조치할 수 있다.

통보 | 감사 결과 비위 사실이나 위법 또는 부당하다고 인정되는 사실이 있으나 징계 또는 문책요구, 시정요구, 주의요구, 개선요구까지의 요구를 하기에 부적합하여 각 기관 또는 부서에서 자율적으로 처리할 필요가 있다고 인정되는 경우

일반적으로 다음과 같은 사항에 대하여 통보 조치한다.
① 주요시책 등의 문제점에 대한 개선대안을 제시하기 어려운 사항 등 권고하기 에는 부적당하나 감사대상기관 등의 장에게 문제점을 알려 자율적으로 개선

대안을 마련하게 할 필요가 있는 사항

② 시정되어야 할 사항이 시정근거가 없어 계약당사자 또는 이해관계인간의 의사 합치가 있어야 시정할 수 있는 사항

③ 업무를 부당하게 처리하였으나 그에 대한 행정처분 등 조치할 내용이 관련자료 등을 확보하지 못하여 금액 등을 확정할 수 없어 추가 또는 전반적인 조사(수사)가 되어야 조치할 수 있거나 법원, 감독기관 등 제3기관의 판단 또는 청문 등의 사전 법적 절차를 거쳐 조치할 수 있는 사항

④ 시공물의 구조계산이나 안전진단 등 기술적 검토를 거쳐야 부실시공 또는 안전성 여부 등을 판단할 수 있는 사항에 대하여 감사대상기관 등의 장에게 적절하게 조치를 강구하도록 하는 사항

⑤ 감사대상이 아닌 업무 등에 대한 문제점을 관계기관의 장에게 알릴 필요가 있다고 인정되는 사항

⑥ 위법·부당행위를 한 건설업체 시공감리자 등을 직접 처분할 권한이 있는 기관에 법에 따라 조치하도록 할 필요가 있는 사항

	일반적인 통보대상
1	• 주요시책 등의 문제점에 대한 개선대안을 제시하기 어려운 사항 → 권고하기에는 부적당하나 감사대상기관 등의 장에게 문제점을 알려 자율적으로 개선대안을 마련하게 할 필요가 있는 사항
2	• 시정되어야 할 사항이 시정근거가 없어 계약당사자 또는 이해관계인 간의 의사 합치가 있어야 시정할 수 있는 사항
3	• 업무를 부당하게 처리하였으나 그에 대한 행정처분 등 조치할 내용에서 관련자료 등을 확보하지 못하여 금액 등을 확정할 수 없어 추가 또는 전반적인 조사(수사)가 있어야 조치할 수 있는 사항 • 법원, 감독기관 등 제3기관의 판단 또는 청문 등의 사전 법적 절차를 거쳐 조치할 수 있는 사항

4	• 시공물의 구조계산이나 안전진단 등 기술적 검토를 거쳐야 부실시공 또는 안전성 여부 등을 판단할 수 있는 사항에 대하여 감사대상기관 등의 장에게 적절한 조치를 강구하도록 하는 사항
5	• 감사대상이 아닌 업무 등에 대한 문제점을 관계기관의 장에게 알릴 필요가 있다고 인정되는 사항
6	• 위법·부당행위를 한 건설업체 시공감리자 등에 대해 직접 처분 권한이 있는 기관이 법에 따라 조치하도록 할 필요가 있는 사항

8) 고발

감사 결과 **범죄 혐의**가 있다고 인정되는 경우에는 고발 조치한다.

고발 · 감사 결과 범죄 혐의가 있다고 인정되는 경우

감사기구의 장은 손해의 보전 등을 위하여 시급하게 처리할 필요가 있거나 법적 쟁점 등으로 인하여 신중한 검토가 필요한 사항이 있을 경우에는 다른 감사결과와 분리하여 처리할 수 있다.

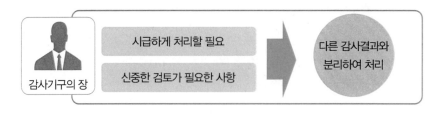

감사기구의 장 · 시급하게 처리할 필요 · 신중한 검토가 필요한 사항 → 다른 감사결과와 분리하여 처리

2절 감사결과보고서의 작성 및 보고

「자체감사기준」제26~27조

제26조(감사결과보고서의 작성 및 보고) ① 감사기구의 장은 감사가 종료된 후 다음 각 호의 사항을 포함한 감사결과보고서를 작성하여 소속기관의 장에게 보고하여야 한다.

    1. 감사목적 및 범위, 감사기간 등 감사실시개요

    2. 제25조의 처리기준에 따른 감사결과 처분요구 및 조치사항

    3. 감사대상기관이 아닌 기관의 장의 권한에 속하는 사항으로서 법 제23조제4항에 따라 해당 기관에 통보할 사항

    4. 감사결과에 대한 감사대상기관 또는 부서의 변명 또는 반론

    5. 일반인에게 공개할 수 없는 정보가 있는 경우 그 사유 및 근거

    6. 그 밖에 보고할 필요가 인정되는 사항

② 감사기구의 장은 다음 각 호의 요건에 맞게 제1항에 따른 감사결과보고서를 작성하여야 한다.

    1. 어문규범에 맞도록 어휘를 선택하고 문장을 서술

    2. 이해관계인이나 일반국민이 쉽게 이해할 수 있도록 서술

    3. 내용에 모호함이 없도록 분명하게 서술

    4. 논지의 일관성을 유지하고 앞뒤가 맞게 서술

    5. 구체적으로 기술하되 장황하지 않도록 서술

제27조(감사결과의 중간 보고) ① 감사단장은 감사기간 중 또는 감사 종료 후 감사결과와 관련하여 긴급을 요하는 중요사항이 발생한 경우에는 지체 없이 감사기구의 장에게 그 내용 및 처리방향 등을 보고하여야 한다.

② 감사기구의 장은 필요한 경우 소속기관의 장에게 제1항에 따라 보고 받은 중요사항의 전부 또는 일부를 보고할 수 있으며, 보고를 받은 소속기관의 장은 적정한 조치를 하여야 한다.

1. 감사결과보고서의 내용

감사기구의 책임자는 감사가 종료된 후 다음 각 호의 사항을 포함한 감사결과보고서를 작성하여 소속기관의 장에게 보고하여야 한다.

① 감사목적 및 범위, 감사기간 등 감사실시개요
② 제25조의 처리기준에 따른 감사결과 처분요구 및 조치사항
③ 감사대상기관이 아닌 기관의 장의 권한에 속하는 사항으로서 법 제23조제4항에 따라 해당 기관에 통보할 사항
④ 감사결과에 대한 감사대상기관 또는 부서의 변명 또는 반론
⑤ 일반인에게 공개할 수 없는 정보가 있는 경우 그 사유 및 근거
⑥ 그 밖에 보고할 필요가 인정되는 사항

감사기구의 장 → 감사결과보고서 → 소속기관의 장

포함

① 감사목적 및 범위, 감사기간 등 감사실시개요
② 자체감사기준 제25조의 감사결과 처리기준에 따른 감사결과 처분요구 및 조치사항
③ 감사대상기관이 아닌 기관의 장의 권한에 속하는 사항으로서 「공공감사에 관한 법률」 제23조제4항에 따라 해당 기관에 통보할 사항
④ 감사결과에 대한 감사대상기관 또는 부서의 변명 또는 반론
⑤ 일반인에게 공개할 수 없는 정보가 있는 경우 그 사유 및 근거
⑥ 그 밖에 보고할 필요가 인정되는 사항

1) 감사실시개요

감사인은 **감사목적과 범위** 등 감사실시에 관한 개요를 감사보고서와 감사결과처분(요구)서에 제시하여야 한다. 감사목적과 범위에 관한 지식은 보고서의 이용자로 하여금 감사활동 및 보고내용의 유용성과 중요한 제약사항을 이해하는 데에 긴요하기 때문이다. 감사목적을 보고할 때에 감사인은 왜 감사가 실시되었으며 보고서가 이루고자 하는 것은 무엇인지를 기술하여야 한다. 감사범위를 보고할 때에 감사인은 감사목적을 달성하기 위하여 수행한 감사활동의 깊이와 범위를 기술하여야 한다. 또한 감사인은 감사자료 또는 감사범위의 제약에 의하여 감사활동상 초래된 중요한 제약요인을 기술하여야 한다.

감사목적 및 범위, 감사기간 등 감사실시개요

- **감사기구의 장은** 감사목적, 범위 등 감사실시에 관한 개요**를 감사결과보고서에서 제시**

➡ 보고서의 이용자가 감사활동 및 보고내용의 유용성과 그 한계를 이해하는 데에 긴요

감사목적의 보고	• 감사담당자는 왜 감사가 실시되었으며 이 감사가 달성하고자 하는 것은 무엇인지를 기술
감사범위의 보고	• 감사담당자는 감사목적을 달성하기 위하여 수행한 감사활동의 범위를 기술
감사자료 또는 감사범위의 제약	• 감사활동상 초래된 중요한 제약요인을 기술

---

2) 감사결과 처분요구 및 조치사항

감사인은 실지감사를 통해 발견한 불법행위, 중대한 오류와 낭비 등 지적사항을 **감사보고서와 감사결과처분(요구)서**에 명시하여야 한다. 또한 지적사항과 관련하여 감사대상기관 등이 처분(요구)할 사항 또는 권고사항을 수록하여야 한다. 처분(요

구)할 사항 또는 권고사항은 감사대상기관의 책무성과 성과를 향상시킬 수 있도록 건설적인 방향에서 작성되어야 한다. 즉, 밝혀진 문제점의 원인을 해결할 수 있고, 실행 가능성과 구체성이 높고, 권한을 지닌 당사자를 대상으로 하고, 비용에 대한 효과가 높아야 함을 의미한다.

감사결과 처분요구 및 조치사항
- 감사담당자등은 실지감사를 통해 발견한 불법행위, 중대한 오류와 낭비 등 지적 사항을 감사결과 보고서에 명시하여야 함

지적 사항

• 처분요구 및 조치사항을 포함하여야 함

감사대상기관의 책무성과 성과를 향상시킬 수 있도록 건설적인 방향에서 작성

- 밝혀진 문제점의 원인을 해결할 수 있고,
- 실행 가능성과 구체성이 높고,
- 권한을 지닌 당사자를 대상으로 하고,
- 비용에 대한 효과가 높아야 함

3) 자체감사 대상기관이 아닌 기관의 장의 권한 사항

중앙행정기관의 장은 감사과정에서 자체감사 대상기관이 아닌 기관의 장의 권한에 속하는 사항으로서 위법 또는 부당하다고 인정되는 사실을 발견한 경우에는 감사 종료 후 지체 없이 관련 사실을 해당 기관 및 감사원에 통보하여야 한다.

공감법 제23조 제4항에 따라 해당 기관에 통보할 사항

중앙행정기관등의 장 → 감사과정에서 자체감사 대상기관이 아닌 기관의 장의 권한에 속하는 사항으로서 위법 또는 부당하다고 인정되는 사실을 발견한 경우 → 감사 종료 후 자체 없이 통보 → 해당기관 및 감사원

4) 감사대상기관의 변명·반론

감사인은 지적사항, 처분(요구)사항 또는 권고사항 등 감사의견에 대하여 감사대상기관 또는 책임있는 관리자의 **변명 또는 반론**이 있는 경우에는 이를 함께 수록하여야 한다. 감사인이 이러한 변명 또는 반론에 동의하지 않는 경우에는 그 이유를 밝혀야 한다. 실지감사를 통해 발견한 불법행위, 중대한 오류와 낭비 등 문제점의 시정에 대한 감사대상기관 또는 책임있는 관리자의 약속 또는 계획 등 사전 의견표시도 보고서에 기술하는 것이 좋다. 다만 그러한 사전 의견표시가 있다고 해서 지적사항, 처분(요구)사항 또는 권고사항을 보고서에서 누락하여서는 안 된다.

감사대상기관의 변명 또는 반론

• 감사담당자등은 지적사항 등 감사결과에 대하여 감사대상기관 또는 책임 있는 관리자의 변명 또는 반론이 있는 경우에는 이를 함께 포함

감사담당자등이 이러한 변명 또는 반론에 동의하지 않는 경우에는 그 이유를 명시

실지감사를 통해 발견한 불법행위, 중대한 오류와 낭비 등 문제점의 시정에 대한 감사대상기관 또는 책임 있는 관리자의 약속 또는 계획 등 사전 의견표시도 보고서에 기술

다만 사전 의견표시가 있다고 해서 지적사항, 처분요구사항 또는 조치사항을 보고서에서 누락하여서는 안 됨

5) 정보를 공개할 수 없는 사유 및 근거

특정 정보는 법·령·규칙에 의하여 일반인에 대한 공개가 금지될 수 있다. 감사인은 그러한 정보를 알 필요의 원칙에 입각하여 그러한 정보에 접근할 수 있도록 권한이 부여된 사람에게만 제공하여야 한다. 이 경우 감사인은 정보의 비공개를 정당화할 수 있는지에 관한 확신을 지녀야 하며, 일반인에게 공개할 수 없는 정보의 성격과 비공개의무의 근거를 감사보고서와 감사결과처분(요구)서에 명시하여야 한다.

일반인에게 공개할 수 없는 정보가 있는 경우 그 사유 및 근거

- 특정 정보는 법령 등에 의하여 일반인에 대한 공개가 금지
- 감사담당자등은 그러한 정보를 알 필요의 원칙에 입각하여 그러한 정보에 접근할 수 있도록 권한이 부여된 사람에게만 제공

감사담당자등은 정보의 비공개를 정당화할 수 있는지에 관한 확신 필요

일반인에게 공개할 수 없는 정보의 성격과 비공개의무의 근거를 감사결과보고서에 명시

2. 감사결과보고서 작성 요건

감사기구의 장은 다음의 요건에 맞게 감사결과보고서를 작성하여야 한다.

① 어문규범에 맞도록 어휘를 선택하여 문장을 서술한다.
② 이해관계인이나 일반국민이 쉽게 이해할 수 있도록 서술한다.
③ 내용에 모호함이 없도록 분명하게 서술한다.
④ 논지의 일관성을 유지하고 앞뒤가 맞게 서술한다.
⑤ 구체적으로 기술하되 장황하지 않도록 서술한다.

1	어문규범에 맞도록 어휘를 선택하고 문장을 서술
2	이해관계인이나 일반국민이 쉽게 이해할 수 있도록 서술
3	내용에 모호함이 없도록 분명하게 서술
4	논지의 일관성을 유지하고 앞뒤가 맞게 서술
5	구체적으로 기술하되 장황하지 않도록 서술

감사인은 감사결과를 다음의 원칙에 따라 보고하여야 한다.

① 적시성: 감사결과는 지연 보고하여 감사성과를 저해하거나 수감기관의 업무
처리에 지장을 주지 아니하도록 적시에 작성되어야 한다.

② 완전성: 감사결과의 보고는 감사목적의 달성에 필요한 모든 정보를 포함하
여야 한다.

③ 간결성: 감사결과의 보고는 전달하고자 하는 내용만을 간략하게 나타내고
필요 이상으로 길거나 불필요한 반복을 피해야 한다.

④ 논리성: 감사결과의 보고는 논리적이고 이해하기 쉬워야 하며 애매모호한
표현이나 일반화되지 아니한 약어나 전문용어 등은 가급적 피해야 한다.

⑤ 정확성: 감사결과의 보고는 수집된 감사증거에 기초하여 정당성을 입증할
수 있도록 올바르게 기술하고 감사범위, 방법 또는 감사증거에 한계가 있는
경우에는 이를 명백히 밝혀야 한다.

⑥ 공정성: 감사결과의 보고는 수감기관의 변명 또는 반론과 전문가의 자문을
충분히 감안하여야 하고 문제점을 과장하거나 편향된 시각으로 작성해서는
아니 된다.

국제감사원기구(INTOSAI)의 「공공감사인 윤리강령」 제18조는 "감사인은 특히 감사보고서를 작성할 때에 정확성과 공정성을 유지하여야 한다. 감사의견과 감사보고서의 결론은 전적으로 감사과정에서 획득한 감사증거에 입각하여 작성되어야 한다"라고 규정하고 있다.

감사결과 보고의 원칙(자체감사기준 제27조)

적시성	감사결과는 지연 보고하여 감사성과를 저해하거나 수감기관의 업무처리에 지장을 주지 아니하도록 적시에 작성
완전성	감사결과의 보고는 감사목적의 달성에 필요한 모든 정보를 포함
간결성	감사결과의 보고는 전달하고자 하는 내용만을 간략하게 나타내고 필요 이상으로 길거나 불필요한 반복을 회피
논리성	감사결과의 보고는 논리적이고 이해하기 쉬워야 하며 애매모호한 표현이나 일반화되지 아니한 약어나 전문용어 등은 가급적 회피
정확성	감사결과의 보고는 수집된 감사증거에 기초하여 정당성을 입증할 수 있도록 올바르게 기술하고 감사범위, 방법 또는 감사증거에 한계가 있는 경우에는 이를 명시
공정성	감사결과의 보고는 수감기관의 변명 또는 반론과 전문가의 자문을 충분히 고려하여야 하고 문제점을 과장하거나 편향된 시각으로 작성 금지

"감사인은 특히 감사보고서를 작성할 때에 정확성과 공정성을 유지하여야 한다. 감사의견과 감사보고서의 결론은 전적으로 감사과정에서 획득한 감사증거에 입각하여 작성되어야 한다"

3. 감사결과의 중간보고

감사단장은 감사기간 중 또는 감사 종료 후 감사결과와 관련하여 긴급을 요하는 중요사항이 발생한 경우에는 지체 없이 감사기구의 장에게 그 내용 및 처리방향 등을 보고하여야 한다. 감사기구의 장은 필요한 경우 소속기관의 장에게 「자체감사기준」 제27조 제1항에 따라 보고 받은 중요사항의 전부 또는 일부를 보고할 수 있으며, 보고를 받은 소속기관의 장은 적정한 조치를 하여야 한다.

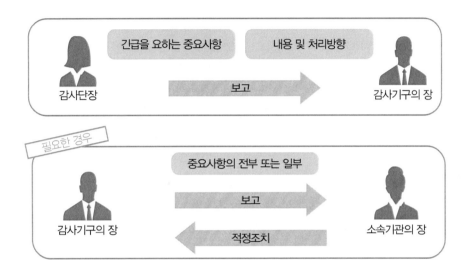

3절 감사결과의 통보 및 공개

「자체감사기준」 제28~29조

제28조(감사결과의 통보 등) ① 감사기구의 장은 법 제23조 제1항에 따라 자체감사 대상 기관에 감사결과를 통보할 때에는 다음 각 호의 사항을 포함한 시행문을 작성하여야 한다.

　　1. 제26조제1항제2호에 따른 감사결과 처분요구 및 조치사항

　　2. 감사결과 종류별 처리기한 및 결과 회보 의무

　　3. 법 제25조 및 영 제15조에 따른 재심의 신청에 대한 안내문

② 제1항제2호에 따른 감사결과 종류별 처리기한 및 결과 회보 의무는 다음과 같다.

1. 변상명령 : 변상책임자가 변상명령서를 받은 날로부터 3개월 안에 변상하도록 조치하고 그 결과를 지체 없이 회보
2. 징계 또는 문책 요구 : 1개월 안에 징계의결을 요구하고, 그 의결 결과를 지체 없이 회보
3. 시정 요구 : 2개월 안에 처리하고 그 결과를 지체 없이 회보
4. 개선 요구·권고·통보 : 2개월 안에 집행 가능한 사항은 그 기간 내에 적정한 조치를 하고 그 결과를 지체 없이 회보, 집행에 2개월 이상이 소요되는 사항은 2개월 안에 추진일정 및 계획 등이 포함된 집행계획을 우선 회보한 후 집행계획에 따라 조치한 결과를 지체 없이 회보, 다만 징계조치 여부를 일임한 통보(인사자료) 사항은 1개월 안에 적정한 조치를 하고 그 결과를 지체 없이 회보

③ 감사기구의 장은 제23조에 따라 확인서, 답변서, 문답서를 징구하였으나 감사결과로 처리하지 않기로 결정한 사항 중 일반국민의 이해관계에 영향을 미치거나 공무원의 신분상·재산상 책임과 관련이 있는 중요한 사항에 대하여는 10일 이내에 관계기관 또는 관련자 등에게 그 사실을 통보하여야 한다.

제29조(감사결과의 공개) 법 제26조에 따라 감사결과를 공개하는 때에는 공개의 시기·방법 등을 미리 정하여 공표하고 이에 따라 공개하여야 한다.

1. 감사결과의 통보

감사기구의 장은 「공감법」 제23조 제1항에 따라 자체감사 대상기관에 감사결과를 통보할 때에는 다음 각 호의 사항을 포함한 시행문을 작성하여야 한다.

① 「자체감사기준」 제26조 제1항 제2호에 따른 감사결과 처분요구 및 조치사항
② 감사결과 종류별 처리기한 및 결과 회보 의무
③ 「공감법」 제25조 및 「공감법 시행령」 제15조에 따른 재심의 신청에 대한 안내문

감사결과 통보

• 감사기구의 장은 공감법 제23조 제1항에 따라 자체감사 대상기관에 감사결과를 통보할 때에는 다음 각 호의 사항을 포함한 시행문을 작성

자체감사기준 제26조 제1항 제2호에 따른 감사결과 처분요구 및 조치사항

감사결과 종류별 처리기한 및 결과 회보 의무

공감법 제25조 및 공감법 시행령 제15조에 따른 재심의 신청에 대한 안내문

2. 감사결과 처리기한 및 결과 회보 의무

자체감사기준 제26조 제1항 제2호에 따른 감사결과 종류별 처리기한 및 결과 회보 의무는 다음과 같다.

① **변상명령**: 3개월 안에 변상하도록 조치하고 그 결과를 지체 없이 회보

② **징계 또는 문책 요구**: 1개월 안에 징계의결을 요구하고, 그 의결 결과를 지체 없이 회보

③ **시정 요구**: 2개월 안에 처리하고 그 결과를 지체 없이 회보

④ **개선 요구·권고·통보**: 2개월 안에 집행 가능한 사항은 그 기간 내에 적정한 조치를 하고 그 결과를 지체 없이 회보, 집행에 2개월 이상이 소요되는 사항은 2개월 안에 추진일정 및 계획 등이 포함된 집행계획을 우선 회보한 후 집행계획에 따라 조치한 결과를 지체 없이 회보, 다만 징계조치 여부를 일임한 통보(인사자료) 사항은 1개월 안에 적정한 조치를 하고 그 결과를 지체 없이 회보

감사결과 종류별 처리기한 및 결과 회보 의무

변상명령	• 변상책임자가 변상명령서를 받은 날로부터 3개월 안에 변상하도록 조치하고 그 결과를 지체 없이 회보

징계 또는 문책 요구	• 1개월 안에 징계의결을 요구하고 그 의결 결과를 지체 없이 회보
시정요구	• 2개월 안에 처리하고 그 결과를 지체 없이 회보
개선요구·권고·통보	• 2개월 안에 집행 가능한 사항은 그 기간 내에 적정한 조치를 하고 그 결과를 지체 없이 회보 • 집행에 2개월 이상이 소요되는 사항은 2개월 안에 추진일정 및 계획 등이 포함된 집행계획을 우선 회보한 후 집행계획에 따라 조치한 결과를 지체 없이 회보 • 다만 징계조치 여부를 일임한 통보(인사자료) 사항은 1개월 안에 적정한 조치를 하고 그 결과를 지체 없이 회보

감사기구의 장은 「자체감사기준」 제23조에 따라 확인서, 답변서, 문답서를 징구하였으나 감사결과로 처리하지 않기로 결정한 사항 중 일반국민의 이해관계에 영향을 미치거나 공무원의 신분상·재산상 책임과 관련이 있는 중요한 사항에 대하여는 10일 이내에 관계기관 또는 관련자 등에게 그 사실을 통보하여야 한다.

감사기구의 장이 확인서, 답변서, 문답서를 징구

 BUT!!
감사결과로 처리하지 않기로 결정한 사항 중
• 일반국민의 이해관계에 영향을 미치거나
• 공무원의 신분상·재산상 책임과 관련이 있는 중요한 사항

10일 이내에 관계기관 또는 관련자 등에게 그 사실을 통보

3. 감사결과의 공개

　　「공공감사에 관한 법률」 제26조(감사결과의 공개)에 따라 중앙행정기관등의 감사결과는 원칙적으로 공개하여야 한다. 감사결과를 공개하는 때에는 공개의 시기·방법 등을 미리 정하여 공표하고 이에 따라 공개하여야 한다.

「공공감사에 관한 법률」 제26조

- 중앙행정기관등의 감사결과는 원칙적으로 공개
- 감사결과를 공개하는 때에는 공개의 시기·방법 등을 미리 정하여 공표하고 이에 따라 공개

　　「공공기관의 정보공개에 관한 법률」 제9조(비공개대상정보)는 공공기관이 보유·관리하는 정보는 공개대상이 되지만, 아래와 같은 제1항 각 호의 어느 하나에 해당하는 정보에 대하여는 이를 공개하지 아니할 수 있다고 규정하고 있다.

「공공기관의 정보공개에 관한 법률」 제9조 제1항

공공기관이 보유·관리하는 정보는 공개대상이 되지만, 아래 어느 하나에 해당하는 정보에 대하여는 이를 공개하지 아니할 수 있다고 규정

① 다른 법률 또는 법률이 위임한 명령(국회규칙·대법원규칙·헌법재판소규칙·중앙선거관리위원회규칙·대통령령 및 조례에 한한다)에 의하여 비밀 또는 비공개 사항으로 규정된 정보

② 국가안전보장·국방·통일·외교관계 등에 관한 사항으로서 공개될 경우 국가의 중대한 이익을 현저히 해할 우려가 있다고 인정되는 정보

③ 공개될 경우 국민의 생명·신체 및 재산의 보호에 현저한 지장을 초래할 우려가 있다고 인정되는 정보

④ 진행 중인 재판에 관련된 정보와 범죄의 예방, 수사, 공소의 제기 및 유지, 형의 집행, 교정, 보안처분에 관한 사항으로서 공개될 경우 그 직무수행을 현저히 곤란하게 하거나 형사피고인의 공정한 재판을 받을 권리를 침해한다고 인정할 만한 상당한 이유가 있는 정보

⑤ 감사·감독·검사·시험·규제·입찰계약·기술개발·인사관리·의사결정과정 또는 내부검토과정에 있는 사항 등으로서 공개될 경우 업무의 공정한 수행이나 연구·개발에 현저한 지장을 초래한다고 인정할 만한 상당한 이유가 있는 정보

⑥ 당해 정보에 포함되어 있는 이름·주민등록번호 등 개인에 관한 사항으로서 공개될 경우 개인의 사생활의 비밀 또는 자유를 침해할 우려가 있다고 인정되는 정보. 다만, 다음에 열거한 개인에 관한 정보는 제외한다.

　가. 법령이 정하는 바에 따라 열람할 수 있는 정보
　나. 공공기관이 공표를 목적으로 작성하거나 취득한 정보로서 개인의 사생활의 비밀과 자유를 부당하게 침해하지 않는 정보
　다. 공공기관이 작성하거나 취득한 정보로서 공개하는 것이 공익 또는 개인의 권리구제를 위하여 필요하다고 인정되는 정보
　라. 직무를 수행한 공무원의 성명·직위
　마. 공개하는 것이 공익을 위하여 필요한 경우로써 법령에 의하여 국가 또는 지방자치단체가 업무의 일부를 위탁 또는 위촉한 개인의 성명·직업

⑦ 법인·단체 또는 개인(이하 "법인등"이라 한다)의 경영·영업상 비밀에 관한 사항으로서 공개될 경우 법인등의 정당한 이익을 현저히 해할 우려가 있다고

인정되는 정보. 다만, 다음에 열거한 정보를 제외한다.

가. 사업활동에 의하여 발생하는 위해로부터 사람의 생명·신체 또는 건강을 보호하기 위하여 공개할 필요가 있는 정보

나. 위법·부당한 사업활동으로부터 국민의 재산 또는 생활을 보호하기 위하여 공개할 필요가 있는 정보

⑧ 공개될 경우 부동산 투기·매점매석 등으로 특정인에게 이익 또는 불이익을 줄 우려가 있다고 인정되는 정보

1	다른 법률 또는 법률이 위임한 명령(국회규칙 ·대법원규칙 ·헌법재판소 규칙 ·중앙선거관리위원회규칙 ·대통령령 및 조례에 한한다)에 의하여 비밀 또는 비공개 사항으로 규정된 정보
2	국가안전보장·국방·통일·외교관계 등에 관한 사항으로서 공개될 경우 국가의 중대한 이익을 현저히 해할 우려가 있다고 인정되는 정보
3	공개될 경우 국민의 생명·신체 및 재산의 보호에 현저한 지장을 초래할 우려가 있다고 인정되는 정보
4	진행중인 재판에 관련된 정보와 범죄의 예방, 수사, 공소의 제기 및 유지, 형의 집행, 교정, 보안처분에 관한 사항으로서 공개될 경우 그 직무수행을 현저히 곤란하게 하거나 형사피고인의 공정한 재판을 받을 권리를 침해한다고 인정할 만한 상당한 이유가 있는 정보
5	감사·감독·검사·시험·규제·입찰계약·기술개발·인사관리·의사결정과정 또는 내부검토과정에 있는 사항 등으로서 공개될 경우 업무의 공정한 수행이나 연구·개발에 현저한 지장을 초래한다고 인정할 만한 상당한 이유가 있는 정보
6	당해 정보에 포함되어 있는 이름·주민등록번호 등 개인에 관한 사항으로서 공개될 경우 개인의 사생활의 비밀 또는 자유를 침해할 우려가 있다고 인정되는 정보

가. 법령이 정하는 바에 따라 열람할 수 있는 정보

나. 공공기관이 공표를 목적으로 작성하거나 취득한 정보로서 개인의 사생활의 비밀과 자유를 부당하게 침해하지 않는 정보

다. 공공기관이 작성하거나 취득한 정보로서 공개하는 것이 공익 또는 개인의 권리구제를 위하여 필요하다고 인정되는 정보

라. 직무를 수행한 공무원의 성명·직위

마. 공개하는 것이 공익을 위하여 필요한 경우로써 법령에 의하여 국가 또는 지방자치단체가 업무의 일부를 위탁 또는 위촉한 개인의 성명·직업

7	법인·단체 또는 개인(이하 "법인등"이라 한다)의 경영·영업상 비밀에 관한 사항으로서 공개될 경우 법인등의 정당한 이익을 현저히 해할 우려가 있다고 인정되는 정보

다만, 다음에 열거한 정보를 제외함

가. 사업활동에 의하여 발생하는 위해로부터 사람의 생명·신체 또는 건강을 보호하기 위하여 공개할 필요가 있는 정보

나. 위법·부당한 사업활동으로부터 국민의 재산 또는 생활을 보호하기 위하여 공개할 필요가 있는 정보

8	공개될 경우 부동산 투기·매점매석 등으로 특정인에게 이익 또는 불이익을 줄 우려가 있다고 인정되는 정보

≫ 9장 평가문제 ≪

---

1. 다음 감사결과를 처리하기 위한 기준에 관한 설명 중 옳지 않은 것은?

---

① 변상명령: 「회계관계직원 등의 책임에 관한 법률」이 정하는 바에 따라 변상책임이 있는 경우

② 징계 또는 문책요구: 「국가공무원법」과 그 밖의 법령에 규정된 징계 또는 문책 사유에 해당하거나 정당한 사유 없이 자체감사를 거부하거나 자료의 제출을 게을리 한 경우

③ 시정요구: 감사 결과 문제점이 인정되는 사실이 있어 그 대안을 제시하고 감사대상기관의 장 등으로 하여금 개선방안을 마련하도록 할 필요가 있는 경우

④ 개선요구: 감사 결과 법령상·제도상 또는 행정상 모순이 있거나 그 밖에 개선할 사항이 있다고 인정되는 경우

---

2. 다음 중 감사결과보고서에 포함되어야 하는 사항으로 적절치 않은 것은?

---

① 감사목적 및 범위, 감사기간 등 감사실시개요

② 감사결과 처분요구 및 조치사항

③ 감사결과에 대한 감사대상기관 또는 부서의 변명 또는 반론

④ 감사단 편성 및 개인별 감사사무분장

3. 다음 감사결과 종류별 처리기한과 결과회보 의무에 관한 설명 중 잘못된 것은?

① 변상명령: 3개월 안에 변상하도록 조치하고 그 결과를 지체 없이 회보

② 징계 또는 문책 요구: 2개월 안에 징계의결을 요구하고, 그 의결 결과를 지체없이 회보

③ 시정 요구: 2개월 안에 처리하고 그 결과를 지체 없이 회보

④ 개선 요구·권고·통보: 2개월 안에 집행 가능한 사항은 그 기간 내에 적정한 조치를 하고 그 결과를 지체 없이 회보

/정/답/ 1. ③   2. ④   3. ②

〈해설〉

1. 감사 결과 문제점이 인정되는 사실이 있어 그 대안을 제시하고 감사대상기관의 장 등으로 하여금 개선방안을 마련하도록 할 필요가 있는 경우에는 시정 요구가 아니라 권고 처분한다.

2. 감사단의 편성과 개인별 감사사무분장 내용은 감사계획의 수립 시에 포함되어야 하는 사항이다.

3. 징계 또는 문책 요구는 1개월 안에 징계의결을 요구하고, 그 의결 결과를 지체 없이 회보하여야 한다.

9장 요약

□ 감사결과의 보고 및 처리기준은 감사보고서를 작성하고 전달하는 각 단계에서 감사담당자등이 준수하여야 하는 기준이다. 감사기구의 장은 감사증거를 바탕으로 합법성, 효율성 등 여러 감사판단기준을 종합적으로 검토하여 도출된 감사결과를 감사결과의 처리기준에 따라 처리하여야 한다. 감사결과의 처리기준에는 변상명령, 징계 또는 문책요구, 시정요구, 주의요구, 개선요구, 권고, 통보, 고발 등이 있다.

□ 감사기구의 장은 감사가 종료된 후 감사목적 및 범위, 감사기간 등 감사실시 개요, 감사결과 처분요구 및 조치사항, 감사결과에 대한 감사대상기관 또는 부서의 변명 또는 반론, 일반인에게 공개할 수 없는 정보가 있는 경우 그 사유 및 근거 등을 포함한 감사결과보고서를 작성하여 소속기관의 장에게 보고하여야 한다.

□ 감사기구의 장은 자체감사 대상기관에 감사결과 처분요구 및 조치사항, 감사결과 종류별 처리기한 및 결과 회보 의무 및 재심의 신청에 대한 안내문 등을 포함한 감사결과를 통보하여야 한다. 감사결과 종류별 처리기한 및 결과 회보 의무는 변상명령의 경우, 3개월 안에 변상하도록 조치하고 그 결과를 지체 없이 회보, 징계 또는 문책 요구의 경우, 1개월 안에 징계의결을 요구하고, 그 의결 결과를 지체 없이 회보, 시정 요구의 경우, 2개월 안에 처리하고 그 결과를 지체 없이 회보하여야 한다. 개선 요구·권고·통보의 경우에는 2개월 안에 집행 가능한 사항은 그 기간 내에 적정한 조치를 하고 그 결과를 지체 없이 회보, 집행에 2개월 이상이 소요되는 사항은 2개월 안에 추진일정 및 계획 등이 포함된 집행계획을 우선 회보한 후 집행계획에 따라 조치한 결과를 지체 없이 회보하여야 한다.

10장 감사결과의 사후관리

≫ 인트로 ≪

이번 장에서 학습할 주요 내용은...

- 재심의 절차
- 이행결과의 확인

    자체감사를 한 중앙행정기관 등의 장으로부터 감사결과를 통보받은 자체감사 대상기관의 장은 그 감사결과가 위법 또는 부당하다고 인정할 때에는 통보를 한 중앙행정기관 등의 장에게 **재심의**를 신청할 수 있다. 재심의를 신청받은 중앙행정기관등의 장은 지체 없이 자체감사기구에 재심의신청을 검토하여, 그 처리 결과를 문서로 지체 없이 통보하여야 한다.

    통상 감사목적은 1차적으로는 특정 문제점에 대한 점검분석을 통해 개선대안을 제시하는 것이지만 2차적으로는 감사결과 제시한 개선대안 등을 수감기관이 실행에 옮김으로써 발생하는 궁극적인 효과, 예컨대 '수질의 개선', '복지 전달체계의 효율화' 등의 달성이 된다. 궁극적인 감사의 효과는 감사기구가 제시한 개선대안을 감사대상기관 등 관계기관이 실행에 옮겨야만 달성할 수 있기 때문에 감사의 실효성을 확보하기 위해 감사기구가 제시한 개선대안을 관계기관이 실행에 옮기도록 하는 '**감사결과 사후관리**'가 매우 중요하다. 「자체감사기준」 제31조는 감사결과 사후관리 차원에서 이행결과의 확인에 관하여 규정하고 있다.

이번 장에서는 감사결과의 사후관리와 관련하여 다음과 같은 세 가지의 학습효과를 기대한다.

1) 자체감사 대상기관의 장은 어떤 방법으로 재심의를 신청하여야 하는지 알게 된다.
2) 감사기구의 장은 어떤 절차와 방법으로 재심의를 처리하는지 숙지하게 된다.
3) 감사기구의 장은 이행결과의 확인 차원에서 어떤 조치들을 취할 수 있는지 파악하게 된다.

 학습이 끝나고 나면...

① 자체감사 대상기관의 장은 어떤 방법으로 재심의를 신청하여야 하는지 말할 수 있다.
② 감사기구의 장은 어떤 절차와 방법으로 재심의를 처리하는지 설명할 수 있다.
③ 감사기구의 장은 이행결과의 확인 차원에서 어떤 조치들을 취할 수 있는지 설명할 수 있다.

≫ 학습 ≪

1절 / 재심의 절차

「자체감사기준」 제30조

제30조(재심의신청의 처리절차) ① 감사기구의 장은 법 제25조에 따른 재심의신청을 받은 경우 공정한 처리를 위하여 해당 감사결과에 관여하지 않은 감사담당자가 처리하도록 하여야 한다.

② 감사기구의 장은 재심의신청의 처리에 필요한 경우 신청인 또는 관련자의 의견을 듣거나 보완 자료를 요청할 수 있다.

③ 감사기구의 장은 재심의신청의 처리 결과를 소속기관의 장에게 보고하고, 보고를 받은 소속기관의 장은 그 처리 결과를 재심의를 신청한 감사대상기관의 장에게 서면으로 통보하여야 한다.

1. 재심의 신청

「공공감사에 관한 법률」 제25조(재심의신청 등)는 자체감사를 한 중앙행정기관 등의 장으로부터 감사결과를 통보받은 자체감사 대상기관의 장은 그 감사결과가 위법 또는 부당하다고 인정할 때에는 그 통보를 받은 날부터 1개월 이내에 통보를 한 중앙행정기관등의 장에게 재심의를 신청할 수 있도록 하고 있다.

이에 따라 재심의를 신청하는 경우에는 신청이유와 내용을 분명히 밝히고 필요한 증거자료가 있으면 첨부하여야 한다.

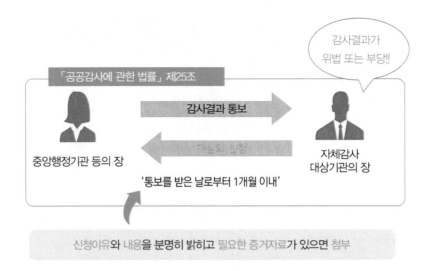

감사결과가 위법 또는 부당!!

「공공감사에 관한 법률」제25조

감사결과 통보 →

← 재심의 신청

중앙행정기관 등의 장

자체감사 대상기관의 장

'통보를 받은 날로부터 1개월 이내'

신청이유와 내용을 분명히 밝히고 필요한 증거자료가 있으면 첨부

　　다만, **변상명령에 대한 불복**에 관하여는 「회계관계직원 등의 책임에 관한 법률」 제6조제3항부터 제5항까지의 규정에 따르도록 정하고 있다. 회책법 제6조는 감사원의 판정 전의 회계관계직원의 변상책임에 관하여 규정하고 있는 조항으로서 중앙관서의 장, 지방자치단체의 장, 감독기관의 장, 해당 기관의 장 중 어느 하나에 해당하는 사람은 회계관계직원이 제4조에 따른 변상책임이 있다고 인정되는 경우에는 감사원이 판정하기 전이라도 해당 회계관계직원에 대하여 변상을 명할 수 있다고 명시하고 있다.

변상명령에 대한 불복

「회계관계직원 등의 책임에 관한 법률」제6조 제3항~5항

'제4조에 따른 변상책임'

감사원 판정 전에 변상을 명함 →

중앙관서의 장,
지방자치단체의 장, 감독기관의 장,
해당 기관의 장

회계관계직원

「회계관계직원 등의 책임에 관한 법률」 제4조는 회계관계직원이 고의 또는 중대한 과실로 법령이나 그 밖의 관계 규정 및 예산에 정하여진 바를 위반하여 국가, 지방자치단체, 그 밖에 감사원의 감사를 받는 단체 등의 재산에 손해를 끼친 경우, 또한 현금 또는 물품을 출납·보관하는 회계관계직원이 선량한 관리자로서의 주의를 게을리하여 그가 보관하는 현금 또는 물품이 망실되거나 훼손된 경우에 **변상책임**을 규정한 조항이다.

「회계관계직원 등의 책임에 관한 법률」 제4조

회계관계직원이 고의 또는 중대한 과실로 법령이나 그 밖의 관계 규정 및 예산에 정하여진 바를 위반하여 국가, 지방자치단체, 그 밖에 감사원의 감사를 받는 단체 등의 재산에 손해를 끼친 경우, 또한 현금 또는 물품을 출납·보관하는 회계관계직원이 선량한 관리자로서의 주의를 게을리하여 그가 보관하는 현금 또는 물품이 망실되거나 훼손된 경우에 변상책임을 규정한 조항

「회계관계직원 등의 책임에 관한 법률」 제6조제3항부터 제5항에서는 제1항 또는 제2항에 따라 중앙관서의 장, 지방자치단체의 장, 감독기관의 장, 해당 기관의 장 중 어느 하나에 해당하는 사람에 의해서 변상책임이 있다고 인정되어 감사원이 판정하기 전에 변상을 명령받은 회계관계직원은 이의가 있으면 감사원장이 정하는 판정청구서에 의하여 감사원에 판정을 청구할 수 있도록 하고 있다.

「회계관계직원 등의 책임에 관한 법률」 제6조 제3항~제5항

'제4조에 따른 변상책임'

감사원 판정 전에 변상을 명함

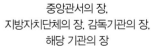

중앙관서의 장,
지방자치단체의 장, 감독기관의 장,
해당 기관의 장

회계관계직원

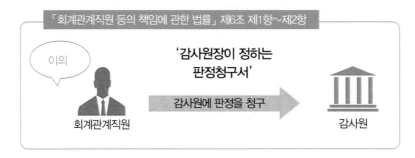

「회계관계직원 등의 책임에 관한 법률」 제6조 제1항~제2항

이의

회계관계직원

'감사원장이 정하는
판정청구서'

감사원에 판정을 청구

감사원

변상책임이 있다고 인정되어 감사원이 판정하기 전에 회계관계직원에게 변상명령을 한 자는 감사원이 해당 회계관계직원에 대하여 변상의 책임이 없다고 판정하거나, 변상금액을 감면한 경우(제5조)에는 회계관계직원이 이미 낸 변상금의 전부 또는 그 차액을 지체 없이 반환하여야 한다.

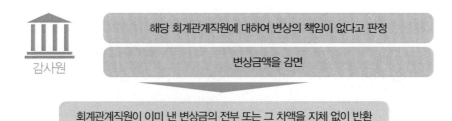

감사원

해당 회계관계직원에 대하여 변상의 책임이 없다고 판정

변상금액을 감면

회계관계직원이 이미 낸 변상금의 전부 또는 그 차액을 지체 없이 반환

참고로 「감사원법」에도 재심의 청구에 관한 조항을 두고 있다.(제36조)

제1항: 변상 판정에 대하여 위법 또는 부당하다고 인정하는 본인, 소속 장관, 감독기관의 장 또는 해당 기관의 장은 변상판정서가 도달한 날부터 3개월 이내에 감사원에 재심의를 청구할 수 있다.

제2항: 감사원으로부터 징계·문책, 시정, 개선 등의 처분을 요구받은 소속 장관, 임용권자나 임용제청권자, 감독기관의 장 또는 해당 기관의 장은 그 요구가 위법 또는 부당하다고 인정할 때에는 그 요구를 받은 날부터 1개월 이내에 감사원에 재심의를 청구할 수 있다.

참고:「감사원법」재심의 청구에 관한 조항

제36조

제1항: 변상 판정에 대하여 위법 또는 부당하다고 인정하는 본인, 소속 장관, 감독기관의 장 또는 해당 기관의 장은 변상판정서가 도달한 날부터 3개월 이내에 감사원에 재심의를 청구할 수 있다.

제2항: 감사원으로부터 징계, 문책, 시정, 개선 등의 처분을 요구받은 소속 장관, 임용권자나 임용제청권자, 감독기관의 장 또는 해당 기관의 장은 그 요구가 위법 또는 부당하다고 인정할 때에는 그 요구를 받은 날부터 1개월 이내에 감사원에 재심의를 청구할 수 있다.

재심의를 신청받은 중앙행정기관등의 장은 지체 없이 자체감사기구에 재심의신청을 검토하게 하여야 한다. 이 경우 재심의신청이 요건을 갖추지 못하였을 때에는 각하한다. 중앙행정기관등의 장은 재심의신청이 이유가 없다고 인정될 때에는 기각하고, 이유가 있다고 인정될 때에는 그 감사결과를 취소하거나 변경하여야 한다. 재심의신청을 받은 중앙행정기관등의 장은 특별한 사정이 없으면 재심의신청을 접수한 날부터 2개월 이내에 처리하여야 한다.

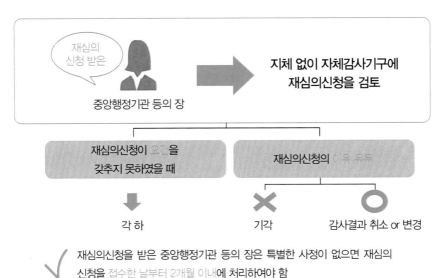

2. 재심의 절차

　　「자체감사기준」 제30조(재심의신청의 처리절차)는 감사기구의 장이 법 제25조에 따른 재심의신청을 받은 경우 공정한 처리를 위하여 해당 감사결과에 관여하지 않은 감사담당자가 처리하도록 하여야 한다고 규정하고 있는데 이는 감사담당자가 과거 자신이 수행한 감사업무의 결과에 대한 재심의 업무에 관여하는 것을 배제함으로써 감사인의 개인적 독립성을 확보하기 위한 감사담당자의 회피에 해당한다.

공공감사기준 제30조

'재심의 신청' ➡ 감사기구의 장 ➡ '감사결과에 관여하지 않은' 감사담당자가 처리하도록 하여야 함

감사담당자가 과거 자신이 수행한 감사업무의 결과에 대한 재심의 업무에 관여하는 것을 배제

 감사인의 개인적 독립성을 확보하기 위한 감사담당자의 회피

　　감사기구의 장은 재심의신청의 처리에 필요한 경우 신청인 또는 관련자의 의견을 듣거나 보완 자료를 요청할 수 있다. 감사기구의 장은 재심의 신청의 처리 결과를 소속기관의 장에게 보고하고, 보고를 받은 소속기관의 장은 그 처리 결과를 재심의를 신청한 감사대상기관의 장에게 서면으로 통보하여야 한다.

재심의신청의 처리에 필요한 경우 신청인 또는 관련자의 의견을 듣거나 보완 자료를 요청할 수 있음

감사기구의 장

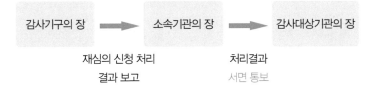

감사기구의 장 → 소속기관의 장 → 감사대상기관의 장

재심의 신청 처리   처리결과
결과 보고   서면 통보

3. 재심의 사건의 심리와 처리

「공감법」 제25조 제1항에 따라서 재심의 사건의 심리와 처리 등에 필요한 사항은 「공감법 시행령」 제15조에서 정하고 있다. 재심의는 일정한 서식의 재심의신청서에 따라 신청하여야 한다.(서식 참고)

「공감법」 제25조 제1항

재심의 사건의 심리와 처리 등에 필요한 사항은 「공감법 시행령」 제15조에서 정하고 있음

↳ 재심의는 일정한 서식의 재심의신청서에 따라 신청

1. 신청인	주소(기관의 소재지)			
	기관명		직 명	
	성 명		전화번호	
2. 감사결과를 통보한 기관명				
3. 재심의신청의 대상이 되는 감사결과의 내용				
4. 재심의신청의 취지 및 그 이유				
5. 감사결과를 통보받은 날짜				
6. 대리인의 성명 및 주소				

「공공감사에 관한 법률」 제25조 및 같은 법 시행령 제15조에 따라 관계 서류를 첨부하여 위와
같이 재심의를 신청합니다.

20 . . .
신청인 (인)

첨부서류: 표지 포함 장.

귀중

1) 재심의신청의 각하

다음의 어느 하나에 해당하는 경우에는 「공감법」 제25조제3항에 따라 재심의
신청을 각하한다.

① 재심의 신청대상이 아니거나 재심의를 신청할 수 있는 자가 아닌 경우
② 재심의 신청기간이 지난 경우
③ 재심의신청에 따라 재심의한 사안인 경우
④ 행정심판(다른 법률에 따른 특별행정심판을 포함한다), 심사청구, 소송 등을

통하여 확정된 사안인 경우

⑤ 그 밖에 법 및 이 영에서 정한 재심의와 관련된 요건 및 절차를 갖추지 못한
경우

1	재심의 신청대상이 아니거나 재심의를 신청할 수 있는 자가 아닌 경우
2	재심의 신청기간이 지난 경우
3	재심의신청에 따라 재심의한 사안인 경우
4	행정심판(다른 법률에 따른 특별행정심판을 포함한다), 심사청구, 소송 등을 통하여 확정된 사안인 경우
5	그 밖에 법 및 이 영에서 정한 재심의와 관련된 요건 및 절차를 갖추지 못한 경우

2) 재심의신청의 보정

「공감법」 및 「공감법 시행령」에서 정한 재심의와 관련된 요건 및 절차를 갖추
지 못한 경우(제2항제5호)에 보정(補正)할 수 있다고 인정될 때에는 재심의를 신청받
은 중앙행정기관등의 장은 적절한 기한을 정하여 그 보충 및 정정을 요구할 수 있으며
그 기간에 보정이 된 경우에는 처음부터 적법한 재심의신청이 된 것으로 본다. 다만,
정해진 기간 내에 보정하지 아니하였을 때에는 재심의신청을 각하한다.

재심의와 관련된 요건 및 절차를 갖추지 못한 경우

 BUT!! 보정(補正)할 수 있다고 인정될 때

재심의를 신청 받은 중앙행정기관 등의 장은 적절한 기한을 정하여 그 보충 및 정정을 요구할 수 있음

그 기간에 보정이 된 경우에는 처음부터 적법한 재심의신청이 된 것으로 봄

✓ 정해진 기간 내에 보정하지 아니하였을 때에는 재심의신청을 각하함

3) 재심의신청 결과의 통보

중앙행정기관등의 장은 재심의 사건을 처리하였을 때에는 재심의를 신청한 자체감사 대상기관의 장에게 그 처리 결과를 문서로 지체 없이 통보하여야 한다.

재심의를 신청한 자체감사 대상기관의 장은 중앙행정기관등의 장이 재심의 사건을 처리하기 전에 서면으로 재심의신청을 취하할 수 있다.

중앙행정기관등의 장은 감사결과를 통보한 사항으로서 직권으로 재심의하여 그 내용을 변경하거나 취소할 필요가 있다고 인정할 때에는 직권으로 재심의하여 감사결과를 변경하거나 취소할 수 있다.

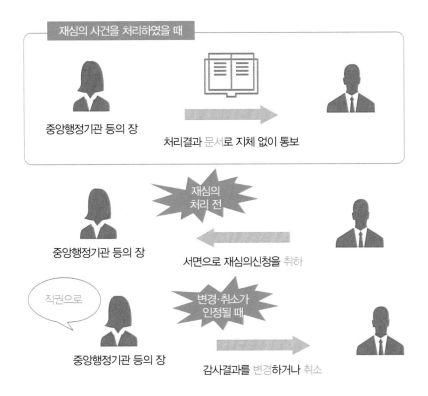

재심의 사건을 처리하였을 때

중앙행정기관 등의 장　　처리결과 문서로 지체 없이 통보

재심의 처리 전

중앙행정기관 등의 장　　서면으로 재심의신청을 취하

직권으로

중앙행정기관 등의 장　　감사결과를 변경하거나 취소

변경·취소가 인정될 때

2절　이행결과의 확인

「자체감사기준」제31조

제31조(이행결과의 확인) ① 감사기구의 장은 법 제23조제3항에 따라 제출된 감사대
상기관 또는 부서의 이행결과를 검토하고, 필요한 경우 보완자료를 요구하거나 이행을
독촉하여야 한다.

② 감사기구의 장은 감사결과 처분요구 및 조치사항에 대한 사후관리의 적정성 확보를
위하여 필요한 경우 현지 확인점검을 실시할 수 있다.

③ 감사기구의 장은 감사결과를 통보받은 감사대상기관 또는 부서의 장이 제28조제2
항에 따른 처리기한 내에 적정한 조치를 하지 않는 경우 그 사유 및 조치계획서 등
을 작성하여 통보하도록 할 수 있다.

④ 감사기구의 장은 감사대상기관 또는 부서의 장이 정당한 사유 없이 감사결과 처분
요구 또는 조치사항을 이행하지 않는 때에는 감사를 실시할 수 있다.

1. 감사결과의 사후관리

감사인은 감사업무를 수행하면서 선행 감사시 감사기관이 처분(요구) 또는 권
고·통보한 사항에 대하여 수감기관이 적정한 조치를 적시에 취하였는지 여부를 확인
하여야 한다. 감사의 주된 효익은 감사보고서에 기술된 문제점의 적출 또는 처분(요
구)·권고·통보 그 자체에 있는 것이 아니라 그 문제점을 효과적으로 해결하는 데에 있
는 것이다. 수감기관의 관리자는 감사결과 지적사항의 해결에 대하여 책임을 지며,
선행 감사결과의 후속조치에 대한 확인은 이러한 책임 완수를 촉진하는 역할을 한다.

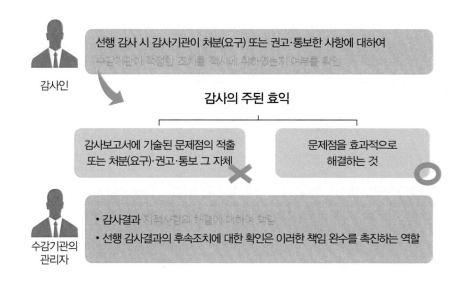

감사인은 선행 감사결과에 대한 후속조치를 확인한 결과 중요한 처분요구 또는
권고·통보한 사항에 대한 수감기관의 조치가 미흡하다고 판단되는 경우에는 이를 감

사보고서에 기술하고 그 원인의 규명과 함께 적절한 대응책을 강구하여야 한다.(「공공감사기준 주석서」 감사원, 2000)

「공공감사기준 주석서」 감사원, 2000

감사인

선행 감사결과에 대한 후속조치를 확인

중요한 처분요구 또는 권고·통보한 사항에 대한 수감기관의 조치가 미흡하다고 판단

감사보고서에 기술하고 그 원인의 규명과 함께 적절한 대응책을 강구

　　　통상 감사계획서에서 감사목적은 1차적으로는 특정 문제점에 대한 점검분석을 통해 개선대안을 제시하는 것이지만 2차적으로는 감사결과 제시한 개선대안 등을 수감기관이 실행에 옮김으로써 발생하는 궁극적인 효과, 예컨대 '국민의 건강 증진', '수질의 개선', '복지 전달체계의 효율화' 등의 달성이 된다. 궁극적인 감사의 효과는 감사기구가 제시한 개선대안을 감사대상기관 등 관계기관이 실행에 옮겨야만 달성할 수 있기 때문에 감사의 실효성을 확보하기 위해 감사기구가 제시한 개선대안을 관계기관이 실행에 옮기도록 하는 일이 매우 중요하다.

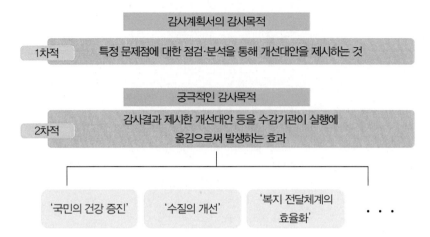

따라서 감사기구가 제시한 개선대안을 감사대상기관이 실행에 옮기도록 관리하는 과정이 필요하게 되는데 이를 '**감사결과 사후관리**'라고 하며, '감사계획', '감사실시', '감사결과보고(처리)'와 함께 감사의 4단계를 구성한다.

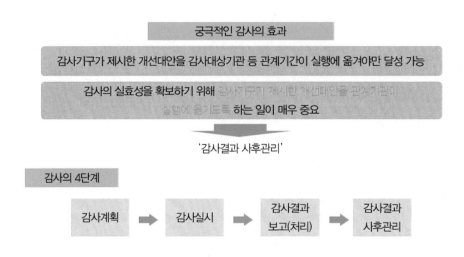

어떤 종류의 감사에 있어서나 사후관리는 중요하지만 감사결과 처리방법이 대개 수감기관의 자율적 집행을 전제로 하는 권고와 통보 위주인 성과감사에 있어서 그 중요성이 더욱 크다.

어떤 종류의 감사에 있어서나 사후관리는 중요하지만 감사결과 처리방법이 대개 수감기관의 자율적 집행을 전제로 하는 권고와 통보 위주인 성과감사에 있어서 그 중요성이 더욱 큼

국제감사원기구(INTOSAI)의 「성과감사기준 실행지침(Implementation Guidelines for Performance Auditing Standards)」에서는 사후관리의 목적으로 다음의 네 가지를 들고 있다.

- 감사보고서의 효과성(조치사항의 이행가능성) 증대
- 행정부와 의회에 개선 효과와 이행상 문제점에 관한 정보 제공
- 감사기구의 성과에 대한 평가 근거로 활용
- 감사인에게 학습 및 발전을 촉진하는 계기를 제공

국제감사원기구(INTOSAI)의 「성과감사기준 실행지침(Implementation Guidelines for Performance Auditing Standards)」의 사후관리 목적

- 감사보고서의 효과성(조치사항의 이행가능성) 증대
- 행정부와 의회에 개선의 효과와 이행상 문제점에 관한 정보 제공
- 감사기구의 성과에 대한 평가근거로 활용
- 감사인에게 학습 및 발전을 촉진하는 계기 제공

2. 이행결과의 확인

「자체감사기준」제31조는 이행결과의 확인에 관하여 규정하고 있다. 먼저 중앙행정기관등의 장은 특별한 사정이 없으면 자체감사가 종료된 후 60일 이내에 그 감사결과를 자체감사 대상기관의 장과 감사원에 통보하여야 한다.(「공감법」제23조제1항)

감사결과를 통보받은 자체감사 대상기관의 장은 정당한 사유가 없으면 감사결과의 조치사항을 이행하고 그 이행결과를 자체감사를 수행한 중앙행정기관의 장에게 통보하여야 한다.

그 이행결과를 통보받은 중앙행정기관등의 장은 제출된 감사대상기관 또는 부서의 이행결과를 검토하고, 필요한 경우 보완자료를 요구하거나 이행을 독촉하여야 한다.

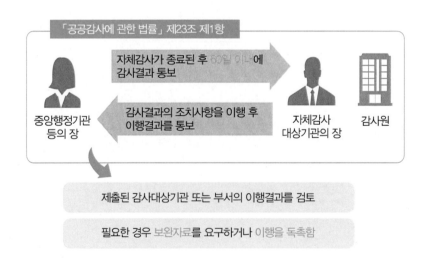

감사기구의 장은 감사결과 처분요구 및 조치사항에 대한 사후관리의 적정성 확보를 위하여 필요한 경우 현지 확인·점검을 실시할 수 있다.

감사기구의 장은 감사결과를 통보받은 감사대상기관 또는 부서의 장이 제28조 제2항에 따른 처리기한 내에 적정한 조치를 하지 않는 경우 그 사유 및 조치계획서 등을 작성하여 통보하도록 할 수 있다.

감사기구의 장

감사결과 처분요구 및 조치사항에 대한 사후관리의 적정성 확보를 위하여 필요한 경우 현지 확인·점검을 실시

감사결과를 통보 받은 감사대상기관 또는 부서의 장이 제28조 제2항에 따른 처리기한 내에 적정한 조치를 하지 않는 경우 그 사유 및 조치계획서 등을 작성하여 통보하도록 할 수 있음

감사결과 종류별 처리기한 및 결과 회보 의무는 다음과 같다.

① **변상명령**: 변상책임자가 변상명령서를 받은 날로부터 3개월 안에 변상하도록 조치하고 그 결과를 지체 없이 회보

② **징계 또는 문책요구**: 1개월 안에 징계의결을 요구하고, 그 의결 결과를 지체 없이 회보

③ **시정요구**: 2개월 안에 처리하고 그 결과를 지체 없이 회보

④ **개선요구·권고·통보**: 2개월 안에 집행 가능한 사항은 그 기간 내에 적정한 조치를 하고 그 결과를 지체 없이 회보, 집행에 2개월 이상이 소요되는 사항은 2개월 안에 추진일정 및 계획 등이 포함된 집행계획을 우선 회보한 후 집행계획에 따라 조치한 결과를 지체 없이 회보, 다만 징계조치 여부를 일임한 통보(인사자료) 사항은 1개월 안에 적정한 조치를 하고 그 결과를 지체 없이 회보

감사결과 종류별 처리기한 및 결과 회보 의무

변상명령	3개월 안에 변상하도록 조치하고 그 결과를 지체 없이 회보
징계 또는 문책 요구	1개월 안에 징계의결을 요구하고, 그 의결 결과를 지체 없이 회보
시정 요구	2개월 안에 처리하고 그 결과를 지체 없이 회보
개선 요구·권고·통보	• 2개월 안에 집행 가능한 사항은 그 기간 내에 적정한 조치를 하고 그 결과를 지체 없이 회보 • 집행에 2개월 이상이 소요되는 사항은 2개월 안에 추진일정 및 계획 등이 포함된 집행계획을 우선 회보한 후 집행계획에 따라 조치한 결과를 지체 없이 회보 • 다만 징계조치 여부를 일임한 통보(인사자료) 사항은 1개월 안에 적정한 조치를 하고 그 결과를 지체 없이 회보

감사기구의 장은 감사대상기관 또는 부서의 장이 정당한 사유 없이 감사결과 처분요구 또는 조치사항을 이행하지 않는 때에는 감사를 실시할 수 있다.

감사기구의 장

감사대상기관 또는 부서의 장이 정당한 사유 없이 감사결과 처분요구 또는 조치사항을 이행하지 않는 때에는 감사를 실시할 수 있음

≫ 10장 평가문제 ≪

1. 다음 재심의 절차에 관한 설명으로 옳지 않은 것은?

① 재심의는 일정한 서식의 재심의신청서에 따라 신청하여야 한다.

② 감사기구의 장은 재심의신청을 받은 경우 업무의 연속성을 위하여 해당 감사결과에 관여한 감사담당자가 처리하도록 하여야 한다.

③ 감사기구의 장은 재심의신청의 처리에 필요한 경우 신청인 또는 관련자의 의견을 듣거나 보완 자료를 요청할 수 있다.

④ 감사기구의 장은 재심의신청의 처리 결과를 소속기관의 장에게 보고하고, 보고를 받은 소속기관의 장은 그 처리 결과를 재심의를 신청한 감사대상 기관의 장에게 서면으로 통보하여야 한다.

2. 다음은 재심의 신청과 처리에 관한 설명이다. 잘못된 설명을 고르시오.

① 자체감사를 한 중앙행정기관등의 장으로부터 감사결과를 통보받은 자체 감사 대상기관의 장은 그 감사결과가 위법 또는 부당하다고 인정할 때에 는 통보를 한 중앙행정기관등의 장에게 재심의를 신청할 수 있다.

② 재심의를 신청하는 경우에는 신청이유와 내용을 분명히 밝히고 필요한 증 거자료가 있으면 첨부하여야 한다.

③ 재심의를 신청받은 중앙행정기관등의 장은 지체 없이 자체감사기구에 재 심의신청을 검토하게 하여야 하는데, 재심의신청이 요건을 갖추지 못하였 을 때에는 각하하고, 재심의신청이 이유가 없다고 인정될 때에는 기각하 고, 이유가 있다고 인정될 때에는 감사를 다시 실시하여야 한다.

④ 재심의신청을 받은 중앙행정기관등의 장은 특별한 사정이 없으면 재심의 신청을 접수한 날부터 2개월 이내에 처리하여야 한다.

3. 감사기구의 장은 감사대상기관이 감사결과의 조치사항을 이행한 결과를 확인하여 감사의 실효성을 확보하여야 한다. 다음 중 이행결과 확인을 위한 조치로서 잘못된 것은?

① 감사기구의 장은 제출된 감사대상기관의 이행결과를 검토하고, 필요한 경우 보완자료를 요구하거나 이행을 독촉하여야 한다.

② 감사기구의 장은 감사대상기관의 부담을 줄이기 위하여 사후관리를 위한 현지 확인·점검은 실시하지 않아야 한다.

③ 감사기구의 장은 감사결과를 통보받은 감사대상기관의 장이 정해진 처리기한 내에 적정한 조치를 하지 않는 경우 그 사유와 조치계획서 등을 작성하여 통보하도록 할 수 있다.

④ 감사기구의 장은 감사대상기관 또는 부서의 장이 정당한 사유 없이 감사결과 처분요구 또는 조치사항을 이행하지 않는 때에는 감사를 실시할 수 있다.

/정/답/ 1.② 2.③ 3.②

〈해설〉

1. 감사기구의 장은 재심의신청을 받은 경우 공정한 처리를 위하여 해당 감사결과에 관여하지 않은 감사담당자가 처리하도록 하여야 한다.

2. 재심의를 신청받은 중앙행정기관등의 장은 지체 없이 자체감사기구에 재심의신청을 검토하게 하여야 한다. 이 경우 재심의신청이 요건을 갖추지 못하였을 때에는 각하한다. 재심의신청이 이유가 없다고 인정될 때에는 기각하고, 이유가 있다고 인정될 때에는 그 감사결과를 취소하거나 변경하여야 한다.

3. 감사기구의 장은 감사결과 처분요구 및 조치사항에 대한 사후관리의 적정성 확보를 위하여 필요한 경우 현지 확인·점검을 실시할 수 있다.

10장 요약

□ 자체감사를 한 중앙행정기관 등의 장으로부터 감사결과를 통보받은 자체감사 대상기관의 장은 그 감사결과가 위법 또는 부당하다고 인정할 때에는 통보를 한 중앙행정기관 등의 장에게 재심의를 신청할 수 있다. 재심의를 신청받은 중 앙행정기관등의 장은 지체 없이 자체감사기구에 재심의신청을 검토하여, 재심 의신청이 요건을 갖추지 못하였을 때에는 각하하고, 재심의신청이 이유가 없 다고 인정될 때에는 기각하고, 이유가 있다고 인정될 때에는 그 감사결과를 취 소하거나 변경하여야 한다.

□ 감사기구의 장은 재심의신청을 받은 경우 공정한 처리를 위하여 해당 감사결 과에 관여하지 않은 감사담당자가 처리하도록 하여야 한다. 감사기구의 장은 재심의신청의 처리에 필요한 경우 신청인 또는 관련자의 의견을 듣거나 보완 자료를 요청할 수 있다. 감사기구의 장은 재심의신청의 처리 결과를 소속기관 의 장에게 보고하고, 보고를 받은 소속기관의 장은 그 처리 결과를 재심의를 신청한 감사대상기관의 장에게 서면으로 통보하여야 한다.

□ 궁극적인 감사의 효과는 감사기구의 처분요구나 조치사항을 감사대상기관이 실행에 옮겨야만 달성될 수 있기 때문에 감사의 실효성을 확보하기 위해 감사 기구가 제시한 처분요구나 조치사항을 실행에 옮기도록 이행결과를 확인하는 일이 매우 중요하다. 감사결과를 통보받은 자체감사 대상기관의 장은 감사결 과의 조치사항을 이행한 결과를 자체감사를 수행한 중앙행정기관의 장에게 통 보하여야 한다. 중앙행정기관등의 장은 제출된 이행결과를 검토하고, 보완자료 를 요구하거나 이행을 독촉할 수도 있고, 필요한 경우 현지 확인·점검을 실시 할 수 있다. 또한 처리기한 내에 적정한 조치를 하지 않는 경우 그 사유 및 조 치계획서 등을 작성하여 통보하도록 할 수 있으며, 감사를 실시할 수도 있다.

감사원(2000). 공공감사기준 주석서.

감사원(2005). 성과감사 운영매뉴얼.

감사원(2009). 통합감사업무편람.

감사원(2018). 자체감사 통합매뉴얼.

감사원. 감사활동수칙.

감사원. 실지감사 실시요령.

강인옥(2016). 변상과 징계의 이론과 사례. 광문각.

김명수·이영균·이희선·장지호·정윤수(2007). 자체감사론. 대영문화사.

김흥률(2006). 성과관리를 위한 논리모형의 개발과 활용. 한국과학기술기획평가원.

심호(2013). 자체감사와 조직역량. 박영사.

염차배·진상기(2011). 지방정부감사론. 법문사.

윤영일(2013). 공공감사제도론. 도서출판 한사랑.

최창현·김흥률·왕재선(2018). 정책분석평가와 성과감사. 윤성사.

최창현·김흥률(2019). 키워드로 보는 정책학. 박영사.

한국감사협회(2008). 직무수행방안(The Professional Practices Framework).

Bhatia, Mohan(2002). Auditing in a Computerised Environment. Tata McGraw-Hill Publishing Company Limited.

Costello, William(1997). The Performance Process and Performance Audit Findings: An Explanation of Terms. Tennessee Valley Publishing.

INTOSAI(2001). Auditing Standards.

INTOSAI(1998). Code of Ethics.

INTOSAI(2004). Guidelines for Internal Control Standards for the Public Sector.

INTOSAI(1997). Guidance for Reporting on the Effectiveness of Internal Controls: SAI Experiences in Implementing and Evaluating Internal Controls.

INTOSAI(2004). Implementation Guidelines for Performance Auditing Standards.

INTOSAI(2001). Internal Control: Providing a Foundation for Accountability in Government.

Kearney, Edward F., Green, Jeffrey W., Fernandez, Roldan & Zavada, David M.(2013). Federal Government Auditing: Laws, Regulations, Standards, and Practices, 2nd. ed. John Wiley & Sons, Inc.

OECD(1996). Performance Auditing and the Modernisation of Government.

Pickett, K. H. Spencer (2003). The Internal Auditing Handbook, 2nd. ed. John Wiley & Sons, Inc.

Raaum, Ronell B. & Morgan, Stephen L.(2001). Performance Auditing: A Measurement Approach. The IIA Research Foundation.

Ramos, Michael, Kerr, Wayne & Georgiades, George(2007). Knowledge-Based Audits of Commercial Entities. CCH: a Wolters Kluwer Business.

Sheldon, D. R.(1996). Achieving Accountability in Business and Government: Managing for Efficiency, Effectiveness, and Economy. Quorum Books.

United Nations(2013). A UN-INTOSAI Joint Project: Collection of Important Literature on Strengthening Capacities of Supreme Audit Institutions on the Fight against Corruption. The Board of Audit and Inspection of Korea.

Weber, Ron(1999). Information Systems Control and Audit. Pearson Education, Inc.

▶ 공공감사에 관한 법률 (약칭: 공공감사법)

[시행 2017. 7. 26.] [법률 제14839호, 2017. 7. 26., 타법개정]

감사원(공공감사운영단), 02-2011-2101

제1장 총칙

제1조(목적) 이 법은 중앙행정기관, 지방자치단체 및 공공기관의 자체감사기구의 구성 및 운영 등에 관한 기본적인 사항과 효율적인 감사체계의 확립에 필요한 사항을 정함으로써 중앙행정기관, 지방자치단체 및 공공기관의 내부통제제도를 내실화하고 그 운영의 적정성, 공정성 및 국민에 대한 책임성을 확보하는 데 이바지함을 목적으로 한다.

제2조(정의) 이 법에서 사용하는 용어의 뜻은 다음과 같다.

1. "자체감사"란 중앙행정기관, 지방자치단체 및 공공기관의 감사기구의 장이 그 소속되어 있는 기관(그 소속 기관 및 소관 단체를 포함한다) 및 그 기관에 속한 자의 모든 업무와 활동 등을 조사·점검·확인·분석·검증하고 그 결과를 처리하는 것을 말한다.

2. "중앙행정기관"이란 「정부조직법」 제2조에 따른 부·처·청과 감사원, 국가인권위원회, 국민권익위원회, 공정거래위원회, 금융위원회, 방송통신위원회 및 그 밖에 대통령령으로 정하는 기관을 말한다.

3. "지방자치단체"란 특별시·광역시·도(제주특별자치도를 제외한다. 이하 같다)·시·군·자치구 및 특별시·광역시·도의 교육청을 말한다.

4. "공공기관"이란 「공공기관의 운영에 관한 법률」 제4조에 따라 지정된 기관(같은 법 제5조제4항에 따른 기타공공기관으로서 직원의 정원이 100명 미만인 기관은 제외한다)과 「감사원법」 제22조제1항 및 제23조에 따른 감사원감사의 대상기관으로서 대통령령으로 정하는 기관 또는 단체를 말한다.

5. "자체감사기구"란 중앙행정기관, 지방자치단체 및 공공기관에 설치되어

자체감사를 수행하는 기관 또는 부서를 말한다.

6. "감사기구의 장"이란 자체감사기구의 업무를 총괄하고 감사담당자를 지휘·감독하는 사람 및 제6조제1항에 따른 합의제감사기구를 말한다.

7. "감사담당자"란 자체감사기구에 소속되어 감사활동을 수행하는 사람을 말한다.

제3조(적용 범위) ① 이 법은 자체감사활동 및 이에 따른 감사활동체계 등에 관하여 중앙행정기관, 지방자치단체 및 공공기관(이하 "중앙행정기관등"이라 한다)에 대하여 적용한다. 다만, 다른 법률에 자체감사기구의 설치에 관하여 특별한 규정이 있는 중앙행정기관등에 대하여는 제5조제2항을 적용하지 아니한다.

② 제33조, 제34조 및 제36조제2항은 「지방자치법」 제167조에 따른 위임사무의 감사, 같은 법 제171조에 따른 자치사무의 감사 및 「물품관리법」 제7조제3항제1호에 따른 감사에 대하여 적용한다. 이 경우 제33조 및 제36조제2항 중 "감사기구의 장"은 "중앙행정기관등의 장"으로 본다.

제4조(다른 법령과의 관계) 중앙행정기관등의 자체감사기구의 운영 및 감사활동체계 등에 관하여 다른 법령에 이 법과 다른 규정이 있는 경우에는 이 법에 따른다.

제2장 자체감사의 운영

제1절 자체감사기구

제5조(자체감사기구의 설치) ① 중앙행정기관등에는 자체감사기구를 둔다. 다만, 중앙행정기관등의 규모, 관장 사무 또는 자체감사 대상기관의 수 등을 고려하여 관계 법령에서 정하는 경우에는 자체감사업무를 전담하여 수행하는 자체감사기구로 두어야 한다.

② 중앙행정기관등은 관계 법령, 조례 또는 정관으로 정하는 바에 따라 자체감사기구를 합의제감사기구로 둘 수 있다.

③ 중앙행정기관등은 자체감사에 관하여 중앙행정기관등의 장 또는 감사기

구의 장의 자문에 응하게 하기 위하여 대통령령으로 정하는 바에 따라 감사
자문위원회를 둘 수 있다.

제6조(합의제감사기구의 운영) ① 제5조제2항에 따른 합의제감사기구는 위원장 1
명을 포함한 3명 이상 7명 이하의 위원으로 구성한다.

② 합의제감사기구 위원의 임용, 임기, 자격, 직급, 결격사유 및 직무 등에 관
한 사항은 제8조부터 제15조까지, 제20조, 제28조제2항, 제29조, 제38조제
3항 및 제39조제5항의 감사기구의 장에 관한 규정을 준용한다. 다만, 공공기
관의 합의제감사기구의 위원에 대하여는 제8조부터 제11조까지 및 제13조부
터 제15조까지의 규정을 준용하지 아니한다.

③ 제1항 및 제2항에서 규정한 사항 외에 합의제감사기구의 구성·운영 등에
필요한 사항은 대통령령으로 정한다.

제7조(감사기구의 장의 독립성 보장) ① 중앙행정기관등의 감사기구의 장은 자체
감사활동에서 독립성이 최대한 보장되어야 한다.

② 중앙행정기관 및 지방자치단체의 감사기구의 장은 감사활동의 독립성이
보장될 수 있도록 관계 법령에서 정하는 바에 따라 그 소속이 적정하게 정하
여져야 한다.

제2절 감사기구의 장

제8조(감사기구의 장의 임용) ① 제5조제1항에 따라 자체감사를 전담하는 자체감
사기구를 두는 중앙행정기관 및 지방자치단체의 장은 감사기구의 장을 개방
형 직위로 임용한다. 이 경우 감사기구의 장의 임용에 관하여는 「국가공무원
법」 제28조의4제2항·제4항 또는 「지방공무원법」 제29조의4제2항·제4항·
제5항을 준용한다.

② 중앙행정기관의 장 및 지방자치단체의 장은 제1항에 따라 감사기구의 장
을 임용하거나 임용제청할 때에는 관계 법령에서 정하는 바에 따라 그 적격
여부를 공정하게 심사하기 위한 합의제 기구를 설치·운영하고, 그 심사를 거
쳐야 한다.

제9조(감사기구의 장의 임기) ① 제8조제1항에 따라 개방형 직위로 하는 중앙행정

기관 및 지방자치단체의 감사기구의 장의 임기는 5년의 범위에서 임용권자가 정하되, 최소한 2년 이상으로 하여야 한다.

② 중앙행정기관 및 지방자치단체의 감사기구의 장의 임용권자는 개방형직위에 임용된 감사기구의 장에 대하여 제39조제1항에 따른 심사결과 및 직무수행 실적을 고려하여 계속 근무하게 하여야 할 필요가 있는 경우에는 총임용기간이 5년을 넘지 아니하는 범위에서 제1항에 따른 임용기간을 연장할 수 있다. 이 경우 제8조제1항 후단 및 제2항에 따른 임용절차를 거치지 아니할 수 있다.

제10조(감사기구의 장의 신분보장) 중앙행정기관 및 지방자치단체의 감사기구의 장의 임용권자는 감사기구의 장이 다음 각 호의 어느 하나에 해당하는 경우를 제외하고는 임기(감사기구의 장이 개방형 직위가 아닌 경우에는 2년을 말한다) 내에 그의 의사에 반하여 채용계약을 해지하거나 다른 직위에 임용할 수 없다.

1. 신체상 또는 정신상의 장애로 직무를 수행할 수 없게 된 경우

2. 승진임용의 경우

3. 휴직의 경우

4. 제15조에 따른 결격사유에 해당하는 경우

5. 제39조제5항에 따른 교체권고의 대상이 된 경우

6. 징계처분이나 직위해제처분을 받은 경우

제11조(감사기구의 장의 자격) ① 제5조제1항에 따라 자체감사를 전담하는 자체감사기구를 두는 중앙행정기관 및 지방자치단체의 감사기구의 장은 다음 각 호의 사람 중에서 임용한다.

1. 중앙행정기관 또는 지방자치단체에서 감사·수사·법무, 예산·회계, 조사·기획·평가 등의 업무(이하 이 조에서 "감사 관련 업무"라 한다)를 3년 이상 담당한 사람으로서 5급 이상 또는 이에 상당하는 공무원으로 근무한 경력이 있는 사람

2. 판사, 검사, 변호사 또는 공인회계사로서 3년 이상 근무한 경력이 있는 사람

3. 「고등교육법」 제2조제1호부터 제5호까지의 규정에 따른 학교에서 감사 관련 업무와 직접 관련이 있는 분야에서 조교수 이상으로 3년 이상 재직한 경력이 있는 사람

4. 공공기관 또는 「자본시장과 금융투자업에 관한 법률」 제9조제5항제4호에 따른 주권상장법인에서 감사 관련 업무를 3년 이상 담당한 사람으로서 임용예정직위에 상당하는 부서의 책임자 이상으로 근무한 경력이 있는 사람

5. 공공 또는 민간연구기관에서 감사 관련 업무를 3년 이상 담당한 사람으로서 임용예정직위에 상당하는 부서의 책임자 이상으로 근무한 경력이 있는 사람

6. 그 밖에 해당 기관의 관장 사무에 따라 기술·보건·세무 또는 환경 등의 분야에 전문성을 갖춘 사람으로서 대통령령으로 정하는 자격을 가진 사람

② 제5조제1항에 따라 자체감사를 전담하는 자체감사기구를 두지 아니하는 중앙행정기관 및 지방자치단체의 감사기구의 장의 자격은 기관의 규모, 관장 사무와 자체감사기구가 자체감사업무와 같이 수행하는 업무 등을 고려하여 대통령령으로 정한다.

제12조(감사기구의 장의 임무 등) ① 감사기구의 장은 제37조에 따른 감사기준과 감사활동수칙을 준수하고, 자체감사 대상기관의 회계와 사무 및 그 소속 공무원이나 직원의 직무를 독립적으로 감사한다.

② 감사기구의 장은 자체감사 대상기관 소속 공무원이나 직원의 부정·비리 행위를 예방하기 위하여 노력하여야 한다.

제13조(겸직 등의 금지) ① 중앙행정기관 및 지방자치단체의 감사기구의 장은 소관 자체감사 대상기관의 공무원 또는 임직원의 직(職)을 겸하거나, 공무 외에 영리를 목적으로 하는 업무에 종사하지 못하며, 소속 기관장의 허가 없이 다른 직무를 겸할 수 없다.

② 제1항에 따른 영리를 목적으로 하는 업무의 한계는 「국가공무원법」 제64조제2항 및 「지방공무원법」 제56조제2항을 준용한다.

제14조(감사기구의 장의 직급) 중앙행정기관 및 지방자치단체의 감사기구의 장의 직급은 자체감사 대상기관의 수, 소속 공무원의 규모, 예산 규모 및 업무량

등을 고려하여 해당 자체감사기구의 규모에 따라 업무수행의 독립성이 보장되도록 관계 법령 또는 조례에 따라 적정하게 부여하여야 한다.

제15조(결격사유) ① 다음 각 호의 사람은 중앙행정기관 및 지방자치단체의 감사기구의 장이 될 수 없다.

1. 감사기구의 장을 임용하려는 중앙행정기관 및 지방자치단체의 주요 업무와 밀접한 관련이 있는 법인 또는 단체의 임직원으로 근무하다가 퇴직한 후 2년이 지나지 아니한 사람

2. 정직 이상의 징계 또는 문책(제4호에 따른 징계 또는 문책은 제외한다)을 받은 날부터 3년(파면 또는 문책에 따른 퇴직의 경우에는 5년으로 한다)이 지나지 아니한 사람

3. 정직 미만의 징계 또는 문책(제4호에 따른 징계 또는 문책은 제외한다)을 받은 날부터 2년이 지나지 아니한 사람

4. 「형법」 제129조부터 제133조까지, 제355조 및 제356조에 해당하는 행위로 징계, 문책 또는 벌금 이상의 형벌을 받은 사람

② 중앙행정기관 및 지방자치단체의 감사기구의 장이 제1항 각 호에 해당하게 되거나, 임명 당시 그에 해당하였던 것으로 밝혀지면 그 직에서 교체된다.

③ 제1항제1호에 따른 주요 업무와 밀접한 관련성의 범위에 관한 사항은 대통령령으로 정한다.

제3절 감사담당자

제16조(감사담당자의 임용) ① 중앙행정기관 및 지방자치단체의 장은 감사업무에 대한 전문성과 그 직무수행에 필요한 자질과 적성을 갖춘 사람을 감사담당자로 임용하여야 한다. 이 경우 감사담당자가 갖추어야 하는 최소한의 자격요건은 대통령령으로 정한다.

② 중앙행정기관 및 지방자치단체의 장이 감사담당자를 임용할 때에는 해당 감사기구의 장 또는 제5조제2항에 따른 합의제감사기구의 의견을 들어야 하고, 감사담당자의 장기근속 방안을 마련하여야 한다.

제17조(결격사유) 다음 각 호의 사람은 중앙행정기관 및 지방자치단체의 감사담당

자가 될 수 없다.

1. 「국가공무원법」 제33조 각 호 또는 「지방공무원법」 제31조 각 호의 어느 하나에 해당하는 사람

2. 정직 이상의 징계 또는 문책(제4호에 따른 징계 또는 문책은 제외한다)을 받은 날부터 3년(파면 또는 문책에 따른 퇴직의 경우에는 5년으로 한다)이 지나지 아니한 사람

3. 정직 미만의 징계 또는 문책(제4호에 따른 징계 또는 문책은 제외한다)을 받은 날부터 2년이 지나지 아니한 사람

4. 「형법」 제129조부터 제133조까지, 제355조 및 제356조에 해당하는 행위로 징계, 문책 또는 벌금 이상의 형벌을 받은 사람

제18조(감사담당자의 우대) 중앙행정기관등의 장은 관계 법령, 자치법규 또는 정관 등에서 정하는 바에 따라 감사담당자에 대하여 근무성적평정, 임용 등에서 우대할 수 있다.

제3장 자체감사활동

제19조(자체감사계획의 수립·실시) ① 감사기구의 장은 자체감사 대상기관에 대한 감사계획을 수립하여 자체감사를 하여야 한다.

② 제1항에 따라 하는 자체감사의 종류, 감사계획의 수립, 자체감사 대상기관에 대한 감사계획 통보 등에 관하여 필요한 사항은 대통령령으로 정한다.

제20조(자료 제출 요구) ① 감사기구의 장은 자체감사를 위하여 필요할 때에는 자체감사 대상기관 또는 그 소속 공무원이나 직원에 대하여 다음 각 호의 조치를 할 수 있다.

1. 출석·답변의 요구(「정보통신망 이용촉진 및 정보보호 등에 관한 법률」에 따른 정보통신망을 이용한 요구를 포함한다)

2. 관계 서류·장부 및 물품 등의 제출 요구

3. 전산정보시스템에 입력된 자료의 조사

4. 금고·창고·장부 및 물품 등의 봉인 요구

② 제1항 각 호에 따른 조치는 감사에 필요한 최소한도에 그쳐야 한다.

③ 제1항 각 호에 따른 조치를 요구받은 자체감사 대상기관 및 그 소속 공무원이나 직원은 정당한 사유가 없으면 그 요구에 따라야 한다.

④ 중앙행정기관등의 장은 자체감사 대상기관이 아닌 중앙행정기관등이 보유한 자료 또는 정보를 이용하지 아니하면 감사를 할 수 없는 경우 해당 중앙행정기관등의 장에게 필요한 자료 또는 정보의 제출을 요청할 수 있다.

⑤ 감사기구의 장 및 감사담당자는 감사를 위하여 제출받은 정보 또는 자료를 감사 목적 외의 용도로 이용할 수 없다.

제21조(실지감사) 감사기구의 장은 자체감사 대상기관에 감사담당자를 보내 실지감사를 할 수 있다.

제22조(일상감사) ① 감사기구의 장은 자체감사기구가 소속된 기관의 주요 업무집행에 앞서 그 업무의 적법성·타당성 등을 점검·심사하는 일상감사를 하여야 한다.

② 감사기구의 장은 제1항에 따른 일상감사에 따라 확인된 사항에 대하여는 자체감사를 하지 아니할 수 있다.

③ 제1항에 따른 일상감사의 대상·기준 및 절차 등에 관하여 필요한 사항은 대통령령으로 정한다.

제23조(감사결과의 통보 및 처리) ① 중앙행정기관등의 장(감사기구의 장이 해당 기관의 집행기관과 독립하여 설치되어 있는 공공기관의 경우에는 감사기구의 장을 말한다. 이하 이 조와 제24조, 제25조, 제32조 및 제34조에서 같다)은 특별한 사정이 없으면 자체감사가 종료된 후 60일 이내에 그 감사결과를 자체감사 대상기관의 장 및 감사원에 통보하여야 한다. 이 경우 감사원에 대한 통보는 특별시·광역시·도의 경우에는 행정안전부장관을, 시·군·자치구의 경우에는 특별시·광역시·도와 행정안전부장관을, 특별시·광역시·도 교육청의 경우에는 교육부장관을, 공공기관의 경우에는 해당 공공기관의 업무를 관장하는 행정기관(이하 "주무기관"이라 한다)의 장을 각각 거쳐야 한다. 〈개정 2013. 3. 23., 2014. 11. 19., 2017. 7. 26.〉

② 제1항에 따른 감사결과에는 「회계관계직원 등의 책임에 관한 법률」 제6조에 따른 변상명령, 징계·문책, 시정, 주의, 개선, 권고, 고발 등의 처분 요구 또는 조치사항이 포함되어야 한다.

③ 제1항에 따라 감사결과를 통보받은 자체감사 대상기관의 장은 정당한 사유가 없으면 감사결과의 조치사항을 이행하고 그 이행결과를 자체감사를 한 중앙행정기관등의 장에게 통보하여야 하며, 그 이행결과를 통보받은 중앙행정기관등의 장은 그 내용을 검토한 후 검토한 내용과 함께 이행결과를 감사원에 지체 없이 통보하여야 한다. 이 경우 감사원에 대한 통보에 관하여는 제1항 후단을 준용한다.

④ 중앙행정기관등의 장은 감사과정에서 자체감사 대상기관이 아닌 기관의 장의 권한에 속하는 사항으로서 위법 또는 부당하다고 인정되는 사실을 발견한 경우에는 감사 종료 후 지체 없이 관련 사실을 해당 기관 및 감사원에 통보하여야 한다.

제23조의2(적극행정에 대한 면책) ① 자체감사를 받는 사람이 불합리한 규제의 개선 등 공공의 이익을 위하여 업무를 적극적으로 처리한 결과에 대하여 그의 행위에 고의나 중대한 과실이 없는 경우에는 이 법에 따른 징계 요구 또는 문책 요구 등 책임을 묻지 아니한다.

② 제1항에 따른 면책의 구체적인 기준, 운영절차, 그 밖에 필요한 사항은 대통령령으로 정한다.

[본조신설 2015. 2. 3.]

제24조(징계 또는 문책사유의 시효정지) ① 중앙행정기관등의 장은 특정사건에 대한 조사를 개시한 때와 이를 종료한 때에는 10일 이내에 자체감사 대상기관의 장에게 그 사실을 통보하여야 한다.

② 제1항에 따라 조사 개시의 통보를 받은 기관·단체의 장은 감사가 진행 중인 특정사건에 대하여는 제1항에 따른 조사 개시의 통보를 받은 날부터 징계 또는 문책 절차를 진행하지 못한다.

③ 제2항에 따라 징계 또는 문책 절차를 진행하지 못하여 법령 또는 해당 기

관·단체가 정한 징계 또는 문책 사유의 시효기간이 만료되거나 시효의 남은 기간이 1개월에 못 미치게 될 때에는 그 시효기간은 제1항에 따른 조사종료의 통보를 받은 날 또는 제23조제2항에 따라 처분 요구 또는 조치사항을 통보받은 날(제25조제1항에 따라 재심의를 신청하였을 때에는 그 결과를 통보받은 날을 말한다)부터 1개월이 경과한 날에 만료되는 것으로 본다.

제25조(재심의신청 등) ① 자체감사를 한 중앙행정기관등의 장으로부터 감사결과를 통보받은 자체감사 대상기관의 장은 그 감사결과가 위법 또는 부당하다고 인정할 때에는 그 통보를 받은 날부터 1개월 이내에 통보를 한 중앙행정기관등의 장에게 재심의를 신청할 수 있다. 다만, 변상명령에 대한 불복에 관하여는 「회계관계직원 등의 책임에 관한 법률」 제6조제3항부터 제5항까지의 규정에 따른다.

② 제1항에 따른 재심의를 신청하는 경우에는 신청이유와 내용을 분명히 밝히고 필요한 증거자료가 있으면 첨부하여야 한다.

③ 제1항에 따라 재심의를 신청받은 중앙행정기관등의 장은 지체 없이 자체감사기구에 재심의신청을 검토하게 하여야 한다. 이 경우 재심의신청이 요건을 갖추지 못하였을 때에는 각하한다.

④ 중앙행정기관등의 장은 제1항에 따른 재심의신청이 이유가 없다고 인정될 때에는 기각하고, 이유가 있다고 인정될 때에는 그 감사결과를 취소하거나 변경하여야 한다.

⑤ 제1항에 따른 재심의신청을 받은 중앙행정기관등의 장은 특별한 사정이 없으면 재심의신청을 접수한 날부터 2개월 이내에 처리하여야 한다.

⑥ 그 밖에 재심의 사건의 심리와 처리 등에 필요한 사항은 대통령령으로 정한다.

제26조(감사결과의 공개) 중앙행정기관등의 감사결과는 원칙적으로 공개한다. 다만, 「공공기관의 정보공개에 관한 법률」 제9조제1항 각 호의 어느 하나에 해당하는 정보는 공개하지 아니할 수 있다.

제27조(외부전문가 등의 참여) ① 감사기구의 장은 회계·보건·환경·건설 등 전문

지식이나 실무경험 등이 요구되는 분야를 감사하는 경우 외부 전문기관 또는 외부전문가를 감사에 참여시킬 수 있다.

② 제1항에 따라 감사에 참여하는 외부 전문기관 또는 외부전문가에게는 예산의 범위에서 수당, 여비 및 그 밖에 필요한 경비를 지급할 수 있다.

③ 제1항에 따라 감사에 참여하는 외부전문가는 제20조부터 제22조까지 및 제29조를 적용할 때에는 감사담당자로 본다.

제28조(감사활동에 필요한 예산 편성) ① 중앙행정기관등의 장은 자체감사기구의 감사활동에 관한 예산을 편성할 때에는 자체감사기구의 독립성을 최대한 존중하여야 한다.

② 감사기구의 장 및 감사담당자에게는 대통령령으로 정하는 바에 따라 예산의 범위에서 수당과 그 밖에 자체감사에 필요한 경비를 지급할 수 있다.

제29조(비밀유지 의무) 감사기구의 장 및 감사담당자와 그 직에 있었던 자는 직무상 알게 된 비밀을 누설하여서는 아니 된다.

제30조(자체감사기구 간의 협조) ① 감사기구의 장은 감사활동에 필요한 경우 다른 중앙행정기관등의 감사기구의 장에게 협조를 요청할 수 있다.

② 제1항에 따른 요청을 받은 감사기구의 장은 이에 협조하도록 노력하여야 한다.

제4장 감사활동체계의 개선

제31조(감사활동조정협의회의 설치) ① 감사원 감사(감사원이 「감사원법」에 따라 하는 감사를 말한다. 이하 같다), 자체감사 및 그 밖에 중앙행정기관등이 「감사원법」 외의 개별 관계 법령에 따라 하는 감사(이하 "감사원 감사등"이라 한다)제도의 개선·발전에 관한 사항을 협의·조정하기 위하여 감사원에 감사활동조정협의회(이하 "협의회"라 한다)를 둔다.

② 협의회는 다음 각 호의 사항을 협의·조정한다.

1. 제30조에 따른 자체감사기구 간의 협조

2. 제32조에 따른 감사활동개선 종합대책

3. 제33조에 따른 중복감사 금지 및 제34조에 따른 감사계획 협의

4. 제37조에 따른 감사기준 등에 관한 사항

5. 그 밖에 자체감사기구 운영 및 효율적인 자체감사활동의 추진과 관련하여 위원장이 필요하다고 인정하는 사항

③ 협의회는 위원장 1명을 포함한 20명 이내의 위원으로 구성한다.

④ 협의회의 위원장은 감사원 사무총장이 되며, 위원은 다음 각 호의 사람이 된다. 〈개정 2013. 3. 23., 2014. 11. 19., 2017. 7. 26.〉

1. 중앙행정기관의 감사기구의 장 중 행정안전부장관이 추천하는 2명 및 인사혁신처장이 추천하는 1명

2. 「지방자치법」 제165조제1항제1호부터 제4호까지 및 「지방교육자치에 관한 법률」 제42조제1항에 따른 협의체에서 각각 추천하는 지방자치단체의 감사기구의 장 각 1명

3. 기획재정부장관이 추천하는 공공기관의 감사기구의 장 3명

4. 감사업무에 관한 전문지식과 경험이 풍부한 사람 중에서 기획재정부장관 및 인사혁신처장이 각각 추천하는 민간전문가 각 1명

5. 감사원장이 지명하는 고위감사공무원단에 속하는 공무원 3명

6. 감사업무에 관한 전문지식과 경험이 풍부한 사람 중에서 감사원장이 위촉하는 사람

⑤ 제1항부터 제4항까지에서 규정한 사항 외에 협의회의 구성·운영 등에 필요한 사항은 감사원규칙으로 정한다.

제32조(감사활동개선 종합대책 등) ① 중앙행정기관등의 장은 효율적인 자체감사 제도의 운영과 자체감사의 성과를 높이기 위하여 자체감사 개선대책을 수립·시행한다.

② 감사원은 제1항에 따른 자체감사 개선대책을 종합하여 협의회의 협의·조정을 거쳐 감사활동개선 종합대책을 수립·시행한다.

③ 중앙행정기관등의 장은 자체감사기구의 운영과 자체감사활동 추진 시 제2항에 따른 감사활동개선 종합대책을 준수하도록 노력하여야 한다.

제33조(중복감사 금지) 감사기구의 장은 이미 감사원 감사등이 실시된 사안에 관하여는 새로운 사실이 발견되거나 중요한 사항이 누락된 경우 등 대통령령으로 정하는 경우를 제외하고는 자체감사기구의 자체감사 대상에서 제외하고 종전의 감사결과를 활용하여야 한다.

제34조(감사계획 협의) ① 감사원과 중앙행정기관등의 장은 필요한 경우 중복감사를 방지하고 감사의 효율성을 높이기 위하여 감사계획 등에 관하여 협의한다.

② 제1항에 따른 감사계획 등의 협의 절차·방법 등에 관하여 필요한 사항은 대통령령으로 정한다.

제35조(감사원 감사의 대행) ① 감사원은 감사원 감사등의 효율성을 높이고 중복감사를 방지하기 위하여 감사원 감사사무(사실의 조사·확인 및 분석 등의 사무로서 국민의 권리·의무와 직접 관계되지 아니하는 사무로 한정한다) 중 일부를 자체감사기구로 하여금 대행하게 하고 그 결과를 제출하게 할 수 있다.

② 제1항에 따라 감사를 받은 기관에 대하여는 감사원 감사의 전부 또는 일부를 하지 아니할 수 있다.

③ 감사원은 제1항에 따른 감사 대행의 활성화계획을 수립·시행한다.

④ 제1항부터 제3항까지의 규정에 따른 감사의 대행, 감사원 감사의 생략, 감사 대행의 활성화계획 수립 등에 필요한 사항은 감사원규칙으로 정한다.

제36조(감사정보시스템) ① 감사원은 감사 관련 지식과 경험을 공유하고 중복감사 방지 등 중앙행정기관등의 자체감사체계 효율화를 위하여 감사정보시스템을 구축·운영할 수 있다.

② 감사기구의 장은 감사계획, 감사결과, 이행결과 등 대통령령으로 정하는 감사활동정보를 감사정보시스템에 입력·관리하여야 하고, 감사원은 그 정보의 공동활용방안을 마련하여야 한다.

③ 제1항에 따른 감사정보시스템의 구축·운영 등에 필요한 사항은 대통령령으로 정한다.

제37조(감사기준 등) 감사원은 이 법에서 규정한 사항 외에 중앙행정기관 및 지방

자치단체의 감사기구의 장 및 감사담당자가 자체감사활동을 할 때에 일반적
으로 준수하여야 할 감사기준 및 감사활동수칙을 협의회의 협의·조정을 거쳐
감사원규칙으로 정할 수 있다.

제5장 자체감사활동의 지원

제38조(감사원의 자체감사활동 지원 등) ① 감사원은 자체감사활동의 발전과 효율
적인 수행을 위하여 감사계획이나 감사방법에 대한 자문에 응하는 등 필요한
지원을 한다.

② 중앙행정기관등의 장은 필요한 경우 감사원에 감사인력 지원을 요청할 수
있고, 감사원은 감사원의 감사활동에 지장이 없는 범위에서 지원한다.

③ 감사원은 감사 및 회계 분야에 대한 교육 등 감사기구의 장 및 감사담당자
의 전문성을 향상시키는 데에 필요한 교육을 한다.

④ 제1항 및 제2항에서 규정한 사항 외의 자체감사기구 지원에 관한 사항과
제3항에 따른 감사전문교육의 내용·방법 등에 관하여 필요한 사항은 감사원
규칙으로 정한다.

제39조(자체감사활동의 심사) ① 감사원은 자체감사기구의 운영실태, 제37조에 따
른 감사기준 및 감사활동수칙의 준수 여부, 자체감사활동, 감사결과 및 그 처
리 등을 심사할 수 있다.

② 감사원은 제1항에 따른 심사사무의 일부를 다음 각 호의 구분에 따른 소
관 기관으로 하여금 각각 수행하게 하고 그 결과를 통보하게 할 수 있다. 〈개
정 2013. 3. 23., 2014. 11. 19., 2017. 7. 26.〉

1. 특별시·광역시 및 도: 행정안전부장관

2. 특별시·광역시 및 도 교육청: 교육부장관

3. 시·군 및 자치구: 행정안전부장관·특별시장·광역시장 또는 도지사

4. 공공기관: 주무기관의 장

③ 감사원은 제1항에 따른 심사 결과 자체감사기구의 운영 개선이 필요하다
고 인정되는 기관에 대하여는 자체감사 관련 규정의 제정·개정 및 제도의 개

선 등의 조치를 하도록 요구할 수 있다.

④ 감사원은 제1항에 따른 심사 결과 자체감사가 적정하게 실시되고 있다고 인정할 때에는 결산 확인 등에 지장이 없는 범위에서 감사원 감사의 전부 또는 일부를 하지 아니할 수 있다.

⑤ 감사원은 제1항에 따른 심사 결과 감사기구의 장이 감사업무를 현저하게 게을리하고 있다고 인정할 때에는 해당 감사기구의 장의 임용권자 또는 임용제청권자에게 감사기구의 장의 교체를 권고할 수 있다.

⑥ 감사원은 제1항 및 제3항에 따른 심사 결과 등을 국회에 보고하여야 한다.

⑦ 제1항에 따른 심사의 기준, 방법 및 절차와 제5항에 따른 감사기구의 장의 교체권고 등에 필요한 사항은 감사원규칙으로 정한다.

제6장 벌칙

제40조(벌칙) 제29조에 따른 비밀유지 의무를 위반한 사람은 3년 이하의 징역 또는 2천만원 이하의 벌금에 처한다.

제41조(과태료) ① 다음 각 호의 어느 하나에 해당하는 사람에게는 500만원 이하의 과태료를 부과한다.

1. 자체감사를 받는 사람으로서 정당한 사유 없이 감사를 거부하거나 자료의 제출요구에 따르지 아니한 사람

2. 정당한 사유 없이 자체감사활동을 방해한 사람

② 제1항에 따른 과태료는 자체감사기구가 소속된 중앙행정기관등의 장(공공기관의 경우에는 주무기관의 장을 말한다)이 부과·징수한다.

부칙 〈제14839호, 2017. 7. 26.〉 (정부조직법)

제1조(시행일) ① 이 법은 공포한 날부터 시행한다. 다만, 부칙 제5조에 따라 개정되는 법률 중 이 법 시행 전에 공포되었으나 시행일이 도래하지 아니한 법률

을 개정한 부분은 각각 해당 법률의 시행일부터 시행한다.

제2조부터 제4조까지 생략

제5조(다른 법률의 개정) ①부터 〈305〉까지 생략

〈306〉 공공감사에 관한 법률 일부를 다음과 같이 개정한다.

제23조제1항 후단, 제31조제4항제1호 및 제39조제2항제1호·제3호 중 "행정자치부장관"을 각각 "행정안전부장관"으로 한다.

〈307〉부터 〈382〉까지 생략

제6조 생략

▶ 공공감사에 관한 법률 시행령

[시행 2019. 5. 14.] [대통령령 제29764호, 2019. 5. 14., 일부개정]

감사원(공공감사운영단 제1과), 02-2011-2101

제1조(목적) 이 영은 「공공감사에 관한 법률」에서 위임된 사항과 그 시행에 필요한 사항을 규정함을 목적으로 한다.

제2조(중앙행정기관의 범위) 「공공감사에 관한 법률」(이하 "법"이라 한다) 제2조제2호에서 "대통령령으로 정하는 기관"이란 국무조정실, 원자력안전위원회 및 행정중심복합도시건설청을 말한다. 〈개정 2011. 8. 3., 2013. 3. 23., 2014. 3. 18.〉

제3조(공공기관의 범위) ① 법 제2조제4호에서 "대통령령으로 정하는 기관 또는 단체"란 다음 각 호의 기관 또는 단체를 말한다.

1. 「한국은행법」에 따른 한국은행, 「금융위원회의 설치 등에 관한 법률」 제24조에 따른 금융감독원

2. 국가 또는 지방자치단체가 자본금의 2분의 1 이상을 출자한 법인. 다만, 직원의 정원이 100명 미만인 법인은 제외한다.

3. 다른 법률에 따라 감사원의 회계검사를 받도록 규정된 기관 또는 단체

4. 그 밖에 「감사원법」 제23조에 따른 감사원 감사 대상기관 중 관장 사무,

예산 규모 및 부패행위 발생 가능성 등을 고려하여 감사원이 지정하는 기관 또는 단체. 다만, 직원의 정원이 100명 미만인 기관 또는 단체는 제외한다.

② 감사원은 제1항제4호에 따라 공공기관을 지정하였을 때에는 해당 공공기관의 장 및 해당 공공기관의 업무를 관장하는 행정기관(이하 "주무기관"이라 한다)의 장에게 지정 사실을 각각 통보(「정보통신망 이용촉진 및 정보보호 등에 관한 법률」에 따른 정보통신망을 이용한 통보를 포함한다. 이하 같다)하고 지정 사실을 인터넷 홈페이지 등을 통하여 공개하여야 한다.

③ 주무기관의 장은 제1항제4호에 따른 공공기관의 지정에 대하여 감사원에 의견을 제출할 수 있다.

④ 제1항제2호 및 제4호에 따른 직원의 정원과 법 제2조제4호에 따른 직원의 정원은 전년도 12월 31일을 기준으로 한다.

⑤ 제4항에 따른 직원의 정원이 100명 미만 또는 100명 이상으로 변동된 경우에는 주무기관의 장은 해당 기관 또는 단체의 정원을 매년 1월 31일까지 감사원에 통보하여야 한다.

제4조(합의제감사기구의 구성과 운영 등) ① 법 제5조제2항에 따른 합의제감사기구(이하 "합의제감사기구"라 한다)의 위원장은 합의제감사기구를 대표하고, 합의제감사기구의 사무를 총괄한다.

② 위원장이 부득이한 사유로 직무를 수행할 수 없을 때에는 위원으로 최장기간 재직한 위원이 그 직무를 대행한다. 다만, 재직기간이 같은 위원이 2명 이상인 경우에는 연장자가 그 직무를 대행한다.

③ 합의제감사기구의 회의는 재적위원 과반수의 출석으로 개의(開議)하고 출석위원 과반수의 찬성으로 의결한다.

④ 제1항부터 제3항까지에서 규정한 사항 외에 합의제감사기구의 운영에 필요한 사항은 합의제감사기구의 의견을 들어 중앙행정기관, 지방자치단체 및 공공기관(이하 "중앙행정기관등"이라 한다)의 장이 정한다. 다만, 합의제감사기구가 해당 기관의 집행기관과 독립하여 설치되어 있는 공공기관의 경우에는 합의제감사기구가 정한다.

제5조(감사자문위원회의 구성 등) ① 중앙행정기관등의 장(감사기구의 장이 해당 기관의 집행기관과 독립하여 설치되어 있는 공공기관의 경우에는 감사기구의 장을 말한다. 이하 이 조에서 같다)은 법 제5조제3항에 따라 자체감사에 관하여 전문적이고 다양한 의견을 수렴하기 위하여 해당 기관에 감사기구의 장의 의견을 들어 감사자문위원회(이하 "자문위원회"라 한다)를 둘 수 있다.

② 자문위원회는 위원장 1명을 포함한 15명 이내의 비상임위원으로 구성하고 이 중 과반수는 민간위원으로 한다. 〈개정 2015. 5. 18.〉

③ 자문위원회의 위원은 감사업무에 관한 학식과 경험이 풍부한 사람 중에서 해당 중앙행정기관등의 장이 위촉하며, 위원장은 자문위원회에서 호선(互選)한다.

④ 자문위원회의 위원의 임기는 2년으로 하며, 한 차례만 연임할 수 있다. 다만, 위원이 궐위(闕位)된 경우 후임 위원의 임기는 전임위원 임기의 남은 기간으로 한다.

⑤ 자문위원회의 위원은 다음 각 호의 어느 하나에 해당하는 사항에 대해서는 자문에 응할 수 없다.

1. 자문위원회 위원과 관계있는 사항

2. 자문위원회 위원과 「민법」 제777조에 따른 친족이거나 친족이었던 사람과 관계있는 사항

⑥ 자문위원회에 출석한 위원에게는 예산의 범위에서 수당, 여비 및 그 밖에 필요한 경비를 지급할 수 있다.

⑦ 중앙행정기관등의 장은 자문위원회의 사무를 처리하기 위하여 소속 공무원 또는 직원 중에서 간사를 임명할 수 있다.

⑧ 이 영에서 규정한 사항 외에 자문위원회의 구성 및 운영 등에 필요한 사항은 중앙행정기관등의 장이 정한다.

제6조(자체감사를 전담하는 감사기구의 장의 자격) 법 제11조제1항제6호에서 "대통령령으로 정하는 자격을 가진 사람"이란 다음 각 호의 어느 하나에 해당하는 사람을 말한다. 〈개정 2011. 8. 3., 2011. 11. 1.〉

1. 국가기관, 지방자치단체, 공공기관, 법인 또는 「비영리민간단체 지원법」의 지원을 받는 단체에서 감사 관련 업무(법 제11조제1항제1호에 따른 감사 관련 업무를 말한다. 이하 같다)를 1년 이상 담당한 사람으로서 다음 각 목의 어느 하나에 해당하는 사람. 다만, 법 제11조제1항제2호에 해당하는 사람은 제외한다.

가. 감사기구의 장을 임용하려는 해당 기관의 관장 사무와 관련된 「공무원임용시험령」 별표 7 및 별표 8에 따른 5급 경력경쟁채용등의 대상 자격증과 경력기준을 갖춘 사람

나. 감사기구의 장을 임용하려는 해당 기관의 관장 사무와 관련된 자치법규에 따른 5급 공무원의 「지방공무원법」 제27조제2항 각 호 외의 부분 본문 및 단서에 따른 임용대상 자격증과 경력기준을 갖춘 사람

2. 국가기관 또는 지방자치단체에서 감사 관련 업무를 1년 이상 담당하고 기술·보건·세무 또는 환경 등의 업무를 10년 이상 담당한 사람으로서 임용할 당시 5급 이상 또는 이에 상당하는 직급으로 재직 중인 공무원

3. 중앙행정기관 외의 국가기관에서 감사 관련 업무를 3년 이상 담당하고 5급 이상 또는 이에 상당하는 공무원으로 근무한 경력이 있는 사람으로서 감사기구의 장을 임용하려는 중앙행정기관 또는 지방자치단체의 장이 해당 기관의 관장 사무에 대하여 전문성을 갖추었다고 인정하는 사람

제7조(자체감사를 전담하지 아니하는 감사기구의 장의 자격) ① 법 제11조제2항에 따라 중앙행정기관 및 지방자치단체에 두는 자체감사를 전담하지 아니하는 감사기구의 장을 승진임용, 전직, 전보의 방법으로 임용하는 경우에는 다음 각 호의 어느 하나에 해당하는 공무원으로서 감사기구의 장을 임용하려는 중앙행정기관 또는 지방자치단체의 장이 해당 기관의 관장 사무에 대하여 전문성을 갖추었다고 인정하는 사람을 임용하여야 한다. 〈개정 2011. 8. 3.〉

1. 국가기관, 지방자치단체 또는 공공기관에서 감사 관련 업무를 2년 이상 담당한 사람으로서 5급 이상 또는 이에 상당하는 공무원

2. 국가기관, 지방자치단체 또는 공공기관에서 감사 관련 업무를 2년 이상 담

당한 사람으로서 5급 이상 또는 이에 상당하는 직급으로 승진임용될 수 있는 자격을 갖춘 공무원

② 자체감사를 전담하지 아니하는 감사기구의 장을 제1항에서 규정하지 않은 방법으로 임용하는 경우에는 「공무원임용시험령」, 「지방공무원 임용령」 등 관계 법령 또는 자치법규에서 정한 채용자격을 갖춘 사람 중에서 감사기구의 장을 임용하려는 중앙행정기관 또는 지방자치단체의 장이 해당 기관의 관장 사무에 대하여 전문성을 갖추었다고 인정하는 사람을 임용한다.

제8조(업무 관련성의 범위) 법 제15조제3항에 따른 주요 업무와 밀접한 관련성의 범위는 감사기구의 장으로 임용되려는 사람이 근무했던 법인 또는 단체를 퇴직하기 전 2년 이내에 수행한 업무가 임용되려는 중앙행정기관 또는 지방자치단체가 수행하는 다음 각 호의 업무와 직접 관련되는 경우를 말한다.

1. 직접적으로 또는 간접적으로 보조금·장려금·조성금 등의 재정보조를 제공하는 업무

2. 인가·허가·면허·특허·승인 등의 업무

3. 생산방식·규격·경리 등에 대한 검사 등의 업무

4. 조세의 조사, 부과 및 징수 업무

5. 공사·용역·물품구매 계약 등의 업무

6. 법령에 근거하여 직접 감독을 하는 업무

제9조(감사담당자의 자격) 법 제16조제1항에 따라 중앙행정기관 및 지방자치단체의 장은 감사담당자로 임용하려는 해당 기관에서 2년 이상 근속하였거나 다른 국가기관, 지방자치단체 또는 공공기관에서 2년 이상 감사 관련 업무를 담당한 사람으로서 다음 각 호의 어느 하나에 해당하는 자격요건을 갖춘 사람을 감사담당자로 임용하여야 한다. 〈개정 2011. 8. 3., 2013. 1. 16.〉

1. 공인회계사·세무사 등 감사업무 수행에 필요한 자격증 또는 감사 분야의 전문학사 이상의 학위를 소지한 사람

2. 「상훈법」, 「모범공무원 규정」, 「정부 표창 규정」, 자치법규에서 정하는 바에 따라 서훈을 수여받거나 표창을 받은 사람

3. 그 밖에 감사기구의 장이 감사업무 수행에 필요한 전문성, 자질, 적성을 갖추었다고 인정하는 사람

제10조(자체감사의 종류) 법 제19조제2항에 따른 자체감사의 종류는 다음 각 호와 같다. 다만, 중앙행정기관등의 업무 특성에 따라 달리 구분할 수 있다.

1. 종합감사: 자체감사 대상기관의 주기능·주임무 및 조직·인사·예산 등 업무 전반의 적법성·타당성 등을 점검하기 위하여 실시하는 감사

2. 특정감사: 특정한 업무·사업·자금 등에 대하여 문제점을 파악하여 원인과 책임 소재를 규명하고 개선대책을 마련하기 위하여 실시하는 감사

3. 재무감사: 예산의 운용실태 및 회계처리의 적정성 여부 등에 대한 검토와 확인을 위주로 실시하는 감사

4. 성과감사: 특정한 정책·사업·조직·기능 등에 대한 경제성·능률성·효과성의 분석과 평가를 위주로 실시하는 감사

5. 복무감사: 자체감사 대상기관에 속한 사람의 복무의무 위반, 비위(非違) 사실, 근무실태 점검 등을 목적으로 실시하는 감사

제11조(감사계획의 수립) ① 감사기구의 장이 법 제19조제2항에 따라 연간 감사계획을 수립하는 경우에는 다음 각 호의 사항을 포함하여야 한다.

1. 감사사항

2. 감사의 목적 및 필요성

3. 감사의 종류와 감사 대상기관 또는 대상부서

4. 감사의 범위

5. 감사 실시 기간과 인원

6. 그 밖에 감사에 필요한 사항

② 감사기구의 장이 제1항에 따른 연간 감사계획에 포함되지 않은 자체감사를 하는 경우에는 제1항제1호부터 제6호까지의 사항이 포함된 감사계획을 별도로 수립하여야 한다.

③ 감사기구의 장은 필요하다고 인정하면 제1항 또는 제2항에 따른 감사계획을 변경할 수 있다.

제12조(감사 대상기관 등에 대한 감사계획의 통보) ① 감사기구의 장은 법 제19조 제2항에 따라 감사예정일 7일 전까지 제11조제1항 및 제2항에 따른 감사계획의 주요 내용(제11조제1항제1호, 제3호부터 제5호까지의 사항을 말한다)을 자체감사 대상기관(자체감사 대상기관이 자체감사기구가 소속된 기관인 경우에는 자체감사 대상부서를 말한다. 이하 이 조, 제13조의2, 제13조의4 및 제15조에서 같다)의 장에게 통보하여야 한다. 다만, 신속히 감사를 하여야 할 긴급한 사정이 있거나 감사의 실효성을 거두기 위하여 부득이한 경우에는 그러하지 아니하다. 〈개정 2011. 8. 3., 2015. 5. 18.〉

② 감사기구의 장이 제1항에 따라 감사계획을 자체감사 대상기관의 장에게 통보한 이후 감사계획을 변경하였을 때에는 그 내용을 자체감사 대상기관의 장에게 지체 없이 통보하여야 한다.

제12조의2(고유식별정보의 처리) ① 중앙행정기관 및 지방자치단체의 장(해당 권한이 위임·위탁된 경우에는 그 권한을 위임·위탁받은 자를 포함한다)은 법 제15조 및 제17조에 따른 감사기구의 장 및 감사담당자의 결격사유 확인에 관한 사무를 수행하기 위하여 불가피한 경우 「개인정보 보호법 시행령」 제19조제1호에 따른 주민등록번호가 포함된 자료를 처리할 수 있다.

② 감사기구의 장은 법 제20조에 따른 자체감사에 관한 사무를 수행하기 위하여 불가피한 경우 「개인정보 보호법 시행령」 제19조에 따른 주민등록번호, 여권번호, 운전면허의 면허번호 또는 외국인등록번호가 포함된 자료를 처리할 수 있다.

[전문개정 2014. 8. 6.]

제13조(일상감사) ① 법 제22조제1항에 따른 일상감사(이하 "일상감사"라 한다)는 제2항에 따른 집행부서의 장이 제출한 서류 등에 의하여 실시한다. 다만, 감사기구의 장이 필요하다고 인정할 때에는 감사담당자 등을 현지에 보내 실지감사를 할 수 있다.

② 자체감사기구가 소속된 기관의 주요 정책 등을 집행하는 부서의 장(이하 "집행부서의 장"이라 한다)은 다음 각 호에 따른 업무의 수행에 앞서 감사기

구의 장에게 일상감사를 의뢰하여야 한다.

1. 주요 정책의 집행업무

2. 계약업무

3. 예산관리 업무

4. 그 밖에 중앙행정기관등의 장 또는 감사기구의 장이 필요하다고 인정하는 업무

③ 집행부서의 장으로부터 일상감사를 의뢰받은 감사기구의 장은 일상감사 결과 위법 또는 부당하다고 인정되는 사실이 있는 경우에는 그에 대한 의견을 집행부서의 장에게 통보하여야 한다.

④ 집행부서의 장은 제3항에 따른 감사기구의 장의 의견에 대하여 적절한 조치를 하고 조치결과를 감사기구의 장에게 통보하여야 하며, 제2항 각 호에 따른 업무의 결재권자에게는 감사기구의 장의 의견과 이에 대한 조치결과를 보고하여야 한다.

⑤ 이 영에서 규정한 사항 외에 일상감사의 대상·기준 및 절차 등에 관한 세부 사항은 중앙행정기관등의 장이 정한다. 다만, 감사기구의 장이 해당 기관의 집행기관과 독립하여 설치되어 있는 공공기관의 경우에는 감사기구의 장이 정한다.

제13조의2(신청에 의한 일상감사) ① 중앙행정기관, 특별시·광역시·도 및 특별시·광역시·도의 교육청의 자체감사 대상기관의 장은 제13조제2항에 따른 일상감사 대상업무가 아닌 업무로서 다음 각 호의 어느 하나에 해당하는 업무의 수행에 앞서 해당 감사기구의 장에게 일상감사를 신청할 수 있다.

1. 인·허가 등 규제 관련 업무

2. 규제 관련 법령의 해석에 대한 이견 등으로 인하여 발생한 민원 업무

3. 그 밖에 중앙행정기관, 특별시·광역시·도 및 특별시·광역시·도의 교육청의 장 또는 해당 감사기구의 장이 규제 개선 등을 위하여 필요하다고 인정하는 업무

② 자체감사 대상기관의 장으로부터 제1항에 따른 일상감사를 신청받은 감

사기구의 장은 대상 업무 처리에 대한 적정한 의견을 자체감사 대상기관의 장에게 통보하여야 한다.

③ 제1항에 따른 일상감사의 실시 방법 및 일상감사 후 조치결과 보고 등에 관하여는 제13조제1항 및 제4항을 준용한다. 이 경우 "집행부서의 장"은 "자체감사 대상기관의 장"으로 본다.

④ 이 조에서 규정한 사항 외에 신청에 의한 일상감사의 대상·기준 및 절차 등에 관한 세부 사항은 중앙행정기관, 특별시·광역시·도 및 특별시·광역시·도의 교육청의 장이 정한다.

[본조신설 2015. 5. 18.]

제13조의3(적극행정에 대한 면책의 기준) ① 자체감사를 받는 사람이 법 제23조의2에 따라 적극행정면책을 받기 위해서는 다음 각 호의 요건을 모두 갖추어야 한다. 〈개정 2019. 5. 14.〉

1. 자체감사를 받는 사람의 업무처리가 불합리한 규제의 개선, 공익사업의 추진 등 공공의 이익을 위한 것일 것

2. 자체감사를 받는 사람이 대상 업무를 적극적으로 처리한 결과일 것

3. 삭제 〈2019. 5. 14.〉

4. 자체감사를 받는 사람의 행위에 고의나 중대한 과실이 없을 것

② 제1항제4호의 요건을 적용하는 경우 자체감사를 받는 사람이 다음 각 호의 요건을 모두 갖추어 업무를 처리한 것으로 인정되는 경우에는 그 행위에 고의나 중대한 과실이 없는 경우에 해당하는 것으로 추정한다. 〈개정 2019. 5. 14.〉

1. 자체감사를 받는 사람과 대상 업무 사이에 사적인 이해관계가 없을 것

2. 대상 업무를 처리하면서 중대한 절차상의 하자가 없었을 것

3. 삭제 〈2019. 5. 14.〉

4. 삭제 〈2019. 5. 14.〉

[본조신설 2015. 5. 18.]

제13조의4(적극행정에 대한 면책의 운영절차) ① 자체감사 대상기관의 장 또는 자

체감사를 받는 사람이 법 제23조의2에 따른 적극행정에 대한 면책을 받으려는 경우에는 별지 제1호서식의 적극행정면책 신청서에 적극행정면책 사유를 소명하기 위한 증거자료 등을 첨부하여 자체감사가 종료된 후 감사기구의 장에게 제출하여야 한다.

② 제1항에 따른 면책신청을 받은 감사기구의 장은 면책신청이 이유가 있다고 인정될 때에는 면책결정을 하고 이를 자체감사결과의 처리에 반영하여야 한다.

③ 감사기구의 장은 자체감사결과 지적된 사항에 대하여 직권으로 검토한 결과 법 제23조의2에 따른 적극행정에 대한 면책의 요건을 갖추었다고 인정될 때에는 제1항에 따른 면책신청이 없는 경우에도 면책결정을 할 수 있다.

④ 감사기구의 장은 제2항 또는 제3항에 따라 면책결정을 한 때에는 지체 없이 이를 자체감사 대상기관의 장에게 알려야 한다. 이 경우 제2항에 따라 면책결정을 한 때에는 면책을 신청한 사람에게도 이를 알려야 한다.

⑤ 감사기구의 장은 제2항 또는 제3항에 따라 면책결정을 한 때에는 매 분기 종료 후 10일 내에 이를 감사원에 알려야 한다.

⑥ 제1항부터 제5항까지에서 규정한 사항 외에 적극행정에 대한 면책의 운영 절차 및 결과의 처리 등에 관한 세부사항은 중앙행정기관등의 장이 감사기구의 장의 의견을 들어 정한다. 다만, 감사기구의 장이 해당 기관의 집행기관과 독립하여 설치되어 있는 공공기관의 경우에는 감사기구의 장이 정한다.

[본조신설 2015. 5. 18.]

제14조(조사 개시 통보 등) 법 제24조제1항에서 중앙행정기관등의 장과 특정사건에 대한 자체감사 대상기관의 장이 같은 경우에는 자체감사기구의 장이 중앙행정기관등의 장에게 특정사건에 대한 조사를 개시하였다는 사실 또는 이를 종료하였다는 사실을 문서로 보고하면 각각 법 제24조제1항에 따른 조사를 개시한 사실과 이를 종료한 사실을 통보한 것으로 본다.

제15조(재심의 사건의 심리와 처리 등) ① 자체감사 대상기관의 장이 법 제25조제1항에 따라 재심의(再審議)를 신청할 때에는 별지 제2호서식의 재심의신청서

를 중앙행정기관등의 장에게 제출하여야 한다. 〈개정 2011. 8. 3., 2015. 5. 18.〉

② 다음 각 호의 어느 하나에 해당하는 경우에는 법 제25조제3항에 따라 재심의신청을 각하한다.

1. 재심의 신청대상이 아니거나 재심의를 신청할 수 있는 자가 아닌 경우

2. 재심의 신청기간이 도과한 경우

3. 재심의신청에 따라 재심의한 사안인 경우

4. 행정심판(다른 법률에 따른 특별행정심판을 포함한다), 심사청구, 소송 등을 통하여 확정된 사안인 경우

5. 그 밖에 법 및 이 영에서 정한 재심의와 관련된 요건 및 절차를 갖추지 못한 경우

③ 제2항제5호의 경우 보정(補正)할 수 있다고 인정하는 경우에는 재심의를 신청받은 중앙행정기관등의 장은 적절한 기한을 정하여 그 보정을 요구할 수 있으며 그 기간에 보정이 된 경우에는 처음부터 적법한 재심의신청이 된 것으로 본다. 다만, 정해진 기간 내에 보정하지 아니하였을 때에는 재심의신청을 각하한다.

④ 중앙행정기관등의 장은 법 제25조제3항 및 제4항에 따라 재심의 사건을 처리하였을 때에는 재심의를 신청한 자체감사 대상기관의 장에게 그 뜻을 문서로 지체 없이 통보하여야 한다.

⑤ 재심의를 신청한 자체감사 대상기관의 장은 중앙행정기관등의 장이 재심의 사건을 처리하기 전에 서면으로 재심의신청을 취하할 수 있다.

⑥ 중앙행정기관등의 장은 법 제23조에 따른 감사결과를 통보한 사항으로서 직권으로 재심의하여 그 내용을 변경하거나 취소할 필요가 있다고 인정할 때에는 직권으로 재심의하여 감사결과를 변경하거나 취소할 수 있다.

제16조(감사담당자 등에 대한 수당 등) ① 법 제28조제2항에 따라 감사기구의 장 및 감사담당자에게는 예산의 범위에서 「공무원 수당 등에 관한 규정」, 「지방공무원 수당 등에 관한 규정」 또는 정관 등에서 정하는 바에 따라 수당을

지급할 수 있다.

② 법 제28조제2항에 따라 감사기구의 장 및 감사담당자에게는 예산의 범위에서 여비와 사전 자료수집에 필요한 비용 등 자체감사업무 수행에 드는 경비를 지급할 수 있다.

제17조(중복감사 금지의 예외) 법 제33조에서 "새로운 사실이 발견되거나 중요한 사항이 누락된 경우 등 대통령령으로 정하는 경우"란 다음 각 호의 어느 하나에 해당하는 경우를 말한다.

1. 새로운 증거 또는 사실이 발견된 경우

2. 감사 증거서류 등이 위조·변조된 것이 증명된 경우

3. 감사결과에 영향을 미칠 만한 중요한 사항이 누락된 경우

제18조(감사계획의 협의 등) ① 중앙행정기관등의 장은 법 제34조제1항에 따라 감사원과 협의하기 위하여 제11조제1항 및 제2항에 따른 감사계획을 수립하였을 때에는 이를 곧바로 감사원에 통보하여야 한다. 이미 수립한 감사계획 중 감사사항, 감사 대상기관, 감사의 범위, 감사 실시 시기 등 주요 내용을 변경하였을 때에도 또한 같다.

② 감사원은 중앙행정기관등의 업무와 관련하여 취약 분야 등에 대한 자체감사를 효율적으로 수행하도록 하기 위하여 필요한 경우에는 중앙행정기관등의 장에게 제11조에 따른 감사계획의 수립이나 제1항에 따라 통보받은 감사계획 등에 관하여 의견을 제시하거나 관련 감사기구의 장 등이 참여하는 회의를 개최할 수 있다.

제19조(감사정보시스템 입력·관리 정보) ① 법 제36조제2항에서 "감사계획, 감사결과, 이행결과 등 대통령령으로 정하는 감사활동정보"란 다음 각 호의 정보를 말한다. 다만, 국가기밀, 범죄수사, 공소(公訴)의 제기 및 그 유지 등에 관한 정보는 제외한다.

1. 자체감사기구의 설치 및 운영 현황

2. 감사계획 및 감사 실시 현황

3. 감사결과 및 감사 이행결과

4. 일상감사 결과

5. 감사기구의 장이 소속되어 있는 기관(그 소속 기관을 포함한다)의 공무원 또는 직원에 대한 징계, 문책, 시정, 주의, 고발 등 신분상의 조치 사실

6. 「감사원법」 제29조에 따른 범죄 및 망실(亡失)·훼손 등의 사실

7. 모범사례 발굴·전파 실적

8. 그 밖에 법 제31조에 따른 감사활동조정협의회에서 필요하다고 인정하는 사항

② 제1항에 따른 감사활동정보의 세부 입력 내용 및 범위 등은 감사원이 정한다.

제20조(감사정보시스템의 구축·운영 등) ① 감사원은 법 제36조제1항에 따른 감사정보시스템(이하 "정보시스템"이라 한다)을 구축하는 경우 자체감사기구에서 정보시스템을 이용할 수 있도록 표준 프로그램을 개발하여 보급하여야 한다.

② 감사기구의 장은 제19조에 따른 감사활동정보를 별표에 따른 시기에 맞추어 정보시스템에 입력하여야 한다.

③ 감사기구의 장은 정보시스템의 효율적인 운영을 위하여 담당자를 지정하여야 한다.

④ 제1항부터 제3항까지에서 규정한 사항 외에 정보시스템의 구축·운영 등에 필요한 사항은 감사원이 정한다.

부칙 〈제29764호,2019. 5. 14.〉

제1조(시행일) 이 영은 공포한 날부터 시행한다.

제2조(적극행정 면책 기준에 관한 적용례) 제13조의3제2항의 개정규정은 이 영 시행 이후 면책 요건을 갖추었는지를 판단하는 경우부터 적용한다.

▶ 중앙행정기관 및 지방자치단체 자체감사기준

[시행 2010. 12. 17.] [감사원규칙 제222호, 2010. 12. 17., 제정]

감사원(법무담당관), 02-2011-2281

제1장 총칙

제1조(목적) 이 규칙은 「공공감사에 관한 법률」 제37조에 따라 중앙행정기관 및 지방자치단체의 감사기구의 장 및 감사담당자가 자체감사활동을 할 때에 일반적으로 준수하여야 할 사항을 규정함을 목적으로 한다.

제2조(정의) ① 이 규칙에서 사용하는 용어의 뜻은 다음과 같다.

1. "감사담당자등"이란 「공공감사에 관한 법률」(이하 "법"이라 한다) 제2조제6호에 따른 감사기구의 장 및 법 제2조제7호에 따른 감사담당자를 말한다.

2. "감사단"이란 일정한 감사과제를 공동으로 수행하기 위하여 감사기구의 장이 제13조제2항에 따라 편성하는 복수의 감사담당자를 말한다.

② 그 밖에 이 규칙에 특별한 규정이 있는 용어를 제외하고는 법 및 같은 법 시행령(이하 "영"이라 한다)이 정하는 바에 따른다.

제3조(적용범위) ① 이 규칙은 중앙행정기관 및 지방자치단체에서 실시하는 자체감사에 대하여 적용한다.

② 이 규칙은 다른 법령에 저촉되지 아니 하는 범위 안에서 법 제35조 또는 「감사원법」 제50조의2에 따라 감사원 감사를 대행하거나 「공공기관의 운영에 관한 법률」 제52조에 따라 감사원 감사를 위탁받아 실시하는 감사에 대하여 준용한다.

제4조(자체감사활동의 목적과 방향) ① 자체감사활동은 감사대상기관의 모든 업무와 활동 등을 조사·점검·확인·분석·검증하여 내부통제를 내실 있게 수행하고 기관 운영의 적정성, 공정성 및 국민에 대한 책임성 확보를 목적으로 한다.

② 자체감사활동은 감사대상기관의 문제점을 미리 예방하고 발견된 문제점을 효과적으로 해결하는 데에 중점을 둔다.

제2장 일반기준

제5조(독립성) ① 감사기구의 장은 감사기구의 독립성이 보장되도록 다음 각 호의 노력을 하여야 한다.

1. 감사대상기관 또는 부서와 실질적으로 분리된 조직의 설치와 운영

2. 감사활동에 필요한 예산 확보

3. 감사담당자 우대조치 등을 통한 우수인력의 확보 및 교육훈련의 실시

4. 감사담당자에 대한 독자적인 평가와 성과 관리

5. 그 밖에 감사기구의 독립성 보장에 필요한 사항

② 감사기구의 장은 감사활동의 독립성이 보장되도록 다음 각 호의 사항을 준수하여야 한다.

1. 감사계획 수립, 감사대상의 선정 등 감사활동에 대한 외부간섭의 배제

2. 자율적인 판단에 따른 자체감사의 실시와 감사결과의 처리

3. 외부의 간섭이나 관여 없이 자체감사기구가 소속된 기관의 장(이하 "소속기관의 장"이라 한다)에게 감사 관련사항을 보고

4. 그 밖에 감사활동의 독립성 보장에 필요한 사항

③ 감사담당자등은 감사대상기관 또는 부서, 그 소속 직원 및 외부 이해관계자 등으로부터 감사의 독립성이 침해되지 않도록 하여야 한다.

④ 감사담당자등은 관계법령이 정하는 바에 따라 감사 외의 업무를 수행할 때에는 감사활동의 독립성이 침해될 정도로 과도하게 관여하여서는 아니 된다.

제6조(감사담당자등의 회피 등) ① 감사담당자등은 다음 각 호의 어느 하나에 해당하여 감사수행의 독립성을 유지하기 어렵다고 판단될 때에는 감사기구의 장은 소속기관의 장에게, 감사담당자는 감사기구의 장에게 지체 없이 보고하여야 한다.

1. 감사대상이 되는 기관, 부서 또는 업무와 관련이 있는 사람과 개인적인 연고나 이해관계 등이 있어 공정한 감사수행에 영향을 미칠 우려가 있는 경우

2. 감사대상이 되는 기관, 부서 또는 업무와 관련된 주요 의사결정과정에 직·간접적으로 관여한 경우

3. 그 밖에 공정한 감사수행이 어려운 특별한 사정이 있는 경우

② 소속기관의 장 또는 감사기구의 장은 제1항에 따른 보고를 받거나 감사담당자등이 제1항 각 호의 어느 하나에 해당한다고 인정하는 경우에는 해당 감사담당자등을 감사에서 제외하는 등 적정한 조치를 하여야 한다.

제7조(전문성) ① 감사담당자등은 감사원 및 감사·회계전문기관으로부터 감사계획 또는 방법에 대한 자문을 받거나 감사·회계교육을 이수하는 등 감사업무에 필요한 전문지식과 실무경험을 갖추어야 한다.

② 감사기구의 장은 우수한 전문인력을 감사담당자로 확보하기 위하여 노력하고, 감사담당자의 전문성이 최대한 발휘될 수 있도록 감사담당자의 전문지식과 실무경험 등을 고려하여 감사임무를 부여 하여야 한다.

③ 감사기구의 장은 감사담당자의 전문성을 높이기 위하여 감사원 감사 등에의 참여를 권장하고, 감사 회계전문기관의 감사·회계교육을 이수하도록 하거나 필요한 경우 자체적으로 실시하여야 한다.

④ 감사기구의 장은 전문지식이나 실무경험 등이 요구되는 분야를 감사할 때에는 외부 전문기관 또는 외부 전문가의 자문을 받거나 필요한 경우 감사에 참여시킬 수 있다.

제8조(감사자세) ① 감사담당자등은 관련 법령을 준수하고 그 직무를 성실하게 수행하여야 하며, 정당한 사유가 없는 한 감사기간 중에 개인적인 일을 도모하거나 출장지를 이탈하여서는 아니 된다.

② 감사담당자등은 감사를 받는 사람에게 위압감이나 불쾌감을 주는 언행을 하지 않도록 하여야 한다.

③ 감사담당자등은 감사업무를 공정하게 수행하고, 정치적 중립을 유지하여야 한다.

④ 감사담당자등은 선입견을 가지고 감사업무를 수행하거나 자의적으로 판단하여서는 아니 되며, 관계기관 등의 의견을 충분히 듣고 공정한 절차와 객관적 증거자료에 따라 감사결과를 도출하여야 한다.

⑤ 감사담당자등은 직무의 범위를 벗어나 자신의 지위나 권한을 이용하거나,

개인적인 일 또는 감사활동에 소요되는 비용을 감사대상기관의 직원 등 이해
관계인에게 부담시켜서는 아니 된다.

⑥ 감사담당자등은 직무의 해당 여부와 상관없이 감사담당자등으로서의 품
위를 손상하는 행위를 하여서는 아니 된다.

제9조(청렴의무 등) ① 감사담당자등은 감사대상기관의 직원 등 이해관계인과 일
반국민으로부터 존경과 신뢰를 받을 수 있도록 높은 청렴성을 유지하여야 한
다.

② 감사담당자등은 감사의 독립성이나 감사활동의 공정한 수행을 저해하는
청탁이나 압력 등이 있는 경우 감사기구의 장은 소속기관의 장에게, 감사담
당자는 감사기구의 장에게 그 사실을 지체 없이 보고하여야 한다.

③ 제2항에 따른 보고를 받은 소속기관의 장 또는 감사기구의 장은 보고사실
을 조사하여 적정한 조치를 하여야 한다.

제10조(보안유지 등) ① 감사담당자등과 그 직위에 있었던 자는 직무와 관련하여
알게 된 정보 또는 자료를 정당한 사유 없이 다른 사람에게 제공하거나 해당
목적 외의 용도로 이용하여서는 아니 된다.

② 감사담당자등은 감사와 관련된 정보가 감사목적과 관계없이 외부로 유출
되지 않도록 정당한 주의의무를 다하여야 한다.

③ 감사담당자등과 그 직위에 있었던 자는 직무상 알게 된 비밀을 누설하여
서는 아니 된다.

제3장 감사계획 수립기준

제11조(연간 감사계획수립 방법) ① 감사기구의 장은 영 제11조제1항에 따른 연간
감사계획을 수립할 때에는 다음 각 호의 사항을 고려하여야 한다.

1. 법 제31조에 따른 감사활동조정협의회의 협의·조정 사항

2. 영 제18조제2항에 따라 감사원이 자체감사계획 수립 등에 관하여 제시한
의견 및 회의 결과

3. 감사원 감사의 위탁 및 대행 사항

4. 감사원 감사 등을 포함한 감사대상기관 또는 부서에 대한 감사빈도 및 주기

5. 법 제22조에 따른 일상감사 등을 통하여 감사의 필요성이 있다고 인정되는 사항

6. 국회, 지방의회, 언론, 및 시민단체 등에서 감사의 필요성을 제기한 사항

7. 그 밖에 감사대상기관 또는 부서 및 그 소속 직원 등의 위법 또는 부당한 업무처리나 복무규정 위반 등이 우려되어 감사의 필요성이 있다고 인정되는 사항

② 감사기구의 장은 연간 감사계획을 효율적으로 수행하기 위하여 개별 감사사항 별로 감사계획의 수립, 감사실시 및 감사결과 처리 등을 주관할 감사담당자를 지정할 수 있다.

제12조(감사의 사전준비) ① 감사담당자등은 제13조에 따른 감사계획을 수립하거나 감사를 실시하기 전에 다음 각 호의 감사자료를 수집·분석하는 등 사전준비를 철저히 하여야 한다.

1. 관계법령 및 훈령 지침 예규 등 내부규정

2. 감사대상기관 또는 부서의 기능·조직·인력·예산 등 일반현황

3. 주요 업무계획 및 심사분석 결과

4. 성과계획서와 성과보고서

5. 언론보도사항, 국회 및 지방의회의 논의사항

6. 기존 감사결과 및 처분요구 집행상황

7. 그 밖에 민원, 감사정보, 감사대상 일부에 대한 표본조사 등 각종 감사자료

② 감사기구의 장은 제1항 각 호의 감사자료를 조사·확인하거나 감사대상의 문제점을 도출하기 위하여 필요한 경우 예비조사를 실시할 수 있다.

③ 감사기구의 장은 감사의 사전 준비를 위하여 법 제38조에 따라 감사원에 감사계획 또는 감사방법에 대한 자문 또는 인력지원을 요청하거나 외부전문가의 자문을 구할 수 있다.

제13조(감사계획의 수립 등) ① 감사기구의 장은 감사를 실시하기 전에 다음 각 호의 사항이 포함된 감사계획을 수립하여야 한다.

1. 영 제11조제1항제1호부터 제5호까지의 사항

2. 감사 착안사항 및 감사방법, 감사자료 확인결과

3. 감사단 편성 및 개인별 감사사무분장

4. 그 밖에 감사에 필요한 사항

② 감사기구의 장은 감사목적을 달성하고 감사성과를 확보할 수 있도록 감사담당자의 전문지식 및 실무경험 등을 고려하여 제1항제3호에 따른 감사단을 편성하고 개인별 감사사무분장을 정하여야 한다.

③ 감사기구의 장은 감사의 전문성과 효율성을 높이기 위하여 필요한 경우 감사기구가 소속된 기관(그 소속기관 및 소관단체를 포함한다)의 다른 부서의 직원을 감사단에 참여시킬 수 있다.

④ 감사기구의 장은 감사단에 포함된 감사담당자를 대상으로 다음 각 호의 사항에 관한 교육을 실시하여야 한다.

1. 제1항에 따른 감사계획

2. 감사대상기관 또는 부서의 주 기능 및 임무

3. 감사대상 업무의 특수성

4. 감사 착안사항 및 감사기법

5. 실지감사 시 주의사항

6. 그 밖에 감사수행에 필요한 사항

⑤ 감사기구의 장은 감사성과 확보 등을 위하여 필요한 경우 감사계획 등을 미리 공개하여 이해관계인 또는 일반국민의 의견을 수렴하고, 이를 감사자료로 활용할 수 있다.

제4장 감사실시 기준

제14조(감사계획의 주요내용 통보) 감사기구의 장은 영 제12조에 따라 감사계획의 주요내용을 통보할 때에는 다음 각 호의 사항을 포함하여 문서로 하여야 한다.

1. 감사대상

2. 감사범위

3. 감사기간 및 감사인원

제15조(자료제출요구 등의 방법) ① 감사담당자등은 법 제20조제1항에 따라 자료제출요구 등을 할때에는 일시·장소·대상 등을 기재한 요구서를 발부하여야 한다. 다만, 실지감사 중이거나 긴급한 필요가 있는 경우에는 구두로 할 수 있다.

② 감사기구의 장은 법 제20조제4항에 따라 자체감사 대상기관이 아닌 중앙행정기관등에 자료 또는 정보를 제출하도록 요청할 때에는 다음 각 호의 사항이 포함된 요청서로 하여야 한다. 이 경우 요청 전에 해당 요청 내용을 소속 기관의 장에게 보고하여야 하며, 특히 긴급한 필요가 있는 경우에는 사후에 보고할 수 있다.

1. 자료 또는 정보가 필요한 자체감사의 명칭

2. 필요한 자료 또는 정보의 구체적 범위 및 이용 용도

3. 자료 또는 정보를 이용하지 아니하면 자체감사가 불가능한 사유

③ 제2항에 따라 자료 또는 정보를 제출받은 감사담당자등은 그 자료 또는 정보를 다른 사람에게 제공 또는 누설하거나 제2항제3호에 따른 구체적 이용 용도 외로 이용하여서는 아니 된다.

제16조(실지감사의 실시) ① 감사기구의 장은 법 제21조에 따른 실지감사를 하고자 할 때에는 제14조제3호에 따른 감사인원에 맞게 감사장을 설치하도록 하고, 감사에 필요한 자료를 가능한 한 미리 요구하여 구비하도록 하여야 한다.

② 감사기구의 장은 제13조제1항에 따른 감사계획에 따라 감사를 실시하고, 불가피한 사유가 있어 이를 변경하고자 할 때에는 지체 없이 감사대상기관 또는 부서에 이를 통보하여야 한다.

③ 감사담당자등은 필요한 경우 감사대상기관이 보관하고 있는 현금·예금·유가증권 등의 시재액을 확인하여 관계 장부와의 부합 여부를 점검할 수 있다.

④ 감사담당자등은 실지감사 중에 감사대상기관 또는 부서의 일상 업무 수행에 지장을 주지 않도록 최대한 노력하여야 한다.

⑤ 감사담당자등은 감사대상기관 또는 부서의 직원이나 외부인이 감사 자료

에 접근하지 못하도록 다음 각 호의 보안조치를 하여야 한다.

1. 감사장 내 서류보관함에 잠금장치 사용

2. 사무용 컴퓨터 및 이동식 저장장치에 암호 설정

3. 감사장 철수시 감사자료가 감사장 또는 컴퓨터 등에 남지 않도록 완전 파기

4. 그 밖에 감사자료의 유출을 방지하는데 필요한 보안조치

제17조(실지감사의 지휘와 책임 등) ① 감사기구의 장은 실지감사를 위하여 제13조제2항에 따라 감사단을 편성하고자 할 때에는 감사단장을 지정하여 감사단을 지휘·감독하도록 하여야 한다.

② 제1항에 따른 지휘·감독은 다음 각 호의 사항을 포함한다.

1. 감사목적과 임무의 주지

2. 감사기법의 지도 및 현장 교육

3. 감사업무 수행내용의 검토

4. 개인별 감사사무분장의 변경

5. 그 밖에 실지감사의 목적을 달성하는데 필요한 사항

③ 감사단장은 실지감사의 목적을 달성하기 위하여 제13조에 따른 감사계획을 변경할 필요가 있거나, 감사계획에 포함되지 않은 기관 또는 사항을 감사할 필요가 있는 경우에는 감사기구의 장에게 보고하고 그 지시에 따라야 한다.

④ 감사단장은 감사담당자가 고의 또는 중과실로 감사업무를 위법 또는 부당하게 수행한 때에는 연대하여 책임을 진다. 다만, 감사단장이 해당 감사담당자에 대한 지휘와 감독에 정당한 주의의무를 다한 경우에는 그러하지 아니한다.

제18조(실지감사 상황보고) ① 감사담당자는 실지감사 활동내역을 구체적으로 기록한 일일 감사실시 상황을 작성하여 감사단장에게 보고하고 그 지휘에 따라야 한다.

② 감사단장은 제1항에 따른 일일 감사실시상황을 종합하여 감사기구의 장에게 수시로 보고하여야 한다.

③ 감사담당자는 실지감사기간 중에 제13조제1항제3호에 따른 개인별 감사사무분장 외의 사항을 감사하고자 할 때에는 감사단장에게 보고하고 그 지시

에 따라야 한다.

제19조(실지감사의 종결 등) ① 감사단장은 실지감사기간 내에 감사를 종결하여야 한다. 다만, 감사목적의 달성을 위하여 필요한 경우 감사기구의 장에게 사유를 보고하고 실지감사기간을 연장할 수 있다.

② 감사단장은 감사목적의 달성을 위하여 필요한 경우 실지감사 종료 전에 감사대상기관 또는 부서를 대상으로 주요 감사결과를 설명하고 이에 대한 의견을 들을 수 있다.

제20조(감사 중인 사건의 처리) ① 감사기구의 장은 감사의 실효성을 확보하기 위하여 감사 중에 있는 위법·부당사항에 대하여는 감사결과 처분요구 등이 있기 전에 감사대상기관 또는 부서에서 사전조치를 할 수 없도록 그 내용을 서면으로 작성하여 해당 감사대상기관의 장 또는 부서의 장에게 통보하여야 한다. 다만, 제25조제4항에 따라 현지에서 시정조치하거나 사전조치를 해야 할 특별한 사정이 있는 경우 그러하지 아니하다.

② 감사기구의 장은 감사 중에 있는 사항으로서 범죄혐의가 있다고 인정되고 증거인멸이나 도피의 우려가 있는 경우에는 수사기관에 수사를 의뢰할 수 있다.

제21조(일상감사의 처리) ① 감사기구의 장은 집행부서의 장이 영 제13조제2항 각 호에 따른 업무에 대하여 일상감사를 의뢰하지 않은 경우 집행부서의 장에게 일상감사를 의뢰하도록 할 수 있다.

② 감사담당자등은 일상감사의 처리를 위하여 필요한 경우 집행부서의 장 및 그 직원에 대하여 법 제20조제1항 각 호에 따른 조치를 할 수 있다.

③ 제2항에 따른 조치를 요구받은 집행부서의 장 및 그 직원은 정당한 사유가 없는 한 그 요구에 따라야 한다.

④ 감사기구의 장은 영 제13조제4항에 따라 통보받은 조치결과가 적정하지 않다고 판단되는 때에는 집행부서의 장에게 그 내용을 통보하고, 소속기관의 장에게 이를 보고하여야 한다.

⑤ 감사기구의 장은 일상감사의 접수·처리상황을 관리하기 위하여 일상감사 처리대장을 작성·비치하여야 한다.

제5장 감사증거와 판단기준

제22조 (증거서류의 확보 등) ① 감사담당자등은 감사결과 처리가 필요한 사항에 대하여는 그 입증을 위하여 필요한 관계서류 등의 등본 또는 사본을 징구하고, 그 대상이 물건이나 상태인 경우 사진 촬영 등의 방법으로 증거를 확보하여 추가적인 감사나 법적 분쟁 등이 발생하지 않도록 하여야 한다.

② 감사담당자등은 증거서류의 증거능력과 감사대상기관 또는 부서의 부담 정도 등을 고려하여 적정하고도 충분한 증거를 확보하여야 한다.

③ 감사담당자등은 증거서류의 신빙성을 확보하기 위하여 증거서류의 출처와 근거를 명시하여야 한다. 다만, 비밀유지 등을 위하여 필요한 경우 출처를 명시하지 아니할 수 있다.

④ 감사담당자등은 증거인멸의 우려가 있는 경우 금고·창고·장부 및 물품 등을 봉인하는 등의 방법으로 즉시 증거를 확보하고, 필요한 경우 수사기관에 협조를 요청하는 등 증거 확보를 위한 조치를 하여야 한다.

제23조(확인서의 징구 등) ① 감사담당자등은 감사결과 처리가 필요한 사항의 증거를 보강하기 위하여 필요한 경우 관계자로부터 관련 사항에 대한 사실관계 등을 기술한 확인서를 받을 수 있다.

② 감사담당자등은 감사결과 처리가 필요한 사항이 변상명령, 징계 또는 문책사유에 해당하거나 그 밖에 중요한 사안에 관련된 관계자의 책임소재와 한계를 규명하고 행위의 동기, 배경 또는 변명을 듣기 위하여 필요한 경우에는 문답서를 작성한다.

③ 감사기구의 장은 감사결과 처리가 필요한 사항에 관하여 그 사유 및 개선방안 등을 듣기 위하여 필요한 경우 해당 사항의 특성을 고려하여 적정한 직위의 책임자에게 질문서를 발부하고 답변서를 징구한다. 다만, 실지감사 중인 때에는 감사단장이 질문서를 발부할 수 있다.

제24조(감사결과의 도출) ① 감사담당자등은 제22조 및 제23조에 따른 감사증거를 바탕으로 합법성, 경제성, 효율성, 효과성, 형평성 등을 종합적으로 검토하여 감사결과를 도출하여야 한다.

② 제1항에 따라 감사결과를 도출하면서 판단 근거가 상충되는 경우에는 다음 각 호의 사항을 고려하여 합리적으로 판단하여야 한다.

1. 법령 또는 제도의 취지

2. 감사대상기관 또는 부서의 임무

3. 감사대상 업무의 목적, 수행여건 및 환경

4. 그 밖에 업무를 수행하게 된 동기

제6장 감사결과 보고 및 처리 기준

제25조(감사결과의 처리기준 등) ① 감사기구의 장은 제24조에 따라 도출된 감사결과를 다음 각 호의 기준에 따라 처리하여야 한다.

1. 변상명령 : 「회계관계직원 등의 책임에 관한 법률」이 정하는 바에 따라 변상책임이 있는 경우

2. 징계 또는 문책요구 : 「국가공무원법」과 그 밖의 법령에 규정된 징계 또는 문책 사유에 해당하거나 정당한 사유 없이 자체감사를 거부하거나 자료의 제출을 게을리한 경우

3. 시정요구 : 감사 결과 위법 또는 부당하다고 인정되는 사실이 있어 추징·회수·환급·추급 또는 원상복구 등이 필요하다고 인정되는 경우

4. 주의요구 : 감사 결과 위법 또는 부당하다고 인정되는 사실이 있으나 그 정도가 징계 또는 문책사유에 이르지 아니할 정도로 경미하거나, 감사대상기관 또는 부서에 대한 제재가 필요한 경우

5. 개선요구 : 감사 결과 법령상·제도상 또는 행정상 모순이 있거나 그 밖에 개선할 사항이 있다고 인정되는 경우

6. 권고 : 감사 결과 문제점이 인정되는 사실이 있어 그 대안을 제시하고 감사대상기관의 장 등으로 하여금 개선방안을 마련하도록 할 필요가 있는 경우

7. 통보 : 감사 결과 비위 사실이나 위법 또는 부당하다고 인정되는 사실이 있으나 제2호부터 제5호까지의 요구를 하기에 부적합하여 각 기관 또는 부서에서 자율적으로 처리할 필요가 있다고 인정되는 경우

8. 고발 : 감사 결과 범죄 혐의가 있다고 인정되는 경우

② 제1항제4호에 따른 주의요구는 위법성 또는 부당성의 경중에 따라 각 기관의 특성을 고려하여 훈계, 경고 등으로 세분화할 수 있다.

③ 감사기구의 장은 손해의 보전 등을 위하여 시급하게 처리할 필요가 있거나 법적 쟁점 등으로 인하여 신중한 검토가 필요한 사항이 있을 경우에는 다른 감사결과와 분리하여 처리할 수 있다.

④ 감사기구의 장은 실지감사 중 경미한 사항으로서 제1항제3호의 시정이 필요한 사항이 있는 때에는 현지에서 감사대상기관의 장에게 그 시정 등을 요구할 수 있다.

제26조(감사결과보고서의 작성 및 보고) ① 감사기구의 장은 감사가 종료된 후 다음 각 호의 사항을 포함한 감사결과보고서를 작성하여 소속기관의 장에게 보고하여야 한다.

1. 감사목적 및 범위, 감사기간 등 감사실시개요

2. 제25조의 처리기준에 따른 감사결과 처분요구 및 조치사항

3. 감사대상기관이 아닌 기관의 장의 권한에 속하는 사항으로서 법 제23조제4항에 따라 해당 기관에 통보할 사항

4. 감사결과에 대한 감사대상기관 또는 부서의 변명 또는 반론

5. 일반인에게 공개할 수 없는 정보가 있는 경우 그 사유 및 근거

6. 그 밖에 보고할 필요가 인정되는 사항

② 감사기구의 장은 다음 각 호의 요건에 맞게 제1항에 따른 감사결과보고서를 작성하여야 한다.

1. 어문규범에 맞도록 어휘를 선택하고 문장을 서술

2. 이해관계인이나 일반국민이 쉽게 이해할 수 있도록 서술

3. 내용에 모호함이 없도록 분명하게 서술

4. 논지의 일관성을 유지하고 앞뒤가 맞게 서술

5. 구체적으로 기술하되 장황하지 않도록 서술

제27조(감사결과의 중간 보고) ① 감사단장은 감사기간 중 또는 감사 종료 후 감사

결과와 관련하여 긴급을 요하는 중요사항이 발생한 경우에는 지체 없이 감사기구의 장에게 그 내용 및 처리방향 등을 보고하여야 한다.

② 감사기구의 장은 필요한 경우 소속기관의 장에게 제1항에 따라 보고 받은 중요사항의 전부 또는 일부를 보고할 수 있으며, 보고를 받은 소속기관의 장은 적정한 조치를 하여야 한다.

제28조(감사결과의 통보 등) ① 감사기구의 장은 법 제23조 제1항에 따라 자체감사 대상기관에 감사결과를 통보할 때에는 다음 각 호의 사항을 포함한 시행문을 작성하여야 한다.

1. 제26조제1항제2호에 따른 감사결과 처분요구 및 조치사항

2. 감사결과 종류별 처리기한 및 결과 회보 의무

3. 법 제25조 및 영 제15조에 따른 재심의 신청에 대한 안내문

② 제1항제2호에 따른 감사결과 종류별 처리기한 및 결과 회보 의무는 다음과 같다.

1. 변상명령 : 변상책임자가 변상명령서를 받은 날로부터 3개월 안에 변상하도록 조치하고 그 결과를 지체 없이 회보

2. 징계 또는 문책요구 : 1개월 안에 징계의결을 요구하고, 그 의결 결과를 지체 없이 회보

3. 시정요구 : 2개월 안에 처리하고 그 결과를 지체 없이 회보

4. 개선요구·권고·통보 : 2개월 안에 집행 가능한 사항은 그 기간 내에 적정한 조치를 하고 그 결과를 지체 없이 회보, 집행에 2개월 이상이 소요되는 사항은 2개월 안에 추진일정 및 계획 등이 포함된 집행계획을 우선 회보한 후 집행계획에 따라 조치한 결과를 지체 없이 회보, 다만 징계조치 여부를 일임한 통보(인사자료) 사항은 1개월 안에 적정한 조치를 하고 그 결과를 지체 없이 회보

③ 감사기구의 장은 제23조에 따라 확인서, 답변서, 문답서를 징구하였으나 감사결과로 처리하지 않기로 결정한 사항 중 일반국민의 이해관계에 영향을 미치거나 공무원의 신분상·재산상 책임과 관련이 있는 중요한 사항에 대하여

는 10일 이내에 관계기관 또는 관련자 등에게 그 사실을 통보하여야 한다.

제29조(감사결과의 공개) 법 제26조에 따라 감사결과를 공개하는 때에는 공개의 시기·방법 등을 미리 정하여 공표하고 이에 따라 공개하여야 한다.

제7장 감사결과의 사후관리 기준

제30조(재심의신청의 처리절차) ① 감사기구의 장은 법 제25조에 따른 재심의신청을 받은 경우 공정한 처리를 위하여 해당 감사결과에 관여하지 않은 감사담당자가 처리하도록 하여야 한다.

② 감사기구의 장은 재심의신청의 처리에 필요한 경우 신청인 또는 관련자의 의견을 듣거나 보완 자료를 요청할 수 있다.

③ 감사기구의 장은 재심의신청의 처리 결과를 소속기관의 장에게 보고하고, 보고를 받은 소속기관의 장은 그 처리 결과를 재심의를 신청한 감사대상기관의 장에게 서면으로 통보하여야 한다.

제31조(이행결과의 확인) ① 감사기구의 장은 법 제23조제3항에 따라 제출된 감사대상기관 또는 부서의 이행결과를 검토하고, 필요한 경우 보완자료를 요구하거나 이행을 독촉하여야 한다.

② 감사기구의 장은 감사결과 처분요구 및 조치사항에 대한 사후관리의 적정성 확보를 위하여 필요한 경우 현지 확인 점검을 실시할 수 있다.

③ 감사기구의 장은 감사결과를 통보받은 감사대상기관 또는 부서의 장이 제28조제2항에 따른 처리기한 내에 적정한 조치를 하지 않는 경우 그 사유 및 조치계획서 등을 작성하여 통보하도록 할 수 있다.

④ 감사기구의 장은 감사대상기관 또는 부서의 장이 정당한 사유 없이 감사결과 처분요구 또는 조치사항을 이행하지 않는 때에는 감사를 실시할 수 있다.

제32조(회계감사기준의 준용) 기업회계기준 또는 이에 상당한 회계기준에 따라 처리되고 있는 업무에 대하여는 이 규칙에 저촉되지 아니하는 범위 안에서 공인회계사의 감사준거가 되는 회계감사기준을 준용할 수 있다.

제33조(세부사항 등) ① 감사원장은 이 규칙의 시행에 필요한 세부사항을 따로 정할 수 있다.

② 중앙행정기관 및 지방자치단체의 장은 이 규칙 및 제1항에 따라 감사원이 정한 세부사항에 저촉되지 아니하는 범위 안에서 이 규칙의 시행에 필요한 사항을 따로 정할 수 있다.

③ 감사담당자등이 자체감사를 수행함에 있어 이 규칙의 해석상 의문이 있는 경우 감사원에 의견을 구할 수 있고, 감사원은 이에 대하여 해석·답변한다.

부칙 〈제222호, 2010. 12. 17.〉

제1조(시행일) 이 규칙은 공포한 날부터 시행한다.

▶ **회계관계직원 등의 책임에 관한 법률** (약칭: 회계직원책임법)

[시행 2016. 11. 30.] [법률 제14197호, 2016. 5. 29., 타법개정]

기획재정부(국고과), 044-215-5113

제1조(목적) 이 법은 회계관계직원 등의 책임을 명확히 하고 법령이나 그 밖의 관계 규정 및 예산에 정하여진 바를 위반하는 회계관계행위를 방지함으로써 국가, 지방자치단체, 그 밖에 감사원의 감사를 받는 단체 등이 회계사무를 적정하게 집행하게 하는 것을 목적으로 한다.

[전문개정 2009. 3. 25.]

제2조(정의) 이 법에서 "회계관계직원"이란 다음 각 호의 어느 하나에 해당하는

사람을 말한다. 〈개정 2014. 5. 28., 2016. 5. 29.〉

1. 「국가재정법」, 「국가회계법」, 「국고금관리법」 등 국가의 예산 및 회계에 관계되는 사항을 정한 법령에 따라 국가의 회계사무를 집행하는 사람으로서 다음 각 목의 어느 하나에 해당하는 사람

 가. 수입징수관, 재무관, 지출관, 계약관 및 현금출납 공무원

 나. 유가증권 취급 공무원

 다. 선사용자금출납명령관

 라. 기금의 회계사무를 처리하는 사람

 마. 채권관리관

 바. 물품관리관, 물품운용관, 물품출납 공무원 및 물품 사용 공무원

 사. 재산관리관

 아. 국세환급금의 지급을 명하는 공무원

 자. 관세환급금의 지급을 명하는 공무원

 차. 회계책임관

 카. 그 밖에 국가의 회계사무를 처리하는 사람

 타. 가목부터 카목까지에 규정된 사람의 대리자, 분임자(分任者) 또는 분임자의 대리자

2. 「지방재정법」 및 「지방회계법」 등 지방자치단체의 예산 및 회계에 관계되는 사항을 정한 법령에 따라 지방자치단체의 회계사무를 집행하는 사람으로서 다음 각 목의 어느 하나에 해당하는 사람

 가. 징수관, 재무관, 지출원, 출납원, 물품관리관 및 물품 사용 공무원

 나. 가목에 규정되지 아니한 사람으로서 제1호 각 목에 규정된 사람이 집행하는 회계사무에 준하는 사무를 처리하는 사람

3. 「감사원법」에 따라 감사원의 감사를 받는 단체 등의 회계사무를 집행하는 사람으로서 다음 각 목의 어느 하나에 해당하는 사람

 가. 관계 법령, 정관, 사규(社規) 등에 규정된 사람

 나. 관계 법령, 정관, 사규 등에 따라 임명된 사람

다. 가목 또는 나목의 대리자, 분임자 또는 분임자의 대리자

4. 제1호부터 제3호까지에 규정된 사람의 보조자로서 그 회계사무의 일부를 처리하는 사람

[전문개정 2009. 3. 25.]

제3조(회계관계직원의 의무) 회계관계직원은 법령, 그 밖의 관계 규정 및 예산에 정하여진 바에 따라 성실하게 직무를 수행하여야 한다.

[전문개정 2009. 3. 25.]

제4조(회계관계직원의 변상책임) ① 회계관계직원은 고의 또는 중대한 과실로 법령이나 그 밖의 관계 규정 및 예산에 정하여진 바를 위반하여 국가, 지방자치단체, 그 밖에 감사원의 감사를 받는 단체 등의 재산에 손해를 끼친 경우에는 변상할 책임이 있다.

② 현금 또는 물품을 출납·보관하는 회계관계직원은 선량한 관리자로서의 주의를 게을리하여 그가 보관하는 현금 또는 물품이 망실(亡失)되거나 훼손(毁損)된 경우에는 변상할 책임이 있다.

③ 제2항의 경우 현금 또는 물품을 출납·보관하는 회계관계직원은 스스로 사무를 집행하지 아니한 것을 이유로 그 책임을 면할 수 없다.

④ 제1항 및 제2항의 경우 그 손해가 2명 이상의 회계관계직원의 행위로 인하여 발생한 경우에는 각자의 행위가 손해발생에 미친 정도에 따라 각각 변상책임을 진다. 이 경우 손해발생에 미친 정도가 분명하지 아니하면 그 정도가 같은 것으로 본다.

[전문개정 2009. 3. 25.]

제5조(변상금액의 감면) 감사원은 「감사원법」 제31조에 따라 변상금액을 정할 때 다음 각 호의 어느 하나에 해당하는 사유가 있는 경우에는 그 금액의 전부 또는 일부를 감면할 수 있다. 다만, 그 손해가 고의에 의하여 발생한 경우에는 감면하지 아니한다.

1. 국가, 지방자치단체, 그 밖에 감사원의 감사를 받는 단체 등이 손해의 발생 및 확대를 방지하지 못한 데에 일부 책임이 있다고 인정되는 경우

2. 회계관계직원의 회계사무의 집행 내용, 손해발생의 원인, 회계관계직원의 과실이 손해발생에 미친 정도, 손해의 확대를 방지하기 위하여 한 노력 등 모든 정황으로 미루어 보아 해당 회계관계직원에게 손해액 전부를 변상하게 하는 것이 적절하지 아니하다고 인정되는 경우

3. 회계관계직원이 평소 예산의 절약이나 회계질서의 확립에 기여한 사실이 있는 경우

[전문개정 2009. 3. 25.]

제6조(감사원의 판정 전의 회계관계직원의 변상책임) ① 다음 각 호의 어느 하나에 해당하는 사람은 회계관계직원이 제4조에 따른 변상책임이 있다고 인정되는 경우에는 감사원이 판정하기 전이라도 해당 회계관계직원에 대하여 변상을 명할 수 있다.

1. 중앙관서의 장(「국가재정법」 제6조에 따른 중앙관서의 장을 말한다. 이하 같다)

2. 지방자치단체의 장

3. 감독기관(국가기관이나 지방자치단체의 기관이 아닌 경우만 해당한다. 이하 같다)의 장

4. 해당 기관(국가기관이나 지방자치단체의 기관이 아닌 경우로서 감독기관이 없거나 분명하지 아니한 경우만 해당한다. 이하 같다)의 장

② 제1항의 경우 중앙관서의 장, 지방자치단체의 장 또는 감독기관의 장은 필요하다고 인정되면 대통령령으로 정하는 바에 따라 기관별·직위별로 위임한도액의 범위에서 해당 기관 또는 직위에 있는 사람에게 변상명령의 조치를 하게 할 수 있다.

③ 제1항 또는 제2항에 따라 변상명령을 받은 회계관계직원은 이의가 있으면 감사원장이 정하는 판정청구서에 의하여 감사원에 판정을 청구할 수 있다.

④ 제1항 또는 제2항에 따라 변상명령을 한 자는 감사원이 해당 회계관계직원에 대하여 변상의 책임이 없다고 판정하거나 제5조에 따라 변상금액을 감면한 경우에는 회계관계직원이 이미 낸 변상금의 전부 또는 그 차액을 지체

없이 반환하여야 한다.

⑤ 감사원의 판정에 따른 변상명령서나 제1항 또는 제2항에 따른 변상명령서가 해당 회계관계직원에게 송달된 때에는 시효중단의 효력이 있다.

[전문개정 2009. 3. 25.]

제7조(중앙관서의 장 등의 통지의무) 중앙관서의 장, 지방자치단체의 장, 감독기관의 장 또는 해당 기관의 장은 제4조제1항 또는 제2항에 따른 변상책임이 있는 손해가 발생한 경우에는 지체 없이 기획재정부장관과 감사원에 알려야 한다.

[전문개정 2009. 3. 25.]

제8조(위법한 회계관계행위를 지시 또는 요구한 상급자의 책임) ① 회계관계직원의 상급자가 회계관계직원에게 법령이나 그 밖의 관계 규정 및 예산에 정하여진 바를 위반하는 회계관계행위를 지시하거나 요구함으로써 그에 따른 회계관계행위로 인하여 변상의 책임이 있는 손해가 발생한 경우에는 그 상급자는 회계관계직원과 연대하여 제4조에 따른 변상의 책임을 진다.

② 회계관계직원은 상급자로부터 법령이나 그 밖의 관계 규정 및 예산에 정하여진 바를 위반하는 회계관계행위를 하도록 지시 또는 요구받은 경우에는 서면이나 이에 상당하는 방법으로 이유를 명시하여 그 회계관계행위를 할 수 없다는 뜻을 소속 기관의 장에게 표시하여야 한다.

③ 회계관계직원이 제2항에 따라 회계관계행위를 할 수 없다는 뜻을 표시하였음에도 불구하고 상급자가 다시 그 회계관계직원에게 법령이나 그 밖의 관계 규정 및 예산에 정하여진 바를 위반하는 회계관계행위를 지시하거나 요구한 경우에는 그 회계관계행위로 인한 변상책임은 그 상급자가 진다. 다만, 회계관계직원이 상급자를 속인 경우에는 회계관계직원이 변상책임을 진다.

④ 제1항의 경우에는 제5조 및 제6조를 준용한다.

[전문개정 2009. 3. 25.]

제9조(회계관계직원 등의 대위) 회계관계직원 또는 그 상급자가 변상책임을 이행하여 국가, 지방자치단체, 그 밖에 감사원의 감사를 받는 단체 등의 손해를 보전(補塡)한 경우에는 회계관계직원 또는 그 상급자는 그 범위에서 제3자에

대한 권리에 관하여 국가, 지방자치단체, 그 밖에 감사원의 감사를 받는 단체
등을 대위(代位)한다.

[전문개정 2009. 3. 25.]

부칙 〈제14197호, 2016. 5. 29.〉 (지방회계법)

제1조(시행일) 이 법은 공포 후 6개월이 경과한 날부터 시행한다. 〈단서 생략〉

제2조 생략

제3조(다른 법률의 개정) ①부터 ⑨까지 생략

    ⑩ 회계관계직원 등의 책임에 관한 법률 일부를 다음과 같이 개정한다.

제2조제2호 각 목 외의 부분 중 "「지방재정법」"을 "「지방재정법」 및 「지방회계
법」"으로 한다.

제4조 생략

▶ 회계관계직원 등의 책임에 관한 법률 시행령

(약칭: 회계직원책임법 시행령)

[시행 2018. 11. 27.] [대통령령 제29304호, 2018. 11. 27., 일부개정]

기획재정부(국고과), 044-215-5113

제1조(위임의 범위) 「회계관계직원 등의 책임에 관한 법률」(이하 "법"이라 한다)
제6조제2항에 따른 기관별·직위별 위임 한도액의 범위는 다음 각 호의 구분
에 따른다. 〈개정 2017. 9. 5., 2018. 11. 27.〉

  1. 「물품관리법」 제46조에 따라 물품이 없어지거나 훼손(毁損)된 경우에 대
    한 변상명령조치인 경우

   가. 1급 공무원(이에 상당하는 특정직·별정직 공무원을 포함한다) 또는 고위
     공무원단에 속하는 일반직·특정직·별정직 공무원을 장으로 하는 기관:
     건당 6백만원 미만

나. 2급·급 공무원(이에 상당하는 특정직·별정직 공무원을 포함한다) 또는 고위공무원단에 속하는 일반직·특정직·별정직 공무원을 장으로 하는 기관: 건당 4백만원 미만

다. 4급·급 공무원(이에 상당하는 특정직·별정직 공무원을 포함한다)을 장으로 하는 기관: 건당 2백만원 미만

2. 「군수품관리법」 제28조제2항에 따라 군수품을 잃어버리거나 훼손한 경우에 대한 변상명령조치인 경우

가. 각군 참모총장: 건당 1천만원 미만

나. 중장급 이상 장성급(將星級) 장교를 장으로 하는 국방관서 또는 부대: 건당 8백만원 미만

다. 준장급 이상 장성급 장교를 장으로 하는 국방관서 또는 부대: 건당 6백만원 미만

라. 1급 공무원(이에 상당하는 특정직·별정직 공무원을 포함한다) 또는 고위공무원단에 속하는 일반직·특정직·별정직 공무원을 장으로 하는 국방관서: 건당 6백만원 미만

마. 2급·급 공무원(이에 상당하는 특정직·별정직 공무원을 포함한다) 또는 고위공무원단에 속하는 일반직·특정직·별정직 공무원을 장으로 하는 국방관서: 건당 4백만원 미만

제2조(변상기준) 제1조 각 호에 따른 위임 한도액의 범위에서 각 기관, 각군, 국방관서 또는 부대의 장이 변상명령조치를 하려는 경우에는 다음 각 호의 기준에 따라 처리하고 그 결과를 지체 없이 소속 장관 또는 감독기관의 장에게 보고하여야 한다. 〈개정 2018. 11. 27.〉

1. 변상은 현금으로 하는 것을 원칙으로 하되, 현금으로 변상시키는 것이 국가에 불리할 때에는 현물(現物)로 변상하게 할 수 있다.

2. 변상액의 평가기준은 없어지거나 훼손된 사실이 발생한 당시의 시가(時價)로 환산하여야 하며, 그 사실이 발생한 시기가 분명하지 아니한 경우에는 그 사실을 발견한 당시의 시가에 따른다.

3. 없어지거나 훼손된 물품의 시가를 평가할 때에는 없어지거나 훼손된 사실
   이 발생하거나 발견된 당시의 해당 물품의 가격, 감가(減價) 정도, 내용연
   수(耐用年數), 수량 등을 엄밀히 조사한 후 가격을 환산하여야 한다.
제3조(감사원 판정 전의 변상명령서) 법 제6조제1항 및 제2항에 따른 변상명령서
   는 별지 서식에 따른다.
[본조신설 2018. 11. 27.]

부칙 〈제29304호, 2018. 11. 27.〉

이 영은 공포한 날부터 시행한다.

■ 회계관계직원 등의 책임에 관한 법률 시행령 [별지 서식] 〈신설 2018. 11. 27.〉

변 상 명 령 서

변상명령대상자 (회계관계직원)	성명	생년월일
	주소	
	소속 (책임발생 시 소속) (현재 소속)	
	직위 · 직급 (책임발생 시 직위 · 직급) (현재 직위 · 직급)	

변상명령 내용	변상명령 기관	
	변상명령 금액 금 원	변상기한
	변상명령 사유(별지 작성 가능)	

「회계관계직원 등의 책임에 관한 법률」 제6조제1항 또는 제2항, 같은 법 시행령 제0조에 따라 변상을 명하오니, 위 금액을 해당 기관(변상책임사유 발생 당시 변상명령대상자가 소속된 기관 또는 단체)에 납입하시기 바랍니다.

변상명령에 이의가 있는 경우에는 「회계관계직원 등의 책임에 관한 법률」 제6조제3항에 따라 감사원에 판정을 청구할 수 있습니다.

20   년   월   일

해당 기관의 장   [직인]

▶ 관련 법규 바로가기

○ 감사원법
[시행 2015.8.4.] [법률 제13204호, 2015.2.3., 일부개정]

○ 공공감사에 관한 법률 (약칭: 공공감사법)
[시행 2017. 7. 26.] [법률 제14839호, 2017. 7. 26., 타법개정]

○ 공공감사에 관한 법률 시행령 (약칭: 공공감사법 시행령)
[시행 2019. 5. 14.] [대통령령 제29764호, 2019. 5. 14., 일부개정]

○ 공공기관의 운영에 관한 법률 (약칭: 공공기관운영법)
[시행 2019. 7. 1.] [법률 제16092호, 2018. 12. 31., 일부개정]

○ 공공기관의 정보공개에 관한 법률 (약칭: 정보공개법)
[시행 2017. 7. 26.] [법률 제14839호, 2017. 7. 26., 타법개정]

○ 정부조직법
[시행 2018.6.8.] [법률 제15624호, 2018.6.8., 일부개정]

○ 회계관계직원 등의 책임에 관한 법률 (약칭: 회계직원책임법)
[시행 2016.11.30.] [법률 제14197호, 2016.5.29., 타법개정]

○ 회계관계직원 등의 책임에 관한 법률 시행령
    (약칭: 회계직원책임법 시행령)
[시행 2018. 11. 27.] [대통령령 제29304호, 2018. 11. 27. 일부개정]

/찾/아/보/기/

저 / 자 / 약 / 력

김흥률

경남대학교 행정학과 교수, 감사원 감사교육원 교수, 감사원 일반직고위감사공무원 교육운영부장, 감사교육원장 직무대행 등을 역임하였다. 대통령 자문 정부혁신지방분권위원회 평가전문위원 겸 정부혁신지방분권과제 점검평가단장, 국무총리 국가평가인프라구축추진단 자문위원과 제도점검팀장을 역임하였으며 정부업무평가기본법 제정 관련 유공자로 대통령 표창을 받았다. 공공감사연구회 부회장, 한국정치학회 상임이사, 한국행정학회 운영이사, 한국정책분석평가학회 연구이사 등 주요 학회 임원으로 활동한 바 있으며, 제17차 세계감사원장회의(INCOSAI) 정부대표, 한국문화예술위원회 감사자문위원, 한국전기안전공사 감사자문위원 등을 역임하였다.

미국 뉴욕주립대학교(SUNY at Albany) 록펠러행정대학원에서 정책분석·사업평가 전공으로 행정학박사학위를 취득하였으며, 「키워드로 보는 정책학」(2019), 「정책분석평가와 성과감사」(2018), 「정부성과관리와 평가제도」(2006), 「성과관리를 위한 논리모형의 개발과 활용」(2006), 「현대 미국정치의 쟁점과 과제」(1996) 등 저서와 "공공부문의 리스크기반 감사체계 구축에 관한 연구", "공공기관 청렴성 자가진단개선 방법의 적용에 관한 연구", "The Role of Supreme Audit Institutions in Government Performance Management" 등 공공감사, 성과감사, 정책분석평가, 내부통제, 부패방지 분야 다수의 연구논문을 발표하였다. 현재 (사)한국평가감사연구원(KIEA) 평가감사 아카데미에서 공공감사와 정책사업평가 관련 교육과 컨설팅을 통해 감사와 평가분야 발전에 헌신하고 있다.

감사원 자체감사기준에 따른 자체감사핸드북

초판발행	2020년 3월 2일
지은이	김홍률
펴낸이	안종만 · 안상준
편 집	장유나
기획/마케팅	정연환
표지디자인	박현정
제 작	고철민 · 김원표
펴낸곳	㈜ 박영사
	서울특별시 금천구 가산디지털2로 53, 210호(가산동, 한라시그마밸리)
	등록 1959. 3. 11. 제300-1959-1호(倫)
전 화	02)733 - 6771
fax	02)736 - 4818
e-mail	pys@pybook.co.kr
homepage	www.pybook.co.kr
ISBN	979-11-303-0864-7 93350

* 파본은 구입하신 곳에서 교환해 드립니다.본서의 무단복제행위를 금합니다.

정 가   23,000원